한국어로 내려온
New Bible

# 새로운
# 성 경

제43권

3부 | 총10부

하얀마음

# 하나님 말씀 중에서

## 1. 사랑의 하나님

- 세상을 창조하신 하나님은 모두를 사랑하신다. 인간만 특별히 더 사랑하지 않고, 우주 만물을 다 똑같이 사랑하신다. 그러니 하나님이 창조하신 천지 만물과 화친하고, 미물까지도 소중히 대하라.

- 하나님은 특정 종파나 민족만을 더 사랑하지 않으신다. 자기 자신만 구원받겠다는 욕심을 버리고, 자기 종파만 구원받는다는 편협한 교리에서 벗어나야 한다. 종파를 초월해서, 모두를 사랑하라.

- 원수까지 사랑하라 했으니, 이 세상에 사랑하지 못할 자가 누가 있겠는가? 종파가 다르다고 해서 부모 형제와 원수처럼 지내는 자는 인간의 근본을 모르는 자다. 가장 가까운 가족부터 사랑할 때 남도 진심으로 사랑할 수 있다.

- 한 사람을 원수같이 생각하던 마음에서 사랑하는 마음으로 돌리면, 자기 자신의 마음이 가장 기쁘고 행복하다. 하나님께서는 인간의 마음속에 무거움이 없이 기쁘고 행복한 삶을 살기를 바라신다.

- 이웃을 "내 몸처럼" 사랑하라 했으니, 마지막 한 장 남은 천국의 티켓도 이웃에게 양보하라. 자기 중심적인 신앙에서 벗어나서 남을 위해 살아야 한다.

- 독초도, 약초도, 이단도 사탄도 천사도 다 필요하기에 존재한다. 독초일지라도 극소량을 사용해서 생명을 살릴 수 있고, 약초라 하더라도 남용하면 생명을 잃을 수 있다.

- 세상 모든 것을 명약으로 활용하는 것은 인간의 지혜에 달렸다. 어떤 것이든 어떤 사람이든 적재적소에 꼭 필요한 명약으로 승화시키라.

- 사탄도 이단도 천사도 모두 하나님의 주관하에 존재한다. 진정한 하나님의 백성은 사탄과 마귀까지도 감화시켜서 천사로 거듭나게 한다.

## 2. 기도

▪ 하나님은 인간의 생각까지 모두를 다 알고 계신다. 우리의 소원도 이미 알고 계시기에, 소원의 기도를 할 필요가 없다. 우리가 받을 자격이 되면 내려 주신다.

▪ 죄를 짓고 아무리 회개를 해도 용서받지 못한다. 도둑질한 자는 용서해 달라고 기도하고, 도둑맞은 자는 도둑을 잡게 해 달라고 기도하면, 공의의 하나님은 누구의 편에 서시겠는가?

▪ 자기가 잘못한 것은 그 사람에게 직접 갚고 용서를 구하라. 그가 용서하면 하나님도 용서하신다. 땅에서 매면 하늘에서도 매이고, 땅에서 풀리면 하늘에서도 풀리는 이치다.

▪ "회당에서 기도하지 말고 골방에서 기도하라" 했다. 눈에 보이는 골방이 아니라, 골방과 같이 고요한 마음이다. 잡념을 버리고 하나님을 향해 마음을 집중하며, 사랑하고 용서하는 아름다운 생각만 나오도록 하라.

▪ "두드리면 열릴 것이다." 하는 것은 육의 소원을 위해 두드리라는 것이 아니라, 진리의 깨달음을 얻기 위해 두드리라는 것이다.

▪ 기도하는 방법: 생활 속에서 수시로 기도하는 삶을 살아야 한다.

- "저의 죄를 용서하여 주옵소서." 하는 회개의 기도를 하라.
- 범사에 "하나님! 감사합니다." 하라. 현재 가진 것에 감사하며, 과욕하지 말라. 자기 노력 이상의 것을 더 갖고자 기도하는 것은 도둑놈심보다. 공의의 하나님은 각자 노력한 만큼 주신다.
- "하나님 뜻대로 살아가겠나이다." 하며 마음의 각오를 다지라.

▪ 기도는 하나님의 말씀을 받아서 "행하는 것"이다. 하나님이 계심을 굳건히 믿고, 하늘을 향하여 한 점 부끄럼 없이 사는 삶 자체가 가장 위대한 기도이며, 삶이 곧 예배다.

## 3. 지도자

▪ 똑같이 사랑한다는 말을 해도, 순수하게 하는 말은 천사의 말이지만, 사기 쳐서 재산을 가로채려고 하는 말은 사탄의 말이다.

- 종교 지도자가 아무리 훌륭한 설교를 해도, 신도의 재물을 거둬서 더 큰 교회를 짓고 자기의 부귀영화를 바라며 설교하면 사탄의 가르침이 된다.

- "저희 교회는 만원사례요, 믿음은 다 같으니 이웃의 개척 교회에 가서 예배를 드리시오." 하며, 이웃 교회의 부흥을 먼저 생각하여 제 신도를 보내는 종교 지도자가 있다면 그를 따르라. 그가 하나님의 사랑을 실천하는 자다.

- "부자가 천국에 들어가는 것은 낙타가 바늘구멍을 통과하는 것보다 더 힘들다" 하였거늘, 지금의 교회에서는 부자가 되기만을 기도하고 소원하니, 이는 곧 천국을 포기하고 지옥 행 열차의 티켓을 사는 것과 같다.

- 예수는 빈손이었다. 종교 지도자가 예수보다 더 호화롭고 편안하게 살아간다면 잘못된 것이다. 부귀영화와 명예를 바라는 자는 절대로 갈 수 없는 좁고 협착한 길이 종교 지도자의 길이다.

- 종교 지도자는 유리로 비춰 봐 한 점의 부끄러움이 없이 살아야 한다. 의식주도 직접 일해서 해결하고, 예수의 가르침과 행함을 그대로 따라야 한다.

- 종말은 없다. 지금의 잘못 가는 종교 집단에게만 종말이 있다. 보이지 않는 하나님은 보이는 육의 종말은 관여하지 않으신다. 환경 파괴로 인간이 스스로 멸망을 자초하는 것이다. 종파끼리 싸우기 전에, 무너진 인성을 바로잡고 지구의 몸살을 해결하는 데 뜻을 모으는 게 급선무다.

## 4. 성전이란

- 이 세상 자체가 하나님께서 만드신 성전이다. 자연보다 더 아름다운 성전이 있는가? 보이는 건물이 성전이 아니라, 성스러운 마음가짐이 성전이다.

- 반석 위에 교회를 지으라 했다. 지상의 단단한 돌은 인간이 쪼갤 수 있으나, 마음속의 굳은 결의는 세상 무엇으로도 쪼갤 수 없다. 바르고 굳건한 믿음으로 성경의 가르침을 실천하는 것이 마음의 반석 위에 교회를 짓는 것이다.

- 손으로 지은 건물의 교회에 모여서 복음을 전하는 것이 아니라, 교회를 개인과 가정에 심어 주어야 한다. 무너지고 부서지는 건물을 짓지 말고, 마음속에 영원히 불변하는 참진리의 교회를 지으라.

## 5. 십계명

- 십계명은 인간이 죽어서 반드시 통과해야만 하는 열 개의 관문이다.

- 부모를 공경하지 아니한 자는 "네 부모를 공경하라." 하는 제5계명의 관문이 열리지 않으니 구원받을 수 없다.
- 살인, 간음, 거짓, 우상 등의 나머지 계명도 마찬가지다.

- 십계명은 하나님의 친필이다. 모기소리만 한 하나님의 음성이라도 들어 보겠다고 여기저기 찾아 헤매지 말고, 십계명부터 암송하고 지키라.

- 십계명은 영혼을 구원하는 양식이며, 십계명을 지키는 것이 구원을 받는 길이다. 인간이기에 지키고자 노력하고 또 노력한다면 지킬 수 있다.

- 십계명을 지키고 천사처럼 아름답게 살아가는 그 마음 하나면 세상에 이루어지지 않는 것이 없다.

## 6. 보물

- 하나님은 재물이 아니라 우리의 마음을 받으신다. 사랑을 실천하며 천사처럼 변하는 마음이 하나님께 바치는 보물이다.

- 보이지 않는 하나님께 재물을 바치려 하지 말고, 너희를 길러 준 부모에게 용돈 드리고, 찾아뵙고, 효성을 다하라. 그것이 하나님께 효도하는 것이다.

- 하늘에는 선과 악의 창고가 있다. 자기 창고에 선이 많으면 천국으로 구원을 받고, 악이 많으면 심판받아 지옥으로 간다. 그것이 바로 "선한 일을 행한 자는 생명의 부활로, 악한 일을 행한 자는 심판의 부활로" 나오는 것이다.

- "선악과를 따먹지 말라"는 것은 양심을 지키라는 것이다. 선과 악을 구분할 수 있는 양심을 최초에 인간에게 주셨다. 선한 열매는 취하고, 악한 열매는 버리며, 양심에 비추어 부끄럼 없는 삶을 살아가라.

- 가장 작은 거짓말을 하지 않고, 가장 작은 죄를 짓지 않으며, 가장 작은 선행을 하고, 가장 작은 악행을 멀리하는 것이 율법의 일점 일획도 빠뜨리지 말고 다 지키는 삶을 사는 것이다.

## 7. 우상

- 박물관에 있는 불상은 하나의 예술품이다. 그 조각품에 대고 제 소원을 빌 때 우상숭배가 된다. 십자가라 하여도 그 앞에서 소원을 빈다면 우상숭배하는 것이며, 하나님께 소원을 빈다면 하나님을 우상으로 전락시키는 것이다.

- 지금 기복신앙에 젖어 있는 모든 사람이 우상 앞에 절을 하고 있다. 조각품을 우상이라며 파괴하지 말고, 네 마음속에 있는 욕심의 우상을 무너트리라.

- 생수를 약초가 먹으면 약을 만들고 독사가 먹으면 독을 만든다. 같은 성경을 봐도 선한 지도자는 신도를 천사로 만드는 데 활용한다. 그러나 욕심이 가득한 지도자는 재물을 거두어들여 제가 부귀영화를 누리는 데 악용한다. 그가 바로 성경을 우상숭배의 도구로 전락시키는 거짓 선지자다.

- 성경을 한 획도 빼거나 디히지 말라는 것은, 그 가르침을 빠트리지 말고 온전히 지키라는 것이다. 성경 속에서 자기에게 유리한 구절만 보는 것은, 자기에게 불리한 구절들을 빼 버리는 것이다. 믿음이 제일이요, 행함은 구원과는 관계없다는 것은 자신에게 유리한 쪽으로 성경을 악용하는 것이다.

- 진정한 종교 지도자는 종파에 관계없이 어떤 종파든 어떤 책이든 접하고 보고 깨우쳐 견문을 넓히도록 인도한다. 참진리를 모르고 자신이 없는 자가 남을 이단이라며 배척하고, 신도들의 눈과 귀를 가린다.

## 8. 예수

- 예수의 재림은 없다. 예수가 다시 온다 해도, 과연 누가 그를 예수라고 믿겠는가? 예수와 같은 삶의 행함이 곧 예수의 재림이다. 각자 모두가 "재림 예수"가 되는, 차원 높은 믿음으로 가야 한다.

- 예수는 "주여 주여 하지 말고, 아버지의 뜻대로 행하라"고 했다. 예수가 전한 하나님의 뜻이 곧 "길이요, 진리요, 생명"이며, 그 가르침이 예수의 보혈처럼 소중한 것이다. 예수를 믿는 것은, 예수의 가르침을 믿고 따르는 것이다.

- 예수는 낮은 자로서 만백성을 섬기고자 했다. 만나는 모든 사람을 다 하나님이라 생각하라. 돈을 벌수록 겸손하고, 높은 지위를 얻을수록 낮아지라.

- 예수는 종파를 만들지 않았다. 인간이 만든 종교와 인간의 교리를 따르지 말고, 예수를 통해 전한 하나님의 참진리를 연구하고 따르라.

- 예수가 2천 년 전에 만백성을 위해 죽었으니, 지금 이 땅에는 예수의 가르침대로 사는 천사만 존재해야 한다. 예수가 죽어 가면서 바란 것은 만백성이 천사가 되어 예수의 자리를 채워 주는 것이지, 지금과 같이 재물을 바치면서 중언부언 제 소원만을 비는 백성들을 바란 것이 아니다.

## 9. 구원

- 천사가 사는 천국에는 천사만 갈 수 있으니, 천사 같은 마음을 길러야 한다.

\- "천국 열쇠를 네게 주리니 땅에서 무엇이든지 매면 하늘에서도 매일 것이라" 했다. 땅에서 천사같이 사는 자가 하늘에서도 천사가 되어 천국에 들어간다. 모든 사람에게 천사같다는 말을 듣는 삶을 살아야 한다.

- 천사의 곱고 아름다운 마음은 부모를 공경하고 어른을 어른으로 대접하는 데에서 출발한다. 효도하는 자는 형제와 화목하게 지내기에 가정이 화목해지고, 이웃과 화목해지고, 국가가 화목해지고, 온 인류가 화목해진다.

\- 그러므로 지상의 아름다운 소왕국은 가정에서부터 이루어야 한다.

- 선택된 14만 명만 구원받는 것이 아니라, 천사처럼 변하고자 하는 14만 명을 기초로 온 인류가 천사처럼 거듭나는 영적인 개혁이 시작되는 것이다.

- 천 년에 걸쳐서 하늘에서 이루어진 것같이 이 세상을 낙원으로 만들어, 만백성이 지상의 천국에서 살다가 죽어서 그대로 하늘의 천국으로 들어가는, 영원한 지상 낙원을 건설하는 것이 하나님의 계획이다.

**\- 이것이 구약과 신약에 이어 "새로운 성경"으로 역사하시는 하나님의 창조의 완성이다.**

- 지금의 믿음으로 구원받을 수 있다면 그 길을 가라. 그러나 자신이 없다면 하나님께서 직접 내리신 160권의 "새로운 성경"을 읽고 구원의 길을 보라!

# 하나님 머리말씀

이 새로운 성경을 읽는 너희 모두는
이 율법에 따라 행하면 영원히 구원받을 것이니라.

너희 인간이 수년, 수십 년, 평생
성서를 공부하고 기도하는 것은
하늘나라 나의 곁으로 오고 싶은 소망일진대,

몇천 년 전의 너희 인성과 생각이
지금의 너희와는 판이하게 다르니,

꺾여 가고 병들어 가는 너희를 고칠 수 있는 길은,
오늘 내가 선지자에게 내리는 새로운 성경과 같이
너희가 변화되는 것뿐이니라.

나의 예수가 태어난 것처럼
내가 아들 선지자를 선택하여
나의 새로운 성경을 온 세계에 전하고자 하니,

묵은 것은 버리고 새로운 것은 취하여,
너희 모두는
'여호와 하나님! 저의 죄를 용서하여 주옵소서.'
하는 기도문으로 기도하고, 죄를 뉘우치라.

이 새로운 성경은
수천 년간 내려온 성서를 요약한 것이니,
너희는 이 책을 정독하여 쉽게 깨달음을 얻고,
이대로 실천하여 하늘에 오르라.

# 대역자 머리말

### ■ 하나님의 율법을 지키는 선지자로 선택을 받도다.

저는 남들처럼 그저 열심히 살아온 평범한 사람이었습니다. 그러나 50대 중반에 사업에 실패하여 많은 부채에 시달렸으며, 건강도 악화되어 눈이 잘 안 보이고, 걷기도 어렵고, 두통이 심해서 잠을 이룰 수 없는 고통의 나날을 보냈습니다. 그때 제가 선택할 수 있는 것은 육의 삶을 끝내는 길뿐이었습니다.

죽기 직전에 그동안에 죄를 지은 이들에게 용서를 빌고 인생을 끝내기로 작정하였습니다. 어려서부터 지은 죄를 빌고 빌다 보니 끝이 없었고, 죽음으로도 그 많은 죄를 용서받을 길이 없다는 생각에 하염없이 눈물이 흘렀습니다. 그 순간 '재래식 화장실의 구더기는 죄를 짓지 않는데, 나는 인간으로서 구더기만도 못한 삶을 살았구나.' 하는 생각이 들면서 괴로움에 몸부림칠 때, 갑자기 하나님의 음성이 들렸습니다.

"나는 여호와 하나님이니라. 너는 십계명을 암송하고 내가 내려 주는 메시지를 받아 책으로 만들어 만백성을 구하라." 하시며, 제 눈을 손으로 문지르게 하시고, 아픈 머리와 다리를 손으로 두드리게 하셨습니다. 그러고 나니 눈도 잘 보이고 걸을 수 있었으며 머리의 통증도 말끔히 낫게 되었습니다. 그때부터 십계명을 암송하고 나면 들려주시는 말씀을 기록하였고, 1999년 8월부터 2004년 7월까지 권당 288쪽, 총 160권을 받아서 "새로운 성경"이라는 책으로 펴내게 되었습니다.

그러한 저에게 죽기보다도 힘든 길이 시작되었습니다. 모든 교인들이 저에게 사탄이요, 이단이요, 악마요, 마지막 시대에 온 거짓 선지자라 하면서 공격하였고, 저를 짐승을 보듯이 대하는가 하면, 편협한 종교 지도자들의 선동으로 신도들이 이 책을 직접 읽어보고 평가할 기회마저 막아 버렸습니다. 그래서 하나님의 말씀을 세상에 내는 데 많은 어려움을 겪으며, 피를 토하는 심정으로 책을 전하고 있습니다.

그러나 아무리 인간의 힘으로 막으려 해도, 하나님의 뜻이 세상에 전해지는 위대한 역사는 계속될 것입니다. 책으로 전해지는 "하나님의 말씀"은 세상 끝날까지 항상 우리와 함께하실 것입니다. 사람은 죽어도, 책에 기록된 말씀은 영원히 남으니까요.

## ■ 따뜻한 실천

하나님께서는 어려운 사람들에게 삶의 터전을 마련해 주고, 미래를 열어 주는 것을 기뻐하십니다. 어려운 이웃이 스스로 자립할 수 있도록 이끌어 주는 것이 진정으로 이웃을 돕는 것이라고 말씀하셨습니다. 그래서 일자리가 없는 제자들에게 작은 사업장을 만들어 주는 "달란트 사업"을 하고 있습니다. 식당, 반찬 가게 등을 차려 주고, 기존의 어려운 사업장이 자립할 수 있도록 돕고 있습니다(커피숍, 미용실, 의상실 등).

하나님께서는 교회에 나와서 모든 시간과 재물을 쏟기를 원하지 않으시고, 그 시간과 재물을 교육에 투자하여 스스로 미래를 열어 가기를 원하십니다. 그래서 제때 공부하지 못한 제자들에게 학업을 이어 가도록 하였습니다. 중화요리 주방장을 하며 초등학교 검정고시부터 공부하여 2012년에 방통대를 졸업한 36세 남성, 만학도들의 2년제 중학교에 입학해서 2007년에 명지대학을 졸업한 38세 여성, 중학교 검정고시를 시작으로 숭의여자대학을 졸업한 47세 여성 등이 있습니다. 그밖에도 많은 제자들에게 나이를 초월하여 배우고 깨우쳐서 사회 속의 당당한 일원이 되도록 인도하고 있습니다.

학자금 대출로 힘겨워하는 젊은이들을 위해 "따뜻한 바람 장학회"를 발족하여(2016년 12월) 대출받은 학자금 전액을 매월 갚아 주고 있습니다. 또한, 다문화 가정을 위해 "다문화 가족 랜드"를 조성하여, 각종 시설을 무료로 활용하도록 하고 있습니다.

이러한 따뜻한 실천이 아직은 미약합니다. 그러나 책의 수입이 늘고, 저와 뜻을 같이하는 분들이 늘어나면 계속 확대할 것입니다. 지도자로서 신도의 재물을 헌금으로 거둬들여 착복하는 것이 아니라, 하나님께서 기뻐하시는 일에 사용하도록 중매 역할만 하며 살아가고자 합니다. 이런 제가 과연 사탄이고 이단인가요? 하나님께서 기뻐하시는 일이라면, 저에게 사탄이라 하든 거짓 선지자라 하든 굽히지 않고 실천해 나갈 것입니다.

끝으로, 일상의 삶 속에서 "지금 내가 하는 행동이 과연 하나님께서 기뻐하실까, 슬퍼하실까?" 생각하고, 매사에 하나님께서 기뻐하시는 길을 택하기 바랍니다. 교회에 모여서 집단적으로 예배 드리는 것이 아니라, 개인이나 가정 단위로 새로운 성경을 읽어 스스로 깨우치고 그대로 행하면 충분합니다. 그것이 마음속에 성전을 짓고, 신령과 진정으로 예배 드리는 길입니다. 그러면 천국의 문에 들어서게 됩니다.

2017. 2. 1.

하나님 말씀 대역자 김용철

# 차 례

# 십 계 명

이 책은 십계명을 암송하고 나면 내려 주시는 "하나님의 음성"을 듣고 그대로 받아쓴 기록입니다. 하나님께서 십계명을 모세에게 내려 주셨지만, 그것은 만백성에게 내려 주신 것입니다. 마찬가지로 이 책의 모든 말씀도 저에게 내려 주셨지만, 만백성 각자에게 들려주시는 말씀입니다. 여러분도 이 책을 접할 때마다 십계명을 암송하고 나서 정독해 주시기 바랍니다.

제일은, 너는 나 외에는 다른 신들을 네게 있게 말지니라.

제이는, 너를 위하여 새긴 우상을 만들지 말고, 또 위로 하늘에 있는 것이나, 아래로 땅에 있는 것이나, 땅 아래 물 속에 있는 것의 아무 형상이든지 만들지 말며, 그것들에게 절하지 말며, 그것들을 섬기지 말라.

제삼은, 너는 너의 하나님 여호와의 이름을 망령되이 일컫지 말라.

제사는, 안식일을 기억하여 거룩히 지키라.

제오는, 네 부모를 공경하라.

제육은, 살인하지 말지니라.

제칠은, 간음하지 말지니라.

제팔은, 도적질하지 말지니라.

제구는, 네 이웃에 대하여 거짓 증거하지 말지니라.

제십은, 네 이웃의 집을 탐내지 말지니라.

나 여호와가 존재함을 믿는 그 자체가 구원의 길에 들어서는 기본이요, 근본이며, 나의 새로운 성경을 가슴에 안고 정독하는 자, 반석 위에 서서 하늘에 오르는 찬란한 빛을 보게 되는 영광을 얻게 됨이니라. 진정 나를 따르고 믿는 자는 감히 사탄이나 마귀도 근접하지 못하느니라.

〈하나님 말씀〉

# 2002년 8월

## 3,117 번째 하나님 말씀

*2002년 8월 25일 15시 18분*

1 사랑하는 나의 아들아!
2 "네, 아버님! 말씀하옵소서."
3 며칠 굶은 고양이 앞에 생선 한 토막
을 놓고 그 고양이가 그를 탈취하는
것을 못 하게 하며, 그를 먹지 못하도
록 그에게 고통을 주니, 그 고양이의
마음이 어떠하겠는가?
4 그보다도 열배 천배 만배 더 아픔을
참고 인내하는 것이 너희들이 마음을
비움이니라.
5 그보다 더 어려운 것을 참고 견디는
것이 너희들의 마음을 비움이요, 너희
들의 마음속에 있는 욕심을 비우는 것
이 며칠 굶은 고양이가 생선 한 토막
을 놓고 먹지 못하여 그를 먹고자 발
버둥치는 그보다 더 어렵고 힘든 시련
인 것을 나 여호와는 알고 있음이니라.
6 그 고통을 넘지 못하는 자, 그를 버릴
수 없으며 그 고통을 인내하지 못하는
자, 너희들의 마음속에 그 추한 생각
을 버릴 수 없는 것이니라.
7 그와 같이 마음에 있는 것을 버리지
못하며 털지 못하는 것이 너희들의 마
음이니라.
8 그러나 너희들은 이를 넘어야 되며,
너희들의 마음을 비워야 함을 잊어서
는 아니 될 것이니라.
9 어떠한 시련과 고통이 있다 해도 너희
들이 죽음과 바꾸는 고통만큼은 못할
것이니, 너희들은 죽음을 견디는 마음
으로써 너희 마음을 비워야 그리 갈
것이니라.
10 세상에 아름다운 것, 좋은 것, 더 갖고
자 하는 것, 그 순간순간 일어나는 욕
심을 달래지 못하며 억누르지 못하는
자, 정녕 깨우침의 길에 들어선 자라
말할 수 없음이니라.
11 나 여호와가 너희들의 그 마음을 모르
는 것이 아니니라.
12 그러나 너희들이 그 길을 가야 되며
그 길을 행해야만 하늘에 오르는 빛을
볼 수 있으며 영광의 길에 들어설 수
있기에, 너희들에게 그 길을 가라 하
며 그 길을 지키라 함이니라.
13 지금 너희들은 어찌하여 나 여호와의
이 마음을 모르는가?
14 내가 너희들에게 신부가 다 되었다 함
은 바로 너희들이 나에게 다 다가온
것이며, 머지않아 나의 품에 올 수 있
는 그와 같은 자격을 갖춘 자이기에
내가 너희들에게 그리 말하는 것이니
라.
15 내가 너희들에게 육의 고통의 그 어려
움을 덜어 준다 말하는 것도 너희들이
나에게 근접해 왔으니 내가 손을 벌려
너희들과 잡을 수 있는 그와 같은 거
리의 깨우침에 너희들이 와 있기에 내
가 너희들에게 그와 같은 명을 내리며
내가 그리 상을 내리고자 함이니라.
16 여기에 너희들이 가장 큰 하나의 뿌리
를 버리지 못하고 있음이니, 그게 바

로 무엇이더냐?
17 너희들이 가장 사악한 것에서 가장 너
희들이 소중히 생각하는 잘못된 관습
이요, 잘못된 버릇, 그것을 버려야만
너희들의 마음이 비워짐이니, 그를 알
아야 될 것이니라.
18 며칠씩 굶어 생선 한 토막을 먹고자
하는 고양이가 너희들의 매에 의하여,
너희들의 힘에 의하여 그를 먹지 못하
고 쓰러져 기어가는 모습으로 돌아서
는 그 마음보다 너희들이 더 아프고
저린 그 마음을 인내하고 견디지 못한
다 하면, 너희들이 구원의 길을 올 수
없음을 알아야 될 것이니라.
19 너희들이 살아오면서 수없이 지은 죄
를 다 내가 사해 주며 너희들을 용서
하는 것으로써 너희들의 가장 나쁜 버
릇 하나를 고치라 하였음이니, 너희들
이 이를 고치지 못한다면 어찌하는가?
20 내가 너희들을 왜 훈련을 시키며 너희
들에게 왜 고통의 길을 가도록 그리하
는 것인지 너희들은 나의 마음을 모르
는가?
21 내가 너희들에게 신부가 되었다 가르
쳐 주며, 너희들에게 모든 것을 다 거
두어 준다 하며, 너희들이 지금 나에
게 손을 뻗치면 닿을 수 있는 그와 같
은 위치에 와 있음이니,
22 여기서 너희들이 마음 한 자리를 비우
지 못하며 나의 손을 잡지 못하고 천
길 낭떠러지로 떨어진다 하면, 나 여
호와의 마음이 얼마나 아프며 찢어지
는 고통이 있겠는가?
23 어찌하여 너희들은 이와 같은 나의 마
음을 모르고 있는가?
24 자식이 물속에 빠졌을 때 손이 짧아
그를 구원하지 못하며, 수영을 하여
뛰어들어가서 건지지 못하며, 장대가
없어 건지지 못하여 그가 죽어 가는
모습을 볼 때, 그 부모의 마음이 어떨
것인가?
25 천년만년 영원히 사는 나의 나라에 와
너희들이 나와 더불어 살 수 있는 그
영광의 기회를 놓치는 것은, 육의 부
모 앞에서 자식이 죽어 가는 그 슬픔
보다도 더 나 여호와의 고통이요, 나
의 가슴이 더 아픔을 너희들은 어찌
모르는가?
26 이 세상의 창조주는 나요, 나의 피조
물인 너희들의 생명을 내가 세상에 내
보내 하늘에 오르는 그 영광의 길을
오도록 한 번의 기회를 더 너희들에게
주었건만,
27 나에게 연판장에 너희 이름을 써 놓고
나와 하늘에 올라와 그 영광을 받겠다
한 너희들이 지금 사악한 사탄들의 놀
림에 그리 현혹하는 길이요, 지옥 불
로 달려가는 그 역사요, 육의 삶의 그
고통 속에 그를 벗어나지 못하며 버리
지 못하고 이와 같이 나에게 등 돌리
며 살아가는 너희들의 모습을 바라보
는 나 여호와의 마음이 얼마나 아프며,
28 너희들이 나에게 연판장에 써 놓고 약
속했듯이 그를 지키지 못하는 너희들
의 죄가 얼마나 무서운 것인가를 너희
들은 알아야 할 것이니라.

## 3,118 번째 하나님 말씀

*2002년 8월 25일 20시 37분*

1 사랑하는 나의 아들아!
2 "네, 아버님! 말씀하옵소서."
3 너는 나로부터 성령을 받으며 내가 너에게 모두를 명함이니, 너는 하나하나 이루어지는 것이 나의 계획에 의하여 미리 준비되었으며 역사되었음을 잘 알고 있음이니라.
4 그러나 너의 제자들이요, 나의 피조물 만백성 그들은 그를 알 수 없으며, 그 또한 깨닫지도 못하는 것이 너와 그들과의 차이이니라.
5 너는 하나하나 이루어 나가되, 네가 다 준비되어 있으며, 나 여호와가 다 주관하여 이룰 수 있도록 다 계획되어 있음이니라.
6 그리하여 때가 되고 시간이 되면 그 하나하나 네가 이루고자 했던 것이 다 이루어지며, 네가 또한 마음먹고 무엇인가를 이루고자 하는 것을 내가 미리 알고 있음이니, 내가 너에게 명하여 너로부터 그를 깨닫게 하며, 네가 짐작하게 되며 네가 준비하도록 내가 그리함이니, 너는 계획하고 준비를 하면 될 것이니라.
7 네가 금화와 은화요, 그 준비 과정에서 네 생각으로써 판단하여 두려워하며 겁먹지 말라.
8 어떠한 역사도 내가 너에게 명하는 것이요, 내가 너에게 행하라 한 것은 다 준비되어 있으며, 네가 생각하지 못한 쪽에서 모두가 이루어지듯이, 모두는 준비된 그 역사 속에서 이루어짐을 알라.
9 너의 제자들은 다만 그를 모르기 때문이니라.
10 그리하여 하나하나 이루어져 가는 그 단계요, 5달란트의 역사를 이루는 것 또한 하나하나 준비되어 다 너희들이 관리하고 이루어져 가도록 되어 있음이니, 그 식구들이 나의 성전에 와서 깊이 공부하며 깨닫는 그러한 역사를 이루어 갈 것이니라.
11 그러니 너는 앞으로 나의 법전이 세상에 나가 만백성을 다스리고 이끌어 주는 것도 그 계획하에 다 준비되어 있음이니, 내가 너에게 두려워하지 말며 겁먹지 말라 그리 깨우치는 것이니 그리 알라.
12 너는 알고 있지 않은가?
13 하나하나 나의 계획대로 네가 원하는 것이 이루어짐을 너는 알고 있지 않으냐?
14 그게 바로 내가 역사하는 것이니라.
15 그와 같은 형국으로써 모두가 다 이루어짐이니, 너는 내가 너에게 명하여 깨달음을 주었을 때, 그를 그대로 강력히 시행하며 믿고 전진해 나아가라.
16 그러면 답이 거기 있음을 알라.

## 3,119 번째 하나님 말씀

*2002년 8월 25일 20시 45분*

1 사랑하는 나의 아들아!
2 "네, 아버님! 말씀하옵소서."
3 구약의 몇천 년의 역사와 신약의 몇천 년의 역사가 흐르는 속에서 너희들의 종교 집단이 이끌어 왔음이니라.

4 사랑을 베풀며 나눔을 베풀어 나 여호
와의 뜻에 따라 너희들이 하늘에 나의
피조물 백성을 인도한다 하며 그리 이
끌어 왔느니라.
5 수천 년 동안 너희들이 그와 같이 사
랑이요, 나눔이요, 하나로써 너희들이
성서를 갖고 공부하고 깨우쳐 하늘에
오르는 길이라 그리 가르쳐 너희들만
이 구원을 받는다 그리 말하며 나의
피조물 만백성을 지금까지 이끌어 왔
음이니라.
6 그러나 하나의 성서요, 하나의 나의
뜻을 가지고 가르치는 너희들이 어찌
되었는가?
7 신약 시대에서부터 세월이 흐르고 흐
르는 몇천 년 동안 너희들은 하나의
사랑으로써 이루어지는 것이 아니요,
천 갈래 만 갈래로 갈라졌으며, 또 갈
라진 그 속에서 분열되어, 너희들은
경쟁 속에서 지금 종교라는 자체가 나
와는 아무런 관계도 없는 방향으로써
너희들의 계획에 의하여, 인간의 삶에
의하여, 너희들이 원하는 방향과 너희
들의 환경이요, 너희들의 입장에 따라
그 모두가 잘못되어 가는 그 방향으
로, 인간의 기준에 의하여 모두가 뿌
리를 내려 가는 그와 같은 역사를 이
루고 지금에 왔음이니라.
8 그리하여 지금의 잘못 가고 있는 종교
집단을 너희들이 하나로 통일하며, 온
인류가 하나의 언어요, 한 방법으로써
그 믿음을 통일한다는 것이 얼마나 어
렵고 힘든 것이며, 너희들이 다시 태
어나는 그와 같은 모든 아픔을 딛고
일어설 수 있어 하나의 언어요, 하나
의 생활 습관이요, 하나의 나에게 기
도드리는 그 뜻과 하늘에 오르는 길의
가르침이 하나로 이루어지기는 너무
나도 멀고도 먼 곳에 와 있음을 알아
야 될 것이니라.
9 너희들이 하나로써 통일되어 한 길로
써 구원의 길을 받는 만백성이 그와
같이 기도 소리가 같으며 원하는 것이
같으며 행하는 것이 다 하나로 통일되
기에는 너무나도 먼 세월이 흘러왔음
이니라.
10 지금 너희들이 몇천 년 동안 흘러온
그 역사의 뿌리요, 그 고난처럼 그 세
월이 흐른 것만큼 많은 세월을 역류하
여 그와 같은 역사가 이루어졌을 때,
그들을 하나로 만드는 그와 같은 기적
을 이룰 수 있을 것이니라.
11 수천 년 동안 내려온 그들이 뿌리내린
것을 너희들이 바로잡기 위해서는 그
수천 년 동안 흘러온 세월만큼 너희들
이 고난의 세월이요, 그 고통을 겪으
면서 참고 인내하는 그 세월만이 너희
들이 바로 세워 갈 수 있으며, 바로잡
을 수 있으며, 지금 잘못 가는 종교 그
들의 개혁과 변화가 이루어질 수 있는
것이니라.
12 그러나 그와 같은 세월을 기다릴 수가
없음이니라.
13 6천 년 동안 흘러오면서 잘못된 그 세
월을 나 여호와가 너희들에게 기다릴
그와 같은 시간이 없음이니라.
14 그리하여 너희들이 잘못 가고 구부러
진 그것을 바로잡기 위하여 내가 나의
아들에게 나의 성령으로써 나의 법전
160권을 만들어 세상에 내보내며 이

를 책으로 엮어 너희들이 읽어 보고 깨우치도록 그리 가르치고자 하는 것이 지금의 나의 뜻이니라.
15 그리하여 수천 년 동안 너희들이 지금까지 뿌리내려 온 6천 년의 그 세월보다도 더한 고난의 힘든 세월을 역으로 흘러갔을 때, 너희들을 바로잡을 수 있으며 하나로 이룰 수는 있을 것이니라.
16 그러나 그 많은 세월 동안 내가 너희들을 기다릴 시간이 없으며, 그와 같이 너희들에게 많은 시간을 내가 더 주었을 때 너희들은 하나가 되기는커녕 지금보다도 더 험악한 형국으로 다 쓰러지며, 경쟁이요, 분쟁 속에서 서로 아귀다툼하며 너희들이 지옥으로 가는 그와 같은 역사만 이루어질 것이니라.
17 그리하여 내가 지금부터 너희들을 바로잡기 위하여, 너희들이 지옥으로 달려가는 그 멍에를 덜어 주기 위하여 지금 나의 성령의 법전을 세상에 내보내 너희들을 구원하는 것이라 함을 너희들은 알아야 될 것이니라.
18 오로지 너희들이 지고 있는 죄의 멍에를 벗을 수 있는 것은 나의 법전을 읽고 깨우치며 그대로 행하는 것뿐이며, 그것만이 너희들이 변화될 수 있으며, 그 죄지은 멍에를 벗을 수 있으며, 하늘에 오르는 길을 알 수 있다는 것을 알아야 될 것이니라.
19 이를 깊이 깨우쳐 너희들 것으로 만들라.
20 너희들이 지고 있는 그 죄의 멍에를 다 벗어던지며, 너희들이 회개하고 깨달으며 반성하며, 살아오면서 지은 죄의 의식을 가지며 너희들이 지금 잘못 가는 종교 집단에서 나의 법전을 듣고 뛰쳐나오는 것만이 지옥으로 가는 발길을 멈추고 나에게 오를 수 있는 그 영광의 길을 오게 됨을 잊지 말라.

## 3,120 번째 하나님 말씀

*2002년 8월 25일 20시 52분*

1 사랑하는 나의 아들아!
2 "네, 아버님! 말씀하옵소서."
3 나 여호와가 이루고자 하는 새로운 시대를 열기 위해서는 지금의 수천 년 동안 너희들이 잘못 믿어 오고 잘못 왔던 그 종교 집단의 하층부가 아니라 상층부부터 개혁과 변화를 가져와야만 하느니라.
4 너희들의 상층부부터 깨달아 회개하며, 지난날의 과거를 진심으로 회개하며 눈물로써 사죄하고 용서를 빌며 진정 회개하는 깨달음이 없이는 종교 개혁이요, 새로운 믿음의 길이요, 하늘에 오르는 그 영광된 길을 볼 수 없으며 바른 믿음을 갈 수 없는 것이 너희들이니라.
5 그리하여 내가 너희들에게 책표지에 나의 뜻을 전하였음이니, '너희 인간이 수년, 수십 년, 평생 성서를 공부하고 기도하는 것은 하늘나라 나에게 오르고자 함이니라.' 하였으며
6 '수천 년 전의 너희 인간의 생활 방식과 지금의 너희들의 마음의 격이 너무나 크고 멀리 벌어졌으니, 선지자를 통하여 책의 표지처럼 하늘에 오르는

길을 16권을 1부로 하여 10부로 160
권의 책을 만들어 너희들에게 전함이
니, 너희는 쉽게 깨우치고 뉘우쳐 하
늘에 오르는 길을 찾으라.' 내가 머리
말에 넣었음이니,
7 오늘 너희들이 이 뜻을 다시 한 번 읽
고 깊이 깨우쳐야 할 것이니라.
8 그 종교의 개혁이요, 변신이 이루어지
지 않고, 지금 너희들이 잘못 가고 있
는 그와 같은 것을 단절하지 아니하고
는 너희들의 새로운 역사가 이루어질
수 없으며, 너희들 자신이 구원을 받
을 수 없으며, 너희 후손들까지 구원
을 받을 수 없음을 알라.
9 너희들이 지금의 종교 개혁의 변화를
위하여 정녕 너희들부터 구원을 받고
자 한다면, 종교 지도자요, 지금의 너
희들이 만든 성전에 가 울고불고 기도
하는 너희들 자신이 구원을 받고자 한
다면,
10 지금의 종교 집단의 상층부부터 변화
를 가져야 될 것이며, 너희들의 잘못
가는 그 죄를, 나의 십계명이요, 나의
율법이요, 나의 법전에 기록된 내용들
과 너희들이 일치하지 않는 생활을 하
는 그 모두를 죄로써 인식하고 용서를
빌며 눈물로써 회개하는 그와 같은 대
변화가 이루어지지 아니하고는 너희
들이 바른 깨달음을 얻을 수 없으며,
하늘에 오르는 길을 갈 수 없으며 볼
수도 없음이니라.
11 너희들은 상층부부터 깨우쳐 종교의
혁신이 아니요, 혁명과 같은 대단한
결단을 하여, 너희 삶의 모든 생활을
다 공개하는 거기서부터 너희들이 변
화하는 그 역사를 이루지 아니하면 너
희들은 볼 수가 없음이니라.
12 아무리 너희들이 구원의 길이라 그리
몸부림쳐도 구원의 길은 고사하고 하
늘에 오르는 빛조차도 알지 못하며,
천국이 어찌 형성되어 있는 것인지 그
것조차도 보지 못하며 지옥으로 가는
그와 같은 형국을 맞이할 것이니라.
13 아무리 너희들이 나의 법전을 읽고 깨
우쳐 나의 계명을 지키고 살아간다 하
여도, 너희들의 종교 집단의 상층부가
변화되지 않는 한 너희들 하층부의
집단은 변화될 수가 없음이니라.
14 그리하여 내가 천 년에 걸쳐 나의 피
조물 만백성 너희들을 구하기 위하여
지금 나의 법전을 세상에 내려보냄이
니, 이 뜻을 너희들은 알아야 될 것이
니라.
15 내가 더 이상 기다릴 수가 없음이니라.
16 그리고 너희들이 변화되는 것을 기다
릴 수가 없음이니라.
17 너희들은 변화되기 전에 더 사악한 형
국으로 변하며, 종교 집단이 서서히
변질되고 변질되는 그 속도가 너희들
인간으로서 상상할 수도 없고 생각할
수도 없이 급속도로 변하여 흘러감이
니, 너희들의 그 짐은 점점 무거워짐
이니라.
18 그리하여 나의 백성 너희들이 이제는
스스로 깨우쳐 너희들 자신이 자신과
의 싸움에서 이기며, 너희들 스스로
종교의 흐름과 너희들 집단의 배움과
나의 십계명을 지키고 살아야 된다는
나의 법전에 기록된 그 내용을 음미하
며 나의 법전을 너희들이 읽고 깨우쳤

을 때, 너희들이 스스로 개혁할 수 있으며 변화될 수 있으니,
19 너희들 스스로 변하여 자신이 구원의 길을 찾는 것밖에는 너희들이 어찌할 길이 없음을 알아야 될 것이니라.
20 이제 너희들 스스로 변신하여야 될 것이며, 스스로 깨우치는 그와 같은 변화를 이루어야 될 것이니라.
21 그러나 상층부가 변하지 않는 그 종교 집단 속에서 너희들이 그와 같은 변화의 역사를 이루는 것은 너무도 두렵고 어려움이니라.
22 그리하여 나의 법전을 너희들이 읽고 깨우쳐 하늘에 오르는 길만이 너희들이 영원히 사는 길임을 내가 너희들에게 다시 한 번 오늘 여기에 기록하여 전함이니, 이를 잊지 말라.

## 3,121 번째 하나님 말씀

*2002년 8월 25일 20시 59분*

1 사랑하는 나의 아들아!
2 "네, 아버님! 말씀하옵소서."
3 내가 너희들에게 무어라 말했던가?
4 '지옥 불로 향하여 달려가는 너희들, 뒤를 돌아 나를 보라.' 하였음이니라.
5 나의 법전 '하나님! 말씀하옵소서.' 구원의 길을 읽고 지옥 불로 달려가는 발걸음을 멈춰 구원의 길로 돌아서라 내가 너희들에게 간곡히 그리 부탁하여 나의 법전에 기록하여 전하지 아니하였던가?
6 너희들은 이 대목의 뜻을 다시 한 번 음미하며 읽어 보아 깨우침을 얻어야 될 것이니라.
7 지금 수천 년 동안 그 많은 나의 백성들이요, 그 많은 종교 지도자요, 그 많은 백성 너희들이 하늘에 오르고자 하여 그 구원의 길에 몸부림쳤던 모두가 잘못 가르치고 잘못 배워 온 흐름이라면 너희들은 어찌하겠는가?
8 이는 내가 너희들에게 말하듯이 그 오랫동안 그 많은 수십억의 헤아릴 수 없는 나의 백성들이 잘못 가르치는 종교 지도자들의 가르침을 듣고 또한 그들이 잘못 가르쳤으며 잘못 배워 지금과 같이 말세요, 험악한 시대의 형국이 이루어졌음이니, 이를 어찌하여야 하겠는가?
9 지금의 종교 집단이 이와 같이 잘못 흘러가고 잘못 자리 잡아 왔으며, '윗물이 맑아야 아랫물이 맑다.'는 그 이치도 하나 행하지 못하여 너희들이 혼탁한 이와 같은 시대가 이루어졌으며, 각종 종파는 종파대로 저희들이 분쟁과 투쟁으로 갈라져 있으며, 몇십 명의 저희 신도를 놓고 제가 이 세상을 다 지배하며 나로부터 구원을 받은 자요, 명을 받은 자처럼 자꾸 그 집단에서 저희만이 최고라 그리 나의 피조물 만백성을 현혹시키며 금화와 은화를 거둬들여 너희들의 종교 집단이요, 손으로 지은 그 성전을 이끌어 가고 있음이니,
10 이와 같이 잘못 가는 작고 큰 모든 종교 집단을 바로잡는다는 것은 그리 쉬운 일이 아님이니라.
11 그러나 다만 이것은 누구의 힘으로써, 어떠한 인력의 방대한 힘으로써도 그 누구도 바로잡을 수 없음이니라.

12 세상에 어떠한 조직도 그보다 더 방대한 조직이요, 뿌리가 깊은 조직이요, 성역을 이루는 조직이 없기 때문이니라.

13 다만, 이들을 바로잡고 이들의 뿌리를 다 뽑아 버릴 수 있는 것은 나의 십계명과 내가 제3의 시대에 내리는 이 법전을 정독하는 인간 너희들에 의해서, 한 사람 한 사람 너희 스스로 새로운 믿음의 길을 보며 깨우쳐 그와 같은 혁신을 이루는 길밖에 없다 내가 너희들에게 간곡히 부탁함이니라.

14 이제는 너희들이 지금 흐르는 그 종교 집단이요, 그와 같은 방법이요, 분쟁과 경쟁을 일삼으며 저희들만이 구원의 길이요, 진정한 믿음의 길이라며, 서로 같은 성서를 놓고 공부하는 자들끼리 그와 같이 아비규환 같은 형국을 이루며 살아감이니, 그 속에 어떤 진리가 있으며 참깨우침이 있으며 무엇이 있겠는가?

15 그러하니 그 속에서 살아가는 너희들이 내가 새로운 시대에 새 역사를 이루고자 하는 것을 알 수도 없으며 볼 수도 없는 그와 같은 형국이 되니, 어찌하여야 나의 이 뜻을 읽을 수 있다는 말이던가?

16 너희들을 가지고는 무엇도 읽을 수가 없음이니라.

17 진정한 속을 알지 못하며 겉만을 가지고 너희들이 모두를 평가하며, 그것이 진정한 구원의 길이요, 나 여호와의 뜻이라 그리 가르치며, 그를 보고 따라가는 백성들, 너희들은 구원할 길이 없으며, 너희들을 바로잡을 길이 없으니, 어찌하여야 하겠는가?

18 이는 나의 법전을 정독하는 것과 너희들이 새로운 마음으로 개개인의 그 믿음의 형태를 들여다보며, 너희 집단의 그곳을 들여다보며, 너희들이 그를 스스로 진단하여 자신이 변해야 되며 자신이 맑아지는, 그와 같이 자기 정화의 변화를 몸소 너희들이 이루지 아니한다면 이는 변화될 수 없음이니라.

19 너희들이 맑아지는 자기 정화의 변화를 이루어 스스로 너희들의 생활이 변화될 때, 그 피어나는 믿음의 새싹이 터 나올 때만이 모두를 이룰 수 있으며, 너희들 몸에서 스스로 변화되어 정화된 그 맑은 정신과 육신 속에서 새싹이 나올 때만이 구원의 길을 볼 수 있으며 구원을 얻을 것이니,

20 이제는 너희들 스스로 각자가 깨우쳐 변화되며, 너희들 스스로 나의 법전과 계명을 지키고 살아가는 그와 같은 삶으로써 변하여 너희들이 하나가 둘이 되고 둘이 넷이 되는 그와 같은 역사 속에서 모두를 바로잡을 수 있을 것이며, 너희들이 그와 같이 변화되지 아니한다면 지금의 종교 집단은 어느 누구도 바로잡을 수 없음이니, 너희들 자신이요, 너희들 후손까지도 지옥 불로 떨어짐을 잊지 말아야 될 것이니라.

## 3,122 번째 하나님 말씀

*2002년 8월 25일 21시 09분*

1 사랑하는 나의 아들아!

2 지금까지 수천 년 동안 믿음의 역사요, 나의 피조물 만백성을 이끌어 온

그 믿음의 대표적인 종파가 얼마나 잘
못되었으며, 나의 뜻과는 전혀 관계가
없는 그와 같은 길로써 나의 피조물
만백성을 우롱하며 지옥 불로 인도했
는지 너희들은 알고 있는가?
3 지금의 종교 지도자 너희들이 가슴에
손을 얹고 깊은 밤, 나에게 진정 피보
다 진한 기도로써 자문을 받아 보라.
4 그리고 너희들 스스로 한번 회개를 해
보라.
5 너희들이 나를 향하여 한 점의 부끄러
움이 없는 삶으로써 살아오는 종교 지
도자로서 변하고자 얼마나 노력을 했
으며 너희들이 과연 얼마나 변하여져
있는가?
6 그와 같이 너희들이 캄캄한 밤에 혼자
나를 향하여 회개의 기도를 드릴 때,
정녕 부끄러움이 없는 종교 지도자로
서 바로 섰다 말할 수 있는 자 얼마나
있는가?
7 지금 너희들의 믿음의 종파요, 지금
너희들의 흘러오는 이 종파들이 얼마
나 잘못되었으며 얼마나 썩어졌으며
얼마나 사랑이라는 그 씨앗도 찾아볼
수 없도록 메마르고 잘못되었으면, 나
여호와의 아들딸이요, 내 자식들인 너
희들이 이끌어 온 그 종파를 내가 다
뽑아 버리며 버리고자 하겠는가?
8 너희들이 진정 사랑이라는 것이 메마
르지 아니하였으며, 너희들이 진정 나
의 뜻과는 관계없는 인간의 삶에 의하
여 썩어져 가지 아니하였다면, 이 지
상은 오늘과 같이 황폐하게 되지는 아
니하였을 것임이니라.
9 내가 만든 이 지상의 자연의 아름다운
이 속에서 너희들의 종교 지도자들의
삶이 얼마나 황폐하였으면 내가 곡식
을 심을 수 없다고 너희들에게 말하고
있겠는가?
10 그리하여 곡식을 심을 수 없는 그 땅
을 옥토로 만들고자 함이니, 너희들을
다 뽑아 쓸어 내고자 하는 것이 나의
지금 제3의 시대에서 이루어지는 역
사라 하니, 나의 마음이 얼마나 아프
고 고통스러운지를 너희들이 알겠는
가?
11 나의 아들이요, 나의 딸인 너희들이
지금의 믿음의 길이라 하여 그래 왔던
것이 너희들이 분쟁과 분쟁 속에서 계
파와 계파 간에 구파 속에서 신파가
생기며 신파 속에서 또 신파가 생겨
갈라지고 또 갈라지는 이와 같은 사악
한 지금의 형태는 황폐하여 하나의 씨
앗도 심을 수 없는 그와 같은 형국이
이루어졌다 함이니, 이를 내려다보는
나의 아픈 가슴을 과연 생각해 보았는
가?
12 나의 아들딸인 너희들이 지옥으로 가
는 것을 내가 더 이상 막지 못하고 잡
지 못하며, 너희들을 그냥 놓아두는
나 여호와의 아픈 가슴을 너희들은 과
연 얼마나 생각해 보고 있는가?
13 내가 너희들에게 성서에 기록하여 무
어라 말하였던가?
14 성서에 반드시 기록되어 너희들에게
깨우쳐 가르침을 이리 하였음이니라.
15 너희들이 살아가는 한 가정도 분쟁하
면 그 가정이 분산되며 존속하지 못한
다 내가 말하였으며, 너희들이 살아가
는 한 마을의 작은 집단도 분쟁하고

서로 경쟁하고 싸움을 일삼는다면 너
희들은 분산되며 존재할 수 없다 말하
였음이니라.
16 하물며 내가 너희들에게 무어라 말하
였느냐?
17 가장 큰 집단이요, 국가의 민족이라
하는 그 단체도 분쟁하면 바로 설 수
없다 내가 나의 성서에 기록하여 너희
들에게 깨우쳤으며, 그러하기에 너희
들이 분쟁하는 삶을 살지 말라 내가
너희들에게 그리 공부하도록 깨우쳐
주었음이니라.
18 그러나 너희들은 지금 어떻게 살아오
고, 종교 지도자 너희들이 어찌 가르
치는가?
19 종교 지도자들의 상층부부터 구파에
서 신파가 생기며 신파 속에서 수천수
만 가지 종파가 또 갈라졌으며, 또 구
파는 구파대로 갈라졌으며,
20 내가 너희들에게 말하듯이 그 종파의
가르침을 가지고 변질된 그들이 또 국
가요, 민족인 그 지역의 특성에 맞춰
안주하니, 그곳에 가서 그 환경에 맞
춰 너희들이 변질되고 또 변질되며 그
리하여 너희들은 분쟁과 분쟁을 일삼
는 그와 같은 지금의 형국에 이르렀음
이라 내가 말하였느니라.
21 분쟁을 하면 모두가 분산되며, 분쟁하
는 자 용서할 수 없다 내가 성서에 그
렇게 기록하여 놓았거늘,
22 지금 종교 지도자가 가르치며, 사랑을
베풀며 하늘에 오르는 길이요, 나에게
구원을 받는 길은 오직 저희들이라 말
하는 지금의 종교 집단 너희들보다 더
분쟁을 일삼으며 그 분쟁 속에서 악을
키우는 것이 없음을 알아야 될 것이니
라.
23 너희들로 말하면 가장 사악한 자로서
내가 분쟁을 이루지 말라 한 그것을
거역하고 분쟁을 일삼으며, 지금 너희
들이 살아가는 종교 집단이 분쟁의 극
치에 이르고 있음이니,
24 너희들이 과연 나 여호와가 존재함을
믿는 것이며, 너희들이 천국에 와 심
판을 받는 것을 생각하는 것인가?
25 그와 같은 이치를 하나만 너희들이 깨
우치고 있다 해도 너희들이 나의 뜻을
거역하여 그리하지는 아니하였을 것
이니라.
26 내가 성서에 기록하여 전한 그 무서운
내용을 너희들이 알고 있으면서도 그
를 거역하고 지키지 아니함이니, 이는
너희들이 신이 되고자 하는 그 사악한
마음보다도 더한 것이니라.
27 그리하여 너희들에게 분쟁을 일삼지
말라 하였거늘, 너희들은 분쟁의 극치
속에 모든 나의 피조물 만백성을 분쟁
과 분열로 이끌어 가니,
28 너희들이야말로 가장 나쁜 사악한 사
탄의 집단으로 전락되었으며, 너희들
이 사탄의 집단으로 전락되었기에 너
희들이 나의 아름다운 동산을 지금 가
장 황폐한 땅으로 만들어 놓아, 내가
하나의 새로운 씨앗을 뿌려 하나도 이
룰 수 없는 그와 같은 형국에 이루어
져 온 것이 너희들의 종교 집단의 작
태임을, 너희 스스로 죄를 인식하고
깨우치고 회개하여야만 될 것이니라.
29 그렇지 않은 자, 너희들은 영영 그 무
서운 죄를 받는다는 것을 잊지 말라.

## 3,123 번째 하나님 말씀

*2002년 8월 25일 21시 44분*

1 사랑하는 나의 아들아!

2 진정한 진리라 함은 분쟁이 따라서도 아니 되며, 분파로 나누어져도 아니 됨이니라.

3 그러나 지금 나 여호와의 가르침이요, 나의 참뜻의 진리가 어찌 되었는가?

4 구약 시대에 너희들이 나의 진리요, 참뜻을 거부하였으며, 그를 버리지 아니하였던가?

5 신약 시대 또한 너희들이 얼마나 나의 진리요, 나의 뜻을 거역하였으며 나를 거부하여 나의 가슴을 그리 아프게 하였던가?

6 너희들은 그리 생각해 볼 여유도 없는가?

7 사랑하는 나의 아들이 죽어 가는 모습을 보며, 너희들을 구원하고자 내가 모두를 내린 그 성령의 은혜의 축복을 너희들이 등 돌려 짓밟아 버릴 때, 그를 보는 나 여호와의 마음이 어떠했겠는가?

8 너희들이 광란의 힘으로써 나를 거부하며, 나의 성령을 짓밟으며, 나 여호와의 이름을 짓뭉개며, 내가 존재하지 아니하는 듯이 그와 같은 광란의 행위를 하며 나의 아들을 죽게 하는 그 모습을 볼 때,

9 내가 너희들이 머지않아 나에게 와 심판을 받을 때 그 모든 죄의 무서움을, 너희들이 숨도 못 쉴 그 무서운 벌을 받을 죄를 범하고 있는 것을 바라보는 나 여호와의 가슴이 얼마나 아프고 찢어질 정도로 저렸는지 그것을 생각해 보았는가?

10 너희들이 나 여호와요, 창조주의 마음을 만 분의 일이라도 생각한다 하여도, 어찌 너희들이 나의 십계명을 지키지 아니하며 나의 법전을 지키지 아니하고 거부하며 돌아서 살 수 있다 말하는가?

11 너희들의 부모가 자식을 위하여 애걸복걸하며 그리 소원한다 해도 인간관계에서도 너희들이 들어줄 것이며, 한 번은 해 주어야 될 것이니라.

12 그러나 너희들은 지금 내가 너희들을 그리 구원하고자 하며 너희들을 사랑하건만, 구약 시대에 너희들이 나의 마음을 그리 아프게 하였으며, 신약 시대에 또 너희들이 나를 거역하며, 너희들을 구원하고자 하는 나 여호와의 사랑을 거부하며, 받아들이지 아니하였음이니,

13 그를 보는 내 마음이 얼마나 아팠겠는가를 너희들이 한번 생각해 보고 돌이켜 보아야 될 것이니라.

14 그리하여 수천 년 동안 흘러온 너희들이 지금 하나의 마음이 되어 사랑하는 마음으로써 나의 진리를 그대로 따라 순종하며 왔다 하면 오늘과 같이 험악한 세상은 되지 아니하였으며, 가장 사랑하고 아껴야 할 인간이 인간을 두려워하며 인간을 의식하며, 인간이 인간의 생명을 소중히 여기지 않는 이와 같은 험악한 말세는 되지 아니하였을 것이니라.

15 진정한 나의 진리는 분파로 나누어져도 안 되며, 너희들이 분쟁의 대상으

로 삼아도 아니 되며, 너희들이 갈기
갈기 찢어져 그와 같이 가도 안 된다
하였음이니라.
16 그러나 너희들은 나의 참진리의 그 교
리를 어찌하였는가?
17 너희들은 천 갈래 만 갈래 분파로 갈
라지게 하였음이며, 그리하여 너희들
은 너희들 생각대로 너희들 인간의 뜻
에 맞도록 나의 교리를 수정하였으며,
그 교리를 가지고 만백성을 가르쳤으
며, 단상에 서서 설교하는 자, 그 설교
의 뜻과 의미가 무엇이며 내가 원하는
것이 무엇인지도 모르면서 너희들의
머리로 너희 생각대로 설교를 하며 그
렇게 왔음이니,
18 너희들이 진정한 참진리의 빛을 볼 수
도 없으며, 너희들의 그 믿음의 세계
에서는 참진리가 존재하지 아니하였
으며, 너희들이 지킬 수 없는 그와 같
은 길에서 너희들이 나의 피조물 만백
성을 구하는 신과 같은 역할을 하고
있었음이니,
19 너희들이 지금까지 이룬 그 모두가
나의 사랑하는 순박한 백성들을 위하
여 가장 고단수의 사기극을 벌이고 왔
다 하면 너희들은 믿겠는가?
20 지금 너희들이 가르쳐 온 그 진리요,
교리요, 너희들이 설교하는 그 방법은
가장 고단수로서 너희들이 사기극을
벌였음이니, 그렇지 아니하고 재물을
거두어들이지 아니한 자는 그래도 그
리 간다 할 수 있겠으나,
21 너희들이 재물을 거두어들이기에 급
급한 그 모습 하나만 본다 하더라도
너희들의 교리가 엉터리요, 설교가 엉
터리요, 진정한 하늘의 참진리를 알지
도 못하는 자들이 가장 고급스런 사기
극을 벌여서 저희들의 목구멍에 풀칠
하는 데만 연연하는 추하고 더러운 지
도자로서 남아 있다 하면, 너희들이
그 자리를 지키고 살아왔다면 어찌하
겠는가?
22 나의 이 법전이 내려가 내가 너희들을
나무라며 꾸짖는 이 구절을 너희들이
읽고 혼자 가슴에 손을 얹고 생각해
보라.
23 나 여호와가 너희들에게 채찍질하는
것이 과연 사탄이요, 사악한 자가 너
희들을 나무라는 것인가?
24 이 세상의 참진리는 정녕 분파될 수
없으며, 너희들이 분쟁의 대상으로 삼
을 수 없으며, 참진리는 하나로 위에
서부터 끝까지 영원히 지속되는 것임
을 너희들이 알아야 할 것이니라.
25 그러나 너희들은 하나의 교리요, 가르
침으로 전해져야 한다는 것을 알지 못
하고 있음이니라.
26 지금의 종교 지도자 너희들은 어찌 가
르치는가?
27 너희들이 성경에 의하여 가르친다 말
하나, 너희들은 성경에 의해 행하지
아니하고, 인간의 생각으로써 교리를
만들어 가르치고 설교하며, 나의 피조
물 만백성을 구한다 하여 너희들이 지
금까지 이렇게 이끌어 왔음이니,
28 지금의 형국에 이루어진 것이 너희들
이 잘못 가르치는 그 가르침 속에서
이와 같이 이루어졌음을 바로 알아야
될 것이니라.
29 너희들이 잘못 가르쳐 지금에 이르렀

으니, 이를 바로잡아 너희들에게 구원의 길을 주고자 하는 나 여호와의 뜻을 담아 책으로 너희들에게 내려보냄이니,

30 나의 뜻을 책에 담아 내려보내는 것은 너희들에게 증거함이요, 너희들을 바로 가르치고자 함이며, 너희들에게 구원의 길을 가르치고자 모두가 오늘을 위하여 몇천 년에 걸쳐 준비되었다는 것을 너희들은 알아야 할 것이니라.

31 이제 너희들은 잘못 가르치는 구습의 관행을 다 끊고 버려야 될 것이며, 너희 종교 지도자들이 이끌어 가는 그와 같은 방법의 잘못됨과 잘됨을 너희 스스로 깨우쳐, 잘못된 관행을 타파하며 악의 구렁에서 악을 행함을 과감히 끊고 다시 태어나는 인간으로서 살아가며, 그 삶 속에서 너희들이 하늘에 오르는 구원의 빛을 보는 역사를 이루지 아니하면, 너희들은 영원히 나와는 관계없는 아들딸로서 감이니, 이를 너희들이 알아야 할 것이니라.

## 3,124 번째 하나님 말씀

*2002년 8월 25일 21시 58분*

1 사랑하는 나의 아들아!

2 "네, 아버님! 말씀하옵소서."

3 내가 이 지구의 나의 낙원에 동양의 작은 나라에, 나 여호와의 뜻이요, 나의 말씀이라 하여 160권의 법전을 너희들의 언어와 글자로써 너희들의 풍속을 담아 세상에 전하여 만백성을 구하고자 역사하고 있음이니,

4 이것이 너희들에게 얼마나 축복이며 영광인지를 모름이니, 내가 동양의 작은 나라에 나의 아들이 임하여 나의 뜻을 만백성에게 전하여 제3의 시대에 세상의 모두를 변화하며 개혁하는 그 역사를 이루는 것은 한순간에 이루어진 것이 아님을 알라.

5 나 여호와가 미리 다 계획하였으며, 내가 너희 민족을 다 훈련시켰으며, 그와 같이 나의 주관하에 오늘의 동양의 작은 나라에 태어난 백성 너희들이 나로부터 선택된 자임을, 너희들은 어찌 그 영광과 축복의 은혜를 모르는가?

6 정녕 이 동양의 작은 나라가 아닌 강대국이요, 큰 나라요, 세상을 지배할 수 있는 그와 같은 나라에 이름 있는 자로 하여금 이와 같은 역사를 이루었다 하면, 과연 너희들은 어떠한 민족이 되겠는가?

7 내가 이 동양의 작은 나라 백성 중에 너희들을 선택함은 너희들이 누릴 수 없는 영광과 은혜와 축복이 내려지는 다음 단계의 그 역사함이 여기에 있음이니, 너희들은 어찌하여 감사함과 그 은혜의 고마움을 모르고 있는가?

8 '하늘에 오르는 길'이라 하여 너희들의 언어와 풍습으로써 세계를 통일하며 세계를 다 하나로 만들며 나의 새로운 시대를 열고자 하여 너희 나라의 국민에게 내려, 이 영광의 축복과 은혜요, 세상을 통일하는 그 방대한 역사를 너희들에게 주었음이니라.

9 천 년에 걸쳐 너희들이 다듬어지고 길들여지며 훈련하며, 그리하여 천 년 후에 너희들의 지상의 낙원이 이루어졌을 때, 너희들의 언어와 풍습으로써

모두가 통제되어 한 시대를 이제 영구
히 이루어 감이며, 지구가 멸망할 때
까지 영원히 그와 같이 이루어지는 것
이니,
10 그것이 얼마나 오래전부터 너희들을
훈련시키며 너희들이 선택된 백성들
인가?
11 대 강대국이요, 그 많은 민족 중에서
나의 성령을 전하며 나의 뜻을 통하며
세계를 지배하는 그 민족이 생기지 아
니하고, 동양의 작은 나라에서 내가
나의 아들을 여기 내려보내 너희들의
모든 것으로 세계를 통일하고자 함이
니, 너희들이 어찌하여 이 영광과 축
복과 그 은혜를 모르는가?
12 너희들의 작은 손안에 들어 있는 욕심
이요, 이해관계 때문에, 너희들의 이
동양의 작은 나라에서 나의 아들이 여
기에 존재하며 세상의 만백성을 통일
하는 그 역사요, 나의 진리요, 나의 성
령이 너희들의 언어와 글자로써 책으
로 만들어져 세상에 나오는 이 위대한
역사의 축복과 영광을 보지 못하고 있
느니라.
13 이 세상을 하얀 눈으로 덮듯이 나의
성령의 법전이 세상을 덮었을 때, 너
희 민족이요, 너희 백성들이 살고 있
는 나라의 경제적인 부담이요, 너희들
의 의식주를 해결하며, 그 모두를 다
내가 이 법전으로써 갚아 이루어 줄
것이며, 너희들에게 육의 행복과 축복
을 내가 내려 주는 것이 다음 단계에
이루어지는 역사이거늘,
14 나의 법전이 세상에 160권이 나와 만
백성이 이를 보고 깨우치고자 할 때,
너희들 민족이 가장 위대한 민족이며
선택된 민족이요, 백성이요, 국민이라
는 것을 알 것이며,
15 너희들의 의식주요, 너희들의 불안한
모든 삶을, 나의 법전으로 하여금 너
희들의 모든 뜻을 다 이루어 주어, 너
희들이 나 여호와가 존재함을 육으로
써 그 축복을 얻으며, 그로 하여금 나
여호와가 존재함을 알며, 나 여호와의
권능의 위대함을 알며 세상이 나 여호
와의 주관하에 이루어지는 것을 어느
민족보다도 깊이 깨달아 너희들이 구
원의 길을 보게 되며, 너희들 민족이
다 구원을 받는 그와 같은 역사가 이
루어지는 그 위대한 것을 내가 너희들
에게 주었건만,
16 너희들은 어찌하여 이를 들여다보지
못하고, 사탄이요, 이단이요, 사악한
자라 하며 나의 아들을 핍박하며, 너
희들의 생명줄보다 더 귀중하고 소중
한 나의 법전을 어찌하여 너희들이 보
호하고 관리하려 하지 아니하며, 찢어
버리고 불태우려 하는 그와 같은 사악
한 짓을 하는가?
17 이 동양의 나라에서 종교 집단이라 이
끌어 가는 자들, 너희들이 한평생 살
아가면서 얼마나 많은 백성을 구원하
며, 너희들이 얼마나 많은 백성들을
하늘에 올려 보낸다 생각하는가?
18 너희들의 작은 집단을 다 보태도 따라
갈 수 없는, 세계의 만백성을 하나로
엮는 그 대업을 여기서 시작하고 이루
고 있건만, 너희들이 그 작은 것에 연
연하여, 작은 것에 눈이 어두워 내가
이루어 주는, 선택된 백성으로서 내리

는 이 크나큰 은혜와 영광을 저버리는
백성이 되어서는 아니 될 것이니,
19 이 세상에 너희들의 동양의 나라 여
기에서 나의 아들이 존재하며 160권
의 법전이 세상에 나가는 그 방대하고
위대한 역사에 너희들이 동참해야 될
것이며, 너희들이 작은 것에 연연하는
그와 같은 것을 버려야 될 것이니라.
20 그를 버리지 아니하고, 나의 법전을
욕하고 비방하는 자, 너희들이 얼마나
어리석은 자며 얼마나 무서운 죄의 대
가를 치르는지를 너희들은 죽어 왔을
때 스스로 알게 될 것이니라.
21 너희들이 선택된 민족인 것도 모르며,
너희들이 위대한 백성으로서 내가 너
희들을 이끌어 가며 너희들을 훈련시
켜 왔음을 모르고 있음이니,
22 너희들은 지금 작은 성전에서 너희들
만이 최고라 발버둥치고 있는 그와 같
은 형국을 돌아다보며 거기서 뛰쳐나
오는 자, 태풍에 밀려오는 것보다 더
강렬하고 더 위대한 힘으로써 세상을
휩쓸어 나가는 나의 법전이 만백성을
구하여 3부가 나가고 4부부터 공통어
로써 세상에 회오리가 되어 밀려 나갈
것이니, 그때 거기에 편승하고자 해도
너희들이 탈 자리가 없음을 알라.
23 이제 3부로써 모든 각국의 언어로써
너희들이 번역해 나가고 4부가 나오
면서 단일어로써 세상에 나갈 때까지
너희들이 깨우치지 못하는 자는 이 동
양에서 선택된 백성의 그 위대함을 모
름이며, 너희들의 존재 가치를 모르며
지옥으로 가는 그와 같은 삶을 사는
것이 너희들의 형국임을 알라.

## 3,125 번째 하나님 말씀

*2002년 8월 25일 22시 12분*

1 사랑하는 나의 아들아!
2 "네, 아버님! 말씀하옵소서."
3 너의 제자들과 나의 법전을 읽는 만백
성에게 반드시 깨우쳐 주고 일러 주어
야 될 것이 있음이니라.
4 너희들이 지금 수천 년 동안 믿음을
계승해 오며, 너희들이 그 길이 하늘
에 오르는 진정한 길이요, 그 길만이
구원을 받는다 가르치고 나의 백성들
을 그리 우롱하여 지옥 불로 가게 하
는 그 행동을 해 왔음이니라.
5 너희들이 죽어 나에게 와 심판을 받는
다는 그 무서움이요, 그 두려움을 망
각한 채, 너희들의 육의 생각이요, 육
의 모두에 초점을 맞추어 지금까지 수
천 년 동안 나의 피조물 백성들 위에
군림하여 너희들은 믿음이라는 것을
지탱해 왔으며,
6 지금에 이르러서 너희들이 오만하기
를, 너희들보다 더 깨우침이 있는 자
가 없으며, 너희들보다 더 아는 자가
없으며, 믿음으로써는 너희들보다 더
위에 있는 자가 없으며 너희들보다 더
위에서 하늘의 문을 열고 닫는 그 권
능을 가진 자 없다 말하며, 천국의 문
을 열고 닫는 것은 나 여호와의 고유
의 권한이거늘, 너희들이 그를 마음대
로 할 수 있다 생각하며 죽은 자의 영
혼에까지 너희들이 축복을 줄 수 있다
며 그리 간악한 방법으로써 나의 피조
물 만백성을 우롱하며 살아왔음이니
라.

7 그리하여 너희들보다 더 아는 자 없다 너희들이 그리 말하나, 너희들이 얼마나 어리석은 자인가를 알아야 될 것이며, 정녕 너희들은 아무것도 모르는 자임을 너희 스스로 그리 말하는 것이니라.

8 신약 시대에 나의 아들 예수만을 통하여 모두를 가르쳤으며, 나의 아들을 통해서만 세상사의 모든 이치요, 나의 성령이 내려졌으며, 나의 아들과 나와 대화한 그 내용의 뜻과 그와 내가 계획했던 모든 역사의 흐름을 너희들은 알지도 못하지 아니하는가?

9 오로지 모든 하늘의 뜻은 나의 아들을 통하여 세상에 내려보내며 나의 아들을 통하여 모두를 받아들였듯이, 내가 지금 제3의 시대를 열어 가며, 나의 아들을 이곳에 내려보내 나의 아들로 하여금 나의 성령을 그만이 받아 법전이라는 나의 책을 만들어 내고 있음이니,

10 너희들의 모든 소원하는 기도요, 너희들이 변하는 것도, 너희들이 아름다운 신부로서 변하는 것도 나의 아들인 신랑을 통해서만 너희들이 내 품에 오를 수 있다는 그와 같은 깨우침을 너희들은 잊어서는 아니 될 것이니, 이것은 엄연한 사실임을 알아야 될 것이니라.

11 나의 아들을 만백성 너희들의 신랑이라 일컫는 것은 무엇이던가?

12 신부라 하는 것은, 나로부터 신부라 선택받은 너희들은 깨우침이요, 깨끗한 천사와 같은 마음으로 변해진 자만이 나로부터 신부라 명함을 받음이니,

13 그 신부를 받아들일 수 있는 신랑은 나의 아들이요, 또한 나의 아들이 천사와 같은 마음이요, 나의 성령과 같은 마음으로 변해지지 아니했을 때, 나의 아들이라 해도 그는 신랑의 자격이 없음이니라.

14 그러나 지금 세상에 내려가 나의 법전을 듣고 기록하는 이는 나의 아들이요, 그는 신랑의 자격이 있음이니,

15 이제는 내가 신부들을 고름이니, 그리하여 그 신랑이 신부를 맞이하여 그 신부를 하늘에 올려 보내니, 그가 나의 품이요, 천국에 오르는 그와 같은 역사가 있음을 너희들은 알아야 될 것이니라.

16 너희들이 얼마나 어리석고 우매한 종교 지도자들인가?

17 너희들은 나 여호와와 나의 아들 사이의 변화와 대화를 정녕 모르느니라.

18 너희들은 그를 알지도 못하며 들을 수도 없음이니, 오로지 나의 성령으로 내리는 것은 나의 아들만이 들으며, 그 아들이 지상에서 이루어지는 그 모두를 나에게 보고함이니,

19 이는 부자지간에 아들과 나만이 듣고 들을 수 있는 것이며, 대화하고 이끌어 가고 있는 그것을 모르는 어리석은 자들인 너희들이 어찌하여 그보다 위에 있으며 그보다 더 높이 깨우침을 가졌다 그렇게 말하는가?

20 그 자체가 너희들의 어리석음임을 알라.

21 나 여호와와 나의 아들 사이에 그 대화를 수없이 나눔이니, 너희가 나의 아들을 이단이요, 사탄이라 말하지 말라.

22 나 여호와와의 대화요, 내가 주관하는
그 모든 역사를 듣고 시행하고 이루는
자는 나의 아들이거늘, 그에게 너희들
이 감히 사탄이라 이단이라 말함이니,
너희들 스스로 사탄이요, 이단이요,
사악한 늪에 빠져 있음을 알아야 될
것이니, 너희들의 위치를 알며, 너희
자신의 분수를 알도록 그리하라.
23 내가 내리는 그 모두는 창조주 나만이
알며, 나에게 직접 듣는 자는 나의 아
들뿐임을 너희들이 다시 한 번 깨달아
야 될 것이니라.
24 내가 세상에 모두를 내리는 것은, 창
조주 나의 뜻은 나만이 알며 직접 듣
는 나의 아들만이 아나니, 나의 아들
외에는 그 누구도 나의 뜻을 알 수 없
으며, 내 뜻을 너희들에게 전하지 아
니하며 기적을 너희들에게 이루어 주
지 아니하며 나의 성령의 뜻을 너희들
에게 전하지 아니함을 알라.
25 오로지 이 세상에 존재하는 것의 모든
나의 뜻과 나의 성령을 받아 행하는
자는 오로지 나의 아들 하나임을 알라.
26 그 누구도 그와 같이 받을 수 없음이
니, 그를 받았다 말하는 자, 그는 나와
관계도 없는 자요, 그는 사악한 사탄
의 앞잡이로서 잠시 그와 같은 역사를
이룰 수 있으나, 몇 분의 시간이요, 며
칠의 날짜가 가지도 아니하여 그 본색
이 드러날 것이며, 그가 허상이라는
것을 너희들이 알게 될 것이니라.
27 나의 아들 외에는 누구도 나의 뜻을
아는 자가 없으며, 알 수도 없으니, 지
상의 모두는 나의 아들 외에는 누구에
게도 내림이 없음을 다시 한 번 강조
함이니, 너희들이 여기서 사악한 자에
게 현혹되어 지옥의 길로 스스로 자초
하여 가는 일을 하지 말라.
28 그리하여 너희들이 그를 나의 아들이
아니요, 나로부터 선택된, 나에게 명
받은 나의 자식이 아니요, 선지자가
아니며, 너희들이 그를 사탄이요, 이
단이라 그리 말하고 그렇게 갑론을박
하고 싶거든, 너희들에게 이를 증거하
고자 하여 내가 너희들에게 보여 줌이
니라.
29 너희들이 성서의 가르침이요, 나의 뜻
이요, 하늘에 오르는 그 위대함을 너
희들보다 더 아는 자 없으며, 너희들
보다 더 그와 같은 역사를 이룰 수 있
는 자 없으며, 기적을 이룰 수 있는 자
없다 말함이니, 너희들이 나의 아들에
게 질문을 한번 해 보도록 하라.
30 그리하여 나의 아들에게 질문을 던졌
을 때 너희들에게 명쾌한 답을 내리지
못하며 너희들에게 깨우침을 주지 못
한다면 이는 나의 아들이 아님이니,
31 너희들이 답답하고 너희들이 풀 수 없
는 어렵고 힘든 질문을 나의 아들에게
던져 보라.
32 아들은 즉석에서 명쾌한 답을 줄 것이
니, 곧 이는 내가 임하기 때문이니라.
33 이것으로써 너희들에게 증명하며 증
거하고자 함이니, 너희들이 정녕 옥석
을 가리고자 하면, 나의 피조물 만백
성 너희들은 나의 아들 앞에 와 질문
을 하도록 하라.
34 그리고 깨우침을 얻으며 진리의 빛을
얻도록 그리하라.

# 3,126 번째 하나님 말씀

*2002년 8월 25일 22시 23분*

1 사랑하는 나의 아들아!
2 "네, 아버님! 말씀하옵소서."
3 진정한 믿음으로 가는 자들과 진정한 믿음으로 가지 않는 자와의 차이점이 엄연히 있음이니라.
4 그러나 너희들이 그를 깨우치지 못하며 그를 알지 못함이니, 그리하여 너희들이 잘못 가는 그 믿음 속에서 잘못 가르치는 종교 지도자의 그 간악하고 간교한 방법에 너희들의 그 소중하고 귀한 영혼의 구함을 버리며 지옥으로 달려가는 그와 같은 역사를 이루고 있는 삶을 살아간다면 어찌하겠는가?
5 사랑하는 나의 피조물 만백성들아!
6 정녕 너희들이 가던 발길을 잠시 멈출 수는 없겠는가?
7 그리고 너희들이 가던 발길을 멈추어, 너희들이 지금 어디로 달려가고 있는가를 한번 되짚어 보고 싶은 생각은 없는가?
8 그리하여 너희들이 세상에 내려보내는 나의 법전이라는 이 책을 정녕 한번 들여다볼 수는 없는 것인가?
9 정녕 이와 같은 변화를 너희들이 가져올 수는 없는 것인가?
10 내가 너희들에게 말했듯이 진정한 진리의 길을 가는 자들과 그 진리가 아닌 길을 가는 자를 너희들 스스로 구분할 수 있다 하였음이니라.
11 너희들이 아무리 손으로 만든 그 성전에 가 금화와 은화를 바치며 찬송을 광란적으로 부르고 그 설교를 들으며 '아멘!', '할렐루야!' 하며 눈물의 기도를 드려도 그것이 정녕 진정한 믿음의 길이 아니라 하면,
12 너희들이 그 성전의 문을 나오는 그 순간에, 그리고 너희들이 그곳에서 나와 일상생활을 할 때 너희들의 마음은 공허하고 허전하며 너희들의 마음을 다스릴 수 없는 그와 같은 빈 마음과 같은 형태로 되는 것이며,
13 너희들이 지금 무슨 길을 가고 있으며, 너희들이 진정 하늘에 오르고자 하는 그 길이 하나님의 뜻에 의하여 살아가고 있는 것인가, 나 여호와의 주관에 너희들이 역사하고 있는 것인가 의문을 갖게 되며,
14 공허하고 허무한 마음과 허전한 마음을 달랠 수가 없으며, 너희들이 스스로 지어 온 그 무거운 죄에 대한 압박과 두려움을 얻게 되며, 그 죄의 사함을 너희들이 받는 것인지, 못 받는 것인지 그 두려움을 너희들이 갖게 되는 것이니라.
15 그러나 나로부터 선택된 백성들은 신념이 있음이니라.
16 이 성령이 나의 법전이요, 하나님의 말씀이며, 저희들이 매일매일 아름답게 변해 가는 모습에서 나 여호와가 있음을 두려워하며 저희들이 역사가 이루어지는 것이 모두 나 여호와가 주관하여 하나하나 계획에 의해서 이루어진다는 것을 그들의 피부로 느낌이니,
17 그들의 생활과 살아가는 모습이 천사와 같은 길을 위하여 무섭게 달려가며, 그들은 마음에 공허함이 없으며

허전함이 없으며, 저희들이 구원을 받
는 것에 두려움이 없으며 그들이 선택
되어 구원의 길을 올 수 있는 그 빛을
보는 것이니라.
18 이것이 너희들과의 차이점임을 알라.
19 사랑하는 나의 피조물 만백성 너희들
은 들으라.
20 너희들은 어떠한 형태로 어떠한 믿음
의 길을 가며 어떠한 구원의 길을 간
다 해도 너희들의 마음이 공허하며,
너희들의 마음이 허전하며 너희들이
그 불안한 마음을 접을 수 없다 하면,
21 너희들이 정녕 구원을 받는 길을 가는
것이 아닌지 그 의혹을 갖는다면, 너
희들의 종교 지도자는 잘못 가르치는
자이며, 그 집단은 잘못되었으며, 너
희 스스로 지금 잘못 가고 있음을 알
아야 될 것이니라.
22 그와 같이 무서운 자, 그리고 두려운
백성들은 지금 당장 나의 법전을 기록
하여 세상에 내보내는 나의 아들에게
와, 그 아들이 나의 성령을 들어 강론
하는 것을 들으며, 그들이 너희들에게
전해 주는 그 법전을 받아 너희들이
생명보다 더 소중한 마음으로 정독하
여 내려가면 너희들의 죄가 가벼워짐
을 알 것이며, 죄 사하는 길을 알 것이
며, 너희들 스스로 위대한 안식처를
찾을 수 있음을 알라.
23 공허하고 불안한 자, 나의 아들에게
와 강론을 들으며 나의 법전을 읽어
너희들의 안식을 찾도록 그리하라.
24 그것만이 너희들이 안식을 찾을 수 있
는 길임을 알아야 될 것이니라.
25 나의 피조물 만백성 너희들은 살아감
에 있어서 너희들의 마음이 온유하고
겸손하며 사랑하는 마음으로써 그득
히 채워져 있을 때, 너희들은 그 마음
의 무거움을 모르게 됨이니라.
26 너희들이 온유한 마음으로 돌리며 겸
손한 마음으로 돌리며 사랑의 마음으
로 다스려질 수 있는 길이 나의 법전
속에 다 있으며, 나의 법전밖에 없음
을 알아야 될 것이니라.
27 이제 너희들은 지금까지 살아오며 지
은 그 죄의 무서움을 알아야 할 것이
니라.
28 너희들이 지고 있는 그 짐들의 멍에를
벗어 버리고 그를 가볍게 털어 버릴
수 있는 것은 나의 법전을 읽는 것이
며,
29 나의 성전에 와 나의 아들이 전하는
그 강론을 단 한 시간만 듣는다면 너
희들이 지금까지 살아온 육이 얼마나
잘못 살아왔는지, 그리고 구원의 길이
아닌 길로 간다는 것을 알 수 있으니,
30 나의 아들도 세상에 내가 있어 존재하
며, 나의 법전도 내가 존재하기에 내
려보냈으며, '하늘에 오르는 길'이라
하여 '하나님 말씀'이라는 이 법전이
세상에 나오는 것도 나의 뜻이니, 너
희들이 평생 단 한 시간만 나의 아들
이 전하는 강론을 들을 수는 없겠는가?
31 한 시간의 강론을 들었을 때 너희들은
진정 하늘에 오르는 빛이요, 그 길을
가게 될 것이니라.
32 그러나 너희들의 종교 지도자들은 너
희들의 공허한 마음을 채워 주지 못하
며 허전한 마음을 채워 주지 못하며,
죄의 무거운 그 멍에에 두려워 공포에

떨며 살아가는 너희들에게 그리 말할
것이니라.
33 '그는 사탄이기 때문에 여호와의 말처
럼 하며 그는 사탄이기에 그 말을 들
으면 너희들이 사탄으로 빠져 감이니,
너희들은 그 말을 들어서도 안 되고
만나서도 안 된다.' 그리 말하거든, 너
희들은 그에게 말하라.
34 '당신이 자신이 있으며 당신이 가르치
는 그 진리요, 하늘에 오르는 길이 하
나님의 뜻이라면 내가 무엇을 듣고 내
가 무엇을 읽고 누구를 만나든 간에
당신이 어찌하여 두려운 마음을 갖나
이까?' 그리 물어보라.
35 진정한 보석을 가지고 있는 자는 감정
을 하든, 이웃 사람이 들여다보든, 많
은 사람들이 그를 두드려 보고 평가하
든 두려움이 없음이니라.
36 그는 조금도 불안한 점이 없으며 거리
낌이 없으며 마음에 초조함이 없으며
그는 더욱 당당할 것이니라.
37 보석을 아는 많은 자들은 그 진짜 보
석을 구분할 수 있기 때문이니라.
38 그러나 가짜 진주를 가진 자는 얼마나
불안하고 초조하겠는가?
39 보석을 모르는 한두 사람은 그것이 진
짜라고 넘어갈 수 있으나, 정녕 진짜
보석을 감정하는 자요, 그를 보기만
해도 아는 자의 손에 들어갔을 때, 그
것은 가짜요, 유리 조각만도 못한 것
이 판명될 것이니,
40 그리하여 보석을 감추며 내보여 주지
아니하며 남들에게 보이려 하지 아니
하며 남들이 만지지 못하게 가장 귀중
한 것처럼 둔갑하여 그와 같은 형국으
로써 나의 피조물 만백성을 이끌어 가
는 것이 그 사악한 지도자이니라.
41 그들은 진정한 보석을 갖지 않았기 때
문에, 그것을 진정한 보석이요, 세상
에 하나밖에 없는 보석이기에 아무에
게나 보여 줄 수 없다 하며 누구에게
도 보여 줄 수 없다 하며 저희들이 그
저 감정사에게도 보여 줄 수 없다고
하며, '네가 살려면 그냥 사야 된다,
그리고 무조건 사는 것이 구원의 길이
다, 그리고 진짜 보석을 갖는 것이다.'
그리 가르치는 자, 사악한 자이니라.
42 그가 곧 사탄이요, 사악한 자이니라.
43 너희들이 사고자 하는 그 보석을 많은
사람들 앞에 펼쳐 보이고 그를 감정하
고 두드려 보고 볼 수 있도록, 그리고
모든 사람들이 평가할 수 있도록 하는
것은 진짜 보석을 가진 자이니라.
44 나의 아들에게 와 한 시간의 강론을
들을 때, '그는 사탄이요, 이단이기 때
문에 너는 가기만 하면 넘어간다.' 그
리 말하는 너희 종교 지도자는 가짜
보석을 숨겨 놓은 그와 같은 자이니라.
45 사기꾼이요, 거짓 하는 자요, 도둑질
하는 자며 남을 속여 배를 채우고자
하는 추하고 더러운 자이니, 그 말을
들어서는 아니 될 것이니라.
46 나의 아들은 너희들이 나의 성전의 문
전을 들어오고 안 들어옴을 관계치 않
으며, 너희들을 오라 가라 하지 아니
함이니라.
47 그는 당당하기 때문이니라.
48 그리고 너희들로부터 금화와 은화를
받아들이지 아니하기 때문이니라.
49 나의 아들은 너희들에게 금화와 은화

를 받아들이지 아니하기 때문에 너희
들 머릿수를 돈으로 따지지 아니하며,
금액을 더 내고 못 내는 자로서 너희
들의 머리의 크고 작은 것을 따지지도
아니함이니라.
50 나의 아들은 십일조요, 헌금이요, 어
떠한 방법으로든지 나의 성전에서 기
금을 받아들이지 않고 스스로 내가 주
는 은혜로써 다 역사하고 가기 때문이
니라.
51 그러나 종교 지도자들은 너희들의 머
리를 돈으로 계산하며 많은 돈을 낸
자를 큰 머리로 계산하니, 그와 같은
자들과 나의 아들과의 살아가는 모습
이요, 믿음의 길을 가는 길이요, 가르
치는 길이요, 강론하는 것을 너희들이
한 시간만 듣고 나면 너희들이 하늘에
오르는 빛을 볼 것이니, 내가 간곡히
너희들에게 전하느니라.
52 사랑하는 나의 피조물 만백성 너희들
은 나의 성전에 와 나의 아들이 강론
하는 것을 단 한 시간을 들으라.
53 법전을 읽지 않아도 좋으니라.
54 법전을 너희들이 160권을 다 보지 않
아도 좋으니라.
55 너희들이 한 시간을 내어 나의 아들에
게 강론을 듣도록 그리하라.

## 3,127 번째 하나님 말씀

*2002년 8월 26일 0시 44분*

1 사랑하는 나의 아들아!
2 "네, 아버님! 말씀하옵소서."
3 내가 160권의 법전을 세상에 내보내
너를 통하여 책이라 만들며, 그 책으
로써 나의 피조물 만백성을 깨우치며
새로운 시대요, 새 역사의 기틀을 이
루고자 함이니,
4 네가 나의 성령을 받아 160권을 쓸 수
있는 역사의 그날을 위하여 네가 불안
해하며 과연 160권이라는 법전을 받
아쓰며, 네가 죽을 때까지 나의 성령
을 받아 만백성을 바로 이끌어 가는
그 길을 갈 수 있을까 하는 너 자신의
불안한 마음을 나 여호와가 알고 있음
이니라.
5 나의 아들아!
6 "네, 아버님! 말씀하옵소서."
7 너희들은 말하지 않더냐?
8 나의 성령이 하늘을 두루마리 삼아도
다 쓰지 못한다는 말이 있지 않은가?
9 내가 너에게 3부의 법전이 나와 너희
들이 그것으로써 세계의 온 인류의 공
통어를 할 수 있도록 각국의 언어로써
그것을 먼저 3부까지 번역하여 그들
을 깨우치게 하며,
10 4부부터는 공통어로써 동양의 너희
나라의 언어와 너희 풍습으로써 세상
을 통제한다 하였음이니,
11 네가 3부의 글을 써서 나의 법전을 세
상에 만들어 내는 것은 너희들의 초등
학교의 학문을 마치는 그와 같은 과정
을 거침을 알아야 될 것이니라.
12 네가 초등학교의 학문을 거치며 또 성
장하여 고등 학문을 거치며 그와 같이
성장해 나가는 것이 나의 계획이며
내가 너에게 훈련을 시키는 과정임이
니라.
13 네가 3부의 역사를 이루고 난 다음에
세상사의 보는 눈이 넓어지며, 내가

너에게 가르치는 그 뜻이 더 깊고 넓
음이니,
14 그때부터 세상사 만백성이 나의 기적
을 보게 될 것이며, 내가 또한 너에게
역사를 통하여 변화를 이룰 것이니,
이것이 바로 내가 너를 통하여 이루고
자 하는 역사이니라.
15 너는 두려워하지 말며 너 자신이 겁먹
지 말며 네 머리로써 생각하지 말라.
16 3부의 법전이 세상에 나와 세상의 각
나라의 언어로써 그들 자신이 깨우쳐
나의 법전의 4부를 찾게 될 것이니,
17 그때는 이 동양의 작은 나라 너희들의
언어와 문자로써 세상에 나감이니, 그
때 동양의 선택된 백성 너희들이 정녕
나로부터 선택된 영광된 백성이라는
것을 알게 될 것이니라.
18 나의 아들 너는 두려워하지 말라 내가
너에게 일렀거늘, 모든 역사의 기적이
내 계획에 의하여 하나씩 이루어지는
것을 네가 체험하며 보고 있으면서 네
가 그와 같이 두려운 마음을 갖지 말
라.
19 너는 160권의 나의 법전이요, 책이 세
상에 나오기 전에 밀어닥치는 그 태풍
을 막을 것을 걱정하며, 네가 160권을
세상에 과연 그 정해진 시간보다 빠른
이와 같은 역사의 기적을 이룰 수 있
을 것인가 불안해하나 그를 불안해하
지 말라.
20 네가 밤과 낮을 가리지 아니하고 나에
게 경배드리며 기도를 듣고 나의 성령
을 받아 법전을 만들어 책으로 만백성
을 구하고자 하는 그 열의가 네가 무
엇보다도 행복하며 무엇보다도 즐거
우며 어떠한 것도 네가 나의 법전을
만들어 내고 나의 성령을 듣는 것보다
더 행복한 삶이 없다 이미 마음으로
정하였음이니,
21 오로지 네가 천사와 같은 마음으로 나
의 뜻을 깨달으며, 네가 나의 심성과
같은 것으로써 변하여 감이니, 변하여
가면 갈수록 내가 너에게 방대한 뜻을
갖고 역사하여 너를 깨우칠 것이며,
너로 하여금 세상의 넓은 이치를 깨우
치도록 그리 성장하게 할 것이니, 너
는 불안해하거나 두려워하지 말라.
22 사랑하는 나의 아들아!
23 네가 육의 세상으로써 생각하지 말라.
24 네가 나의 피조물 만백성의 깨우친 자
의 신랑이라 하였으며, 그 많은 신부
를 받아 너의 가슴을 통하여 네가 나
의 가슴으로 보냄이니, 그게 곧 천국
에 올 수 있는 그들의 자격을 얻는다
하였음이니, 그 역사가 시작하였음이
니라.
25 그는 네가 그만큼 깨우쳤으며 바로 섰
으며, 이 지상에 있는 나의 피조물 만
백성 누구도 너를 따를 수 없는 그 경
지에 올라 지금 시작하며 그 단계에
올라와 있음이니, 이게 증명하는 것이
니라, 나의 아들아! 너는 두려워하지
말지니라.

## 3,128 번째 하나님 말씀

*2002년 8월 26일 0시 50분*

1 사랑하는 나의 아들아!
2 "네, 아버님! 말씀하옵소서."
3 나의 피조물 만백성이요, 종교 지도자

라 저희들이 자칭하는 자들이요, 모든 백성들이 계명을 지키고 살아가는 것은 정말 어렵고 힘들며 지킬 수 없으며, 그를 지키기 위해 너무도 어려운 그 고비를 넘지 않는 자는 지킬 수 없다 그리 말하며, 인간이기에 지킬 수 없다 하며 너희들이 두려워하며 그리 생각하느니라.

4 그리고 너희들은 나의 심성과 같이, 천사와 같이 너희들이 변하는 것은 정녕 있을 수 없다 그리 말하나니, 너희들은 여기서 그와 같은 마음 자세를 바꿔야 할 것이니라.

5 너희들이 어렵고 힘들며 인간으로서 지킬 수 없다 하는 그 계명과 내가 제3의 시대에 만백성을 구하려고 내리는 나의 법전은 너희들이 정녕 두려워하는 그와 같은 내용이요, 너희들이 지킬 수 없는 그 계명을 내가 너희들에게 내림이 아니니라.

6 나의 법전이요, 나의 십계명은 너희들의 인간 생활 속에서 너희들이 지키며 살아가는 그 기본을 이루어 놓았음이며, 인간 세속에서 질서를 지키고 살아가는 자, 그 생활의 형태가 그 질서를 지키는 삶의 기초 위에 그와 같이 다 거기에 적용되어 있으며, 그와 같이 사는 자, 모두를 지킬 수 있는 것이니라.

7 나의 십계명이요, 나의 법전은 너희들이 인간 세속에서 살아가는 그 생활의 질서에 기초요, 근본을 두고 있음이니, 너희들이 그리 두려워해서는 아니 될 것이니라.

8 너희들이 인간 세상에서 살아가면서 양심의 근본을 지키며, 너희들의 질서와 상식이 통하는 삶의 기초가 다 다져질 수 있도록 하는 그 내용들이 계명이요, 나의 법전 속에 들어 있음이니,

9 너희들이 그를 읽고 깨우치고 깨닫는 그 위에서 너희가 모두를 지킬 수 있으며, 너희들이 그리 두렵고 무서우며 인간으로서 지킬 수 없다는 그러한 계명이요, 법전이 아님을 알게 될 것이니라.

10 그리하여 너희들이 생활 속에서 살아가는 질서를 지키는 습관에 젖어 있는 자, 너희들은 거기서 나의 계명의 뜻을 알며, 내가 내린 160권의 법전의 내용을 알게 될 것이니라.

11 그리하여 질서를 지키는 자, 인간 세속의 삶에서 바르게 살아가는 자, 그는 그것을 지키는 것이 아무것도 아니며, 그를 지킬 수 있으며, 그를 지켜서 너희 영혼이 구원을 받을 수 있으며 그 길이 보임을 알게 될 것이니라.

12 사랑하는 나의 아들아!

13 나의 피조물 만백성에게 그리 전하여야 될 것이니라.

14 계명을 지키며 나의 법전을 지키고 사는 것은 특별한 사람이요, 선택된 백성이 아님을 너희들은 알아야 될 것이니라.

15 다만, 지금의 종교 지도자들이 저희 자신이 지키고 행할 수 없기에, 육의 행함이 소중함이 아니요, 그저 너희들이 구원을 받는다는 것은 모든 종파들이 가르치는 그 성전에 가 기도하고 경배하며 재물을 바치며 죄를 용서받

으면 구원을 받는다 그리 가르침이니,
16 너희들은 나의 백성들이 인간의 육의
삶이 바르고 곧았을 때 구원을 받는다
하는 것을 다시 깨우쳐야 될 것이며,
이를 거부하며 이가 잘못됐다 가르치
는 종교 지도자, 그들은 정녕 나로부
터 선택된 자가 아님을 너희들은 알아
야 될 것이니라.
17 오늘 내가 나의 아들을 통하여 너희들
에게 다시 전하노니, 너희들이 어렵다
하는 그 계명이요, 법전은 인간의 질
서 속에 기초를 두고 있음이니,
18 그 질서를 지키는 자는 나의 계명이
요, 법전이 쉬우며 지킬 수 있으니, 너
희들이 지금 인간이기 때문에 지킬 수
없다 그와 같이 가르치는 자들의 말에
현혹되어서는 아니 됨이니라.
19 그리고 인간의 삶의 행동이 바르고 그
행동이 질서에 어긋나지 아니하는 그
와 같은 삶을 반듯이 살았을 때, 너희
들의 영혼이 영원히 구원을 받는 그와
같은 역사를 이룸이니, 너희들의 육과
영이 연계되어 영원히 사는 나의 나라
에 올 수 있고 못 오름이 여기에 있음
이니라.
20 바르고 곧게 산 자, 질서 속에 산 자는
그 영혼이 구원을 받을 것이며, 그와
같이 육의 삶을 살지 못한 자는 지옥
으로 감을 너희들은 알아야 될 것이
니, 육의 삶의 그 위대함을 알라.
21 그리하여 나의 모든 계명과 법전이 육
의 삶에 기초를 두고 거기서 간단히
너희들이 지키고 행할 수 있도록 하는
데 그 근본이 있음이니, 그 이치를 깊
이 깨달아 너희들이 구원에 오르는 빛
을 보아야 될 것이니라.

## 3,129 번째 하나님 말씀

*2002년 8월 26일 0시 58분*

1 사랑하는 나의 아들아!
2 "네, 아버님! 말씀하옵소서."
3 내가 성경에 기록하여 너희들에게 가
르쳤음이니라.
4 개인의 분쟁을 하지 말며, 가정의 분
쟁을 하지 말며, 나라의 분쟁을 하지
말며 집단의 분쟁을 하지 말라, 그 분
쟁이 모든 분산되는 그 근본의 원천이
라 하였음이니라.
5 그러나 지금 너희들이 수천 년 동안
믿고 오는 그 종파들은 과연 어찌 가
는가?
6 내가 너희들에게 분쟁하지 말며 분열
하지 말라 그리 가르쳤거늘, 너희들은
나의 뜻을 거역하며, 분쟁의 원천이
지금의 종교 집단들이며, 너희들이 분
쟁의 근본으로서 그와 같이 이루어지
고 있음이니,
7 지금 수천수만의 종파가 갈라져 서로
분쟁하는 것이 어떠한 형국이라 생각
하는가?
8 너희들이 나의 뜻을 거역함이요, 그리
하여 이는 너희들이 사악한 자요, 사
탄으로 변하여져 있으며, 분쟁하는 그
종교 집단은 다 사탄이 되어 있음이니
라.
9 그리하여 너희들이 분쟁을 하며 종교
집단끼리 서로 물고 나무라며 전쟁과
같은 형국으로 이끌어 가는 그 형태가
바로 무엇이더냐?

10 너희들은 이미 사탄이 되어 있음이니,
사탄과 사탄의 싸움에서 너희끼리 싸
우다가 지옥으로 가는 그와 같은 형국
이 지금 너희들의 믿음의 가는 길이
라면, 너희들은 과연 어찌 생각하는가?
11 너희들은 정녕 그러한 것이 아니며,
정녕 너희들이 하늘에 오르는 길이며
만백성에게 천국의 문을 열어 그곳으
로 안내하는 것이 너희들이 역사하는
길이며 너희들이 그리 행한다 하면,
너희들은 분쟁이라는 것이 있어서는
아니 됨을 알아야 될 것이니라.
12 성경에 기록되어 분쟁하는 자는 나의
백성이 아니며 분열하는 자는 나의 백
성이 아니며 나와는 관계없다 그리하
였음이니, 너희들이 지금 살아감에 있
어서 종교 집단이 얼마나 분쟁의 원천
이며 본부이며 근본이며 기초의 역할
을 하고 있는가?
13 종교 집단 너희보다 더 분쟁이 심한
집단이 없으며, 너희들같이 분쟁 속에
서로 헐뜯고 물고 늘어지는 집단이 없
으며, 이 세상에 어떠한 집단도 작든
크든 소속의 집단으로서 이루어지는
자들이 그와 같은 행위를 하는 자가
없음이니라.
14 너희들은 너희 스스로 종교 집단으로
분쟁하며, 국가와 국가 간에 분쟁을
하도록 그와 같이 모든 분쟁의 원천을
너희들의 종교 집단이 지금까지 이루
어 왔음이니라.
15 그렇지 않다면 너희들이 나로부터 선
택된 종교 지도자들이니라.
16 그러나 너희들이 생각할 때, 너희들이
그 분쟁의 원천의 샘을 이루고 있으
며, 너희 자신이 부끄러움을 깨달으
며, 너희들의 이웃에 있는 그 똑같은
십자가라는 우상을 세워 놓고 나의 피
조물 만백성을 끌어모아 재물을 바치
도록 하며 시간을 빼앗으며 제왕적인
역할을 하는 그 종교 집단들이, 서로
성서를 갖고 공부하며 나의 성경을 갖
고 깨우쳐 하늘에 오르도록 가르치는
자들이, 그 성서를 가지고 각 종파대
로 이름이 수천, 수만, 수억 개로 갈라
져 있음이니, 그것이 너희들이 바로
분쟁이요, 분열의 으뜸이 아니던가?
17 과연 이것이 너희들이 분쟁이요, 분열
의 으뜸이 아니라 하면 너희들은 나로
부터 선택을 받은 자이나, 너희들 스
스로 깨달아 볼 때 너희들이 그와 같
은 원천의 행위를 하고 있다면, 사탄
과 사탄끼리 싸움이요, 악마와 악마끼
리의 싸움에 너희들이 지옥으로 감이
니, 여기는 너희들의 종교 집단이 선
과 악을 구분할 가치도 없음이니라.
18 그리고 감히 하늘에 오르는 종교 지도
자요, 그를 인도하는 지도자요, 또한
그곳에 있는 나의 피조물 만백성이 예
수의 보혈로써 구원받았다는 그와 같
은 환상에 젖어 있으니, 그 착각 속에
서 너희들이 깨어나야 될 것이니라.
19 분쟁의 원인을 제공하는 너희들이라
면 이것은 무엇이더냐?
20 바로 사탄과 사탄끼리 치고받고 싸움
하는 형국이니, 그 속에 나의 사랑하
는 피조물 만백성 너희들이 그 사탄들
의 싸움에 끼어들어 그 사탄에게 힘을
실어 주며 재물을 바쳐 주며 시간을
바쳐 주며 모든 노동력을 바쳐 그 사

탄이 더 강한 사탄으로 성장하게 하는
그와 같은 역할을 하는 것을 알아야
될 것이니라.
21 나의 피조물 만백성 너희들은 들어야
될 것이니라.
22 모든 종파들이 지금 분열의 상태에서
서로 사랑하지 아니하며 저희들끼리
싸우는 전쟁을 하고 있다 하면, 이는
내가 너희들에게 일렀던 분열의 근본
이요, 기초이니, 이를 내가 용서할 수
없음이니라.
23 그와 같이 사탄이 되어 이미 저희끼리
분열이 되어 싸우는 그 속에, 사랑하
는 나의 피조물 만백성 너희들이 거기
에 가 그들을 따라 사탄으로 가는, 그
지옥으로 가는 역할을 하지 말라.
24 너희들이 만든 성전에 가 기도함이요,
재물을 바침이요, 너희들의 시간을 바
침이요, 그 모두가 나의 재물을 잘못
쓴 것이며 나의 시간을 잘못 써 너희
들의 죄만을 가중하게 더 짓는 그와
같은 행위를 한다 하였음이니, 오늘
내가 나의 아들을 통하여 너희들에게
명하노니, 그게 바로 무엇이더냐?
25 사탄에게 재물을 바쳤으며 사탄에게
너희들이 성전을 지어 주어 그 악마의
소굴을 만들었으며 죄의 온상을 만들
었으며, 내가 말한 분열의 온상을 만
든 그곳에 너희들의 모두를 바쳐 그
일익을 담당하며, 그곳에서 너희들이
모두를 바치고 살아감이니,
26 바로 너희들이 그 종교 지도자보다
더 험악한 자들이며, 더 무서운 죄를
짓는 것이며, 더 무서운 벌을 면치 못
할 것이 너희들이라 하였으니,
27 지금이라도 너희들이 나의 재물을 사
탄에게 바치며 사악한 집단에다 바치
는 그와 같은 행위와 너희들의 시간과
그 모두를 바치는 그와 같은 행위를
중단하여, 그 사탄이요, 그 사악한 자
들이 저희들 스스로 전쟁이요, 분열을
할 수 없는, 그들을 다 쓸어버릴 수 있
는 그와 같은 역사에 너희들이 다시
동참하는 그것만이 너희의 죄를 용서
를 받으며 구원을 받을 수 있음을 알
라.

## 3,130 번째 하나님 말씀

*2002년 8월 26일 09시 53분*

1 사랑하는 나의 아들아!
2 "네, 아버님! 말씀하옵소서."
3 아무리 산이 높고 높다 하여도 하늘
아래 산이 있음이니, 그 산이 하늘보
다 더 높지 못하는 그 이치를 너희들
이 생각함이요, 너희들 인간사에 이
지구에 사는 모든 백성들이 아무리 높
고 넓게 생각하며, 너희들의 깨달음이
진리에 간다 해도, 이 세상 너희들을
가르치는 어떠한 스승도, 어떠한 제왕
도 너희들이 생각하고 계산하며 역사
하고 판단하는 것은 하늘의 가장 말석
에 있는 천사만큼도 생각할 수 없으며
그를 따라갈 수 없다 내가 말하였음이
니,
4 이는 육의 세상의 삶과 영혼의 삶의
차이가 그와 같이 멀고도 멀다는 뜻임
을 알아야 될 것이니라.
5 하물며 지금 이 지상에 어떠한 능력
있는 자라 하여도 천국의 말단의 천사

만큼 능력을 가질 수 없으며 감히 그
를 따라갈 수 없으며 그를 견줄 수 없
다 내가 말하였으니, 너는 누가 통제
하며 주관하는가?
6 창조주인 나 여호와가 너를 주관하며
이끌어 감이니, 그 누가 네가 가는 길
을 막을 수 있으며, 네가 지금 전하는
나의 성령보다 더한 깨우침이요, 위대
함을 전할 수 있다 생각하는가?
7 내가 승자는 나의 아들 너요, 모두는
내가 주관하게 되어 있다 하였거늘,
너는 두려워하지 말라.
8 너를 통제하는 나는 창조주이니라.
9 그리하여 누구도 네가 하는 인간의 생
각이요, 형태를 따라갈 수 없으며, 너
는 나의 주관하에 하나씩 진행되어 이
루어져 감이니, 때가 있으며 시간이
필요함을 알라.
10 사랑하는 나의 아들아, 너의 제자들에
게 그리 전하라.
11 나의 아들을 통제하는 이는 창조주인
나요, 또 그 아들의 제자 너희들은 나
의 아들이 나의 뜻을 그대로 받아 전
하여 너희들을 깨우쳐 주며 너희들을
일깨워 주니, 세상에 너희들보다 더
축복된 자 없으며 영광된 자 없으며
너희들보다 더한 승자가 없다 함을 알
려 주라.
12 너희들의 잘못 가르치는 종교 지도자
들이 말할 것이니라.
13 인간은 믿음이요, 그 믿음의 길을 가
면서 저희들에게 물으려 하지 말며 따
지려 하지 말며 의문을 갖지 말고 그
저 믿고 가며 저희들이 만든 성전에
와 헌금을 많이 내며 기도하고 그저
저희들이 설교하는 소리를 들으면 축
복을 받을 것이라 그리 말하느니라.
14 그러나 그렇지 아니하니라, 아들아!
15 나에게 선택된 백성은 육에서 그 영광
을 얻으며, 그가 육에서 살면서 영광
을 얻어 나 여호와가 존재함을 알게
되며 너희들이 하늘에 오르는 영광을
같이 얻게 됨이니, 이것이 나에게 축
복된 백성이요, 선택된 백성의 차이점
임을 너는 알아야 될 것이니라.
16 그러기에 내가 너희들에게 무어라 말
하였느냐?
17 나의 아들은 너희 만백성의 신랑이요,
너희들은 신부라 말하였음이니, 그것
은 벌써 너희들이 나의 가슴에 기록되
어 천국에 올라올 수 있는 그와 같은
경지의 깨달음에 있었으니, 인간으로
서 너희들이 올라올 수 있는 그 영광
을 받았음이니라.
18 이것이 다름이니라.
19 내가 오늘 너에게 명하여 다시 전하나
니, 이 세상의 나의 피조물 만백성을
구원하고 너희들을 천국의 문에 인도
하는 것은 나의 아들을 통하여 내리는
나의 성령을 지키고 따르는 것이요,
너희가 올라오는 길 또한 나의 아들을
통하여 그리 올라오게 되어 있는 것을
내가 너희들에게 그리 누차 말하지만,
너희들은 그것을 실감하지 못하며 그
것을 몸으로 느끼지 못하며 그리 생각
지 아니함이니, 어찌 그리 어리석은가?
20 그 누구도 나의 아들을 통하지 않고는
올라올 수 없으며, 세상에 아름다운
신부가 되지 않는 자, 절대로 올라올
수 없음을 알아야 될 것이니라.

21 내가 나의 아들 한 사람을 통하여 모두를 깨우쳐 가르치지 아니한다면, 이 세상의 혼란은 천 년의 역사가 흐른 다음에 나의 선택된 백성들만이 이 지상의 낙원에서 사는 것이 아니요, 지금처럼 사악한 무리들이 이 세상을 지배하는 그와 같은 형국이 될 것이니, 이를 내가 어찌 그리 방치하겠는가?

22 너희들은 이제 들어야 될 것이니라.

23 내가 3부의 법전을 세상에 내며 너희들이 기초적인 판단할 수 있는 것을 기록하여 전함이니, 너희들이 지금의 믿음에 오는 그 형태와 나의 아들이 가는 길의 그 형태를 세세히 들여다볼 수 있도록 내가 기록하여 주었음이니, 이제 이를 보고도 깨우치지 못하는 자, 그는 그의 복이니라.

24 너의 제자들에게 이르라.

25 이 세상에 나의 아들을 통제하는 자는 창조주인 나이며, 세상에 전하는 모든 것은 나의 아들만을 통하여 전하며, 너희들을 거두어 올리는 것도 나의 아들을 통하여 올림이니,

26 너희들이 나의 법전을 믿음이요, 나의 아들을 믿음이요, 곧 그것이 나를 믿는 것이라는 것을 잊어서는 아니 될 것이니라.

27 내가 수차 너희들에게 이리 전하나 너의 제자들 또한 그 마음을 그리 굳히지 못하니, 너희들이 말하는 부는 바람에 흔들리는 갈대와 같은 마음으로 너희들이 좌우로 흔들리는 그와 같은 마음을 가짐이니,

28 너희들이 열 개의 공을 쌓아 나에게 열 계단을 올라왔다가 하루아침에 스무 계단을 내려가는 그와 같은 형국의 믿음에서 어찌 나에게 오를 수 있겠는가?

29 너희들은 되돌아 내려가는 그와 같은 믿음을 가져서는 아니 됨을 알라.

30 너희들은 꾸준히 죽을 때까지 올라가도 가기 힘들고 먼 그 계단을 한 계단 올라오고 두 계단을 내려가는 그와 같은 마음을 가져서는 안 되느니라.

31 흔들리는 마음이 되어서는 아니 됨을 그들에게 가르치라.

32 지금 너의 제자들 모두가 다 육의 삶이요, 육의 환경에 의하여 흔들리며 변화되는 그와 같은 삶을 살며, 너희들이 눈으로 볼 때마다 계산을 하며 들을 때마다 계산을 함이니, 그는 나 창조주의 계획에 의하여 가는 그 고비를 모르는 것이니라.

33 내가 너희들을 가르쳐 훈련을 시키되, 평탄한 길도 있으며, 사랑의 길도 있으며, 하천을 넘는 길도 있으며, 산 고개를 넘는 길도 있음이니,

34 어렵고 힘들 때마다 나를 원망하며 나의 아들을 돌아다보며 나의 성령을 의심하는 그와 같은 마음 자세로 가는 것이 지금의 제자 너희들이니라.

35 그리하여 내가 너희들을 신부로 맞이하였으나 그 하얀 드레스요, 예쁘게 화장한 그 얼굴의 뒷면에는 너희들이 검은 돼지와 같은 형국이라 내가 말했으니, 그를 벗어나야 될 것이니라.

36 흔들리지 말라 이르라.

37 흔들리는 자는 올라올 수 없으며, 흔들리는 자는 용서받을 수 없음이니라.

38 흔들리는 자, 너희들이 깨우침을 100

개를 얻었을 때 150개가 내려가는 그
와 같은 너희들의 믿음을 이제는 정리
할 때가 되었음을 알려 주라.
39 오로지 한 길이니라.
40 어렵고 힘들 때마다 너희들이 한 길을
올라오는 그와 같은 마음이 변화되어
서는 아니 됨을 너의 제자들에게 깨우
쳐 주며, 또한 나의 법전을 읽는 만백
성 너희들은 그와 같이 흔들리는 자가
되어서는 아니 됨을 알라.

## 3,131 번째 하나님 말씀

*2002년 8월 26일 09시 59분*

1 사랑하는 나의 아들아!
2 내가 아름답게 하늘에서 이루어진 것
같이 지상의 낙원을 이루려 하는 이
땅에 너희들의 종교 집단이 나의 아들
이 고통스럽게 죽어 간 그 십자가를
세상에 세워 놓고 밤마다 나를 향하여
불을 켜 보게 하는 그 흉물스런 것을
볼 때,
3 그들이 이 세상을 다 지배하고 있으
며, 그들 위에는 어떠한 종교 집단이
요, 어떠한 믿음의 집단도 그를 대적
할 수 없으며, 그를 무너트릴 자 없으
며 그 문을 닫을 수 없을 것이라 너희
들은 그리 생각하느니라.
4 그리하여 지금 너희들이 그와 같은 방
대하고 위대한 종교 집단만이 구원의
길에 오르는 길이요, 그 길을 가지 아
니하는 자는 구원을 받지 못한다 생각
하며, 또 너희들이 그곳에 가지 아니
하는 자는 구원을 받지 못한다는 그와
같은 생각으로 살아가고 있음이니라.
5 그러나 지금 너희들의 그 방대한 조직
이요, 웅대한 그 기존 집단들의 위압
이요, 그들의 위대함은 아나, 지금 나
의 조그마한 성전이요, 나의 법전이
이 동양의 한구석에 자리 잡으며, 그
가 존재하여 지금 커 가고 있는 그것
은 바라보지도 못하며 보지도 못하고
있는 너희들의 형국이며,
6 나의 법전이요, 나의 성전이 하늘의
거점을 만들어 존재하는 그 존재 가치
도 너희들이 지금 모르고 있음이니라.
7 그러니 너희들 제자 또한 그 방대한
조직을 너희들이 어찌 그 문을 닫으
며 그들이 거미줄을 칠 것인지, '과연
그들의 문을 닫을까?' 하는 그와 같은
불안한 마음을 가지고 있을 것이며,
나의 성전이요, 나의 아들이요, 나의
법전을 기록하여 내 책이 세상에 나감
이니,
8 과연 그것이 하얀 눈이 세상을 덮는
것처럼, 소낙비가 세상을 적시듯이 그
와 같은 역사가 이루어질 것인가 너희
들은 의심하며 두려운 마음을 갖고 있
을 것이니라.
9 그러나 너희들은 믿어야 될 것이니라.
10 이 세상의 어떠한 큰 종파요, 어떠한
집단이요, 너희들이 보기에 도저히 무
너질 수 없으며 문을 닫지 않을 것 같
은 그와 같은 방대한 종파이나, 지금
하나의 겨자씨를 뿌려서 서서히 성장
하여 가고 있는 나의 성령이요, 나의
성령의 뜻인 나의 법전이요, 나의 이
책이 그 모두를 다 능가할 것이며, 그
들이 그 앞에 와 하나씩 쓰러져 가는
그와 같은 역사가 이루어질 것이니,

너희들은 두려워하지 말라.
11 나의 법전이요, 내가 내리는 성령이
요, 나의 아들이 강론하는 나의 성령
의 가르침이 종교 혁명으로서 지금 씨
앗이 이루어질 것이며, 그는 혁신과
혁명이 지금 시작되어 그들이 다 쓰러
질 날이 머지않았음을 알라.
12 그들이 극에 달하여 저희들이 사악한
방법으로써 나의 피조물 만백성을 가
르치며, 저희들 자신이 나 여호와가
존재하는 것인지도 모르고 나의 음성
을 들은 자 없으며 내가 저희에게 직
접 명하여 가르친 자 없으니, 그들이
오로지 역행하는 그와 같은 길로만 가
고 있음이니라.
13 그리하여 그들을 이제 단죄하며 그들
을 뿌리 뽑아 버리려 함이 지금에 시
작되어 있음이니라.
14 오늘의 너희들을 너희 스스로 보지 말
며, 너희들로서 평가하지 말며, 나의
성전을 보고 너희들이 평가하지 말며,
나의 아들을 보고 너희들이 평가하지
말라.
15 너희들은 이곳에서만이 모든 역사가
이루어지며 세상의 변화가 여기서부
터 시작한다는 것을 잊어서는 아니 될
것이니라.
16 나 여호와가 직접 내려가 나의 법전을
전하는 곳이며, 내가 직접 이 세상에
내려와 나의 아들을 통하여 통제한다
하였음이니,
17 모든 변화는, 이 시대의 모든 새로운
역사는 여기서부터 시작되는 것이며,
천 년의 아름다운 지상의 동산을 만드
는 것도 여기서부터 시작함을 너희들
은 알아야 될 것이니라.
18 다만, 너희들이 마음을 비우며 천사와
같은 심성으로 서는 그 노력을 게을리
해서는 아니 될 것이며, 살아감에 있
어 나에게 한 점의 부끄러움이 있는
삶을 사는 너의 제자들이 되어서는 아
니 될 것이니라.
19 나의 아들의 경지가 하늘을 향하여 달
리며, 너희들 또한 나의 아들을 따라
그리 무섭게 변화될 때, 너희들의 가
슴에 달린 무거운 그 마음의 씨앗을
다 버릴 때, 그 역사는 무서우리만큼
변화가 될 것이니라.

## 3,132 번째 하나님 말씀

*2002년 8월 26일 10시 11분*

1 사랑하는 나의 아들아!
2 지금 방대한 종교 집단이요, 그 모든
신앙 속에 허덕이는 백성들에게 너희
들은 가르쳐야 될 것이니라.
3 모든 종교 집단의 지도자 너희는 정녕
하늘에 오르는 길을 가르치며 인도하
는가를 너희들 자신이 돌아다보아야
할 것이며, 너희들의 오늘의 가르침이
정녕 하늘에 오르는 길로 나의 피조물
만백성을 인도하는 것인가를 다시 한
번 생각해야 될 것이니라.
4 너희들이 정녕 나의 피조물 만백성을
구하는 목자인지, 하늘에 오르는 길인
지, 그 불쌍한 나의 백성들에게 고혈
을 착취하는 행위를 하고 있는 오늘의
너희들의 형국이요, 너희들이 운영하
는 그 성전의 형태를 놓고 너희들이
하늘에 오르는 길인가를 보아야 될

것이니라.
5 너희들은 나와는 아무런 관계도 없는
길을 가는 자이니, 너희들이 정녕 나
에게 오르는 길이라면 지금부터 너희
들이 해야 할 것을 내가 명함이니, 이
를 행하는 자는 진정한 나의 피조물
만백성을 구원하는 나로부터 선택된
지도자가 될 것이니라.
6 너희들이 지금 나의 피조물 만백성으
로부터 고혈을 빨아 긁어모은 그 모든
재물과 너희들이 가지고 있는 금화와
은화를 너희들의 신도들 앞에 그 모두
를 공개해야 될 것이며, 그들에게 그
를 다 보여 주어야 될 것이며, 너희들
은 그 모두를 인간 세속의 법도에 따
라서 만백성 중에 불쌍한 자에게 나
누어 주는 그와 같은 역사를 이루지
아니하면 너희들은 정녕 변화될 수 없
으며, 나로부터 선택된 종교 지도자가
될 수 없음을 알아야 될 것이니라.
7 그리고 너희들이 지금에 성역화되어,
모든 인간 세상의 나의 피조물 만백성
이 저촉을 받으며 통제를 받는 법이라
는 그와 같은 질서를 벗어나며, 그 위
에 존재하며 그를 능가하고자 하는 너
희들의 그 생각을 다 철폐해야 될 것
이며,
8 너희들은 성역화된 그 성전을 개방하
여 나의 피조물 만백성과 똑같은 조건
하에 살아가는 그와 같은 변화의 역사
를 이루지 아니하면 구원을 받을 수
없음을 알라.
9 너희들이 누리고 있는 모든 기득권을
다 버려 평범하게 살아가는 나의 백성
들과 똑같은 속에서 인간 세속의 법도
에 따라 질서를 지키고 살며, 그들이
바치며 행하는 모든 그와 같은 행위의
삶과 똑같은 방법으로 살아야만 될 것
이니라.
10 그들이 내는 세금이요, 그들이 바치는
모든 규칙에 맞추어 너희들은 똑같은
방법으로써 살아가고, 그와 같은 너희
들의 성역화된 악법을 폐지하며, 너희
들 스스로 부끄러운 행위임을 알아야
될 것이니라.
11 다른 백성과 똑같은 삶을 살아가며 그
들과 같이 노력하는 그와 같은 변화를
이루지 아니하면, 너희들은 나와는 아
무런 관계도 없는 백성이니라.
12 너희들이 특권 의식을 가지고 너희들
만이 나로부터 구원을 받으며, 너희는
구원의 대상이며 너희들은 이미 구원
을 받았기 때문에 제외된다는 그런 특
권 의식을 갖지 말라.
13 너희는 다 똑같은 나의 백성이요, 똑
같은 조건하에 너희들이 어찌 노력하
느냐에 따라서 내가 구원하고 구원하
지 않는다는 것을 알아야 될 것이니라.
14 너희들만의 특권 의식에서 너희들이
만든 성역이요, 그 악법 속에서 온갖
특혜를 누리며 영광과 영화의 너희들
이 누릴 수 있는 그 모두를 다 누려 가
며 나의 피조물 만백성과 차별화하는
그와 같은 삶을 살면서, 너희들이 어
찌하여 나로부터 똑같이 대우를 받아
나에게 오르려 하는가?
15 나는 공의의 하나님이요, 나의 아들과
딸은 다 똑같으니라.
16 너희들도 나의 피조물 만백성이 살아
가는 그 형태처럼, 육의 세상에 살아

너희들이 질서를 지키고자 만든 그 법
의 테두리에서 너희 스스로 지키고 시
행하고 너희들의 모든 기득권을 포기
하는 그와 같은 삶을 살아가지 아니한
다면, 너희들은 정녕 나와는 전혀 관
계도 없으며, 나는 너희들을 기억하지
아니함을 알라.
17 내가 나의 법전에 기록하여 오늘 전함
이니, 너희들이 뼈를 깎는 아픔보다
더 어려운 고통 속에 내가 내리는 이
명을 지키지 아니한다 하면,
18 너희들은 나의 지상에 발을 붙일 자격
이 없으며, 더욱이 하늘의 나의 천국
의 문 앞에 와 너희들이 고개를 들 수
없으며 거기를 바라볼 수도 없음을 알
아야 될 것이니라.
19 자기반성과 윗물이 맑은 변화 없이는
너희들은 남을 속이는 그와 같은 지금
까지 살아온 그 죄를 용서받을 수 없
을 것이며, 너희들만이 성역화되어 특
별한 인간인 것처럼 너희들이 우리 부
자의 이름을 팔아먹고 살아가는 그 장
사꾼에 불과했으니,
20 우리 부자의 이름을 팔아 너희들이 주
는 것도 없이 거두어들인 그 장사꾼
의 죄를 어찌 받으려 하는가?
21 그 죄는 너희들이 상상할 수도 없을
것임을 알라.
22 나를 너희들은 공의의 하나님이요, 사
랑의 하나님이라 그리 말하면서, 자식
은 다 똑같으며 똑같은 아들딸이거늘,
어찌하여 너희들만이 성역화된 그 편
안한 법 속에서 너희들만이 특별한 존
재요, 너희들이 성역 속에서 갖은 악
법을 다 행하면서 구원의 길을 올 수
있다 그리 말하는가?
23 이는 바로 너희들이 무엇이더냐?
24 말로써는 공의의 하나님이요, 사랑의
하나님이라 하나, 나를 편파적인 하나
님이요, 주관이 없는 하나님이요, 사
탄과 같은 하나님이라 너희들이 말하
고 있는 것이 아닌가?
25 나에게는 길거리에 구걸하는 나의 자
식이나 고대광실에서 살아가는 자식
이나 다 똑같거늘, 너희들이 만든 그
성전이 무엇이더냐?
26 내가 만든 이 자연의 성전 앞에 너희
들이 그 두꺼비집 같은 움막을 지어
놓은 것이 너희들의 성전이니, 나는
그를 인정하지 아니함이니라.
27 너희들이 두꺼비집과 같이 지어 놓은
그 성전을 나는 인정하지 아니하며,
그는 나와 관계없음이니라.
28 너희들이 그와 같이 울타리를 쳐 놓고
장막을 쳐 놓으며, 너희들만의 특별
의식을 갖고, 너희들이 특별히 선택된
백성이며, 그리하여 너희들이 너희들
법으로 만들어 가장 편안한 방법으로
살아가는 그와 같은 형국에서 너희들
이 구원을 받는다 생각하지 말라.
29 너희들의 모든 악법과 폐습을 다 드러
내며, 너희들이 갖고 있는 재물이요,
재산이요, 그 모두를 너희들 신도 앞
에 다 공개하며, 그를 불쌍하고 어려
운 백성들에게 나누어 전해 주는 그
행함이 너희들의 죄를 만 분의 일이라
도 감면함을 알라.
30 너희들이 지금서부터 나의 피조물 만
백성, 너희 조상으로부터 수천 년 동
안 거두어들이고 모은 그 재산을, 그

것을 낸 그들의 후손에게 돌려주는 그 와 같은 역사를 이루지 아니하면, 너희들이 지금까지 지은 그 죄를 용서받을 수 없음을 알라.

31 내가 다시 너희들에게 명하노라.

32 인간의 60점 안에서 사는 인간은 다 똑같다 내가 하였음이니라.

33 그리하여 진실되게 노력하는 자, 구원을 받는다 하였음이니라.

34 너희들은 60점 그 안에서 너희 손으로 만든 그 두꺼비집 같은 성전이라는 것을 나와는 관계없이 만들어 놓고 너희들이 성역화하여 모든 특권을 누리며 권위 의식을 갖고 살아가는 그 속에서는 너희들은 나의 백성과는 전혀 관계도 없음이니라.

35 똑같은 조건하에 똑같은 깨달음을 얻으며 똑같이 변화되어 왔을 때 나는 그를 인정함이니라.

36 너희들이 얼마나 사악한가?

37 100미터 달리기를 할 때, 너희들이 70이요, 80미터 앞에 가 있으면서 출발선에 세워 놓은 사람과 경주하겠다는 그와 같은 사악한 자가 아닌가?

38 그것은 누구나 다 백 번, 천 번 해도 앞에 있는 자가 승자가 됨이니라.

39 그러나 너희들이 그러한 방법으로 너희들 인간사에서 승자가 될 수 있으며 그 테이프를 먼저 끊을 수 있어도, 나에게 와서는 그 법이 거꾸로 적용됨을 알라.

40 그리 많은 백성들은 나에게 올라와 있으나 너희들은 지옥 불로 서서히 떨어져 가는 그와 같은 지금의 형국이니라.

41 너희들에게 내가 다시 한 번 말함이니, 너희들이 경쟁을 하기 위하여 100미터 달리기 선에서 너희들은 70미터 80미터 앞에 와 있는 특권 의식을 가졌으며, 너희들은 고급화된 인간이며 나로부터 선택된 백성이니 이것이 일반 백성과 너희의 차이점이라 하여 너희는 결승점 가까이에 70미터, 80미터의 지점에 나와서 시작하며, 나의 백성들은 우매한 자들이요, 나 여호와로부터 선택받은 자들이 아니며 특별한 인간이 아니라 그리 말하여 출발선에 세워 놓고 시합을 하는, 그와 같은 누구도 이해할 수 없으며 누구도 인정할 수 없는 사악한 방법으로써 너희들이 가고 있음이니라.

42 너희들은 특별한 인간이 아님이니라.

43 너희들 몸속에 흐르는 그 피가 나의 백성들에게도 흐르고 있으며, 너희들의 육이 너희들의 뼈가 나의 백성들과 너희들을 놓고 분해해 볼 때 다른 점이 하나도 없거늘, 어찌하여 너희들이 감히 특권을 가졌다 하며 너희들만이 위대한 백성이라 하며 너희들만이 구원을 받을 수 있다 하여 너희들이 성역을 만들어 놓고 가장 포악한 짓을 다 하는가?

44 너희들이 얼마나 잘못된 인간인가를 알게 될 것이니라.

45 그때는 이미 늦어 너희들이 갈 길이 없으며, 지옥으로 가는 길만이 남게 됨을 알아야 될 것이며, 천국에 오르는 길은 너희들이 눈뜨고 비비고 보려 하여도 보지 못하는 그와 같은 형국이 되어 있음이니, 어찌하여 그와 같이 잘못되었는가?

46 너희들의 형체나 모든 나의 백성들이
가지고 있는, 나의 아들딸들이 가지고
있는 인간의 형체요, 모두는 다 같으
니라.
47 그리하여 동등한 선에서 당당하게 경
쟁하여 나에게 달려오는 그 백성을 내
가 구함이니, 너희들처럼 사악하고 간
악한 방법으로써 간교한 꾀로써 우롱
하는 자, 너희들은 감히 나에게 도전
하며, 너희들은 신이 되고자 하며, 너
희들은 창조주를 능가할 수 있는 권능
과 재능을 갖고자 하는 그와 같은 사
악한 생각에서 살아가는 것이며, 이것
이 지금 이끌어 가는 종교 지도자들의
추한 모습임을 알라.
48 사랑하는 나의 피조물 만백성 너희들
은 들으라.
49 지금 내가 말하였느니라. '지옥 불로
달려가는 그 발길을 멈추고, 여보시
오! 나의 법전을 들어 하늘에 오르는
길을 보시오.' 내가 나의 법전마다 기
록해 놓았으며, 이를 너희들이 행하는
것만이 구원의 길에 오를 수 있음을
알라.

## 3,133 번째 하나님 말씀

*2002년 8월 26일 10시 23분*

1 사랑하는 나의 아들아!
2 "네, 아버님! 말씀하옵소서."
3 지금 너희들이 믿음을 향하여 흘러오
는 그 흐름이 어찌 되었는가?
4 '윗물이 맑아야 아랫물이 맑다.' 하였
음이니라.
5 그러나 너희들은 어찌하였는가?
6 가장 중요한 모두를 다 내가 원하는
방향으로 너희들이 흘러옴이 아니요,
나를 거역하는 그와 같은 믿음으로써
만 흘러왔음이니라.
7 내가 불로 쓴 십계명을 지키는 것이
너희들의 영혼의 양식이요, 구원의 길
이라 말하였건만, 우선 그것은 인간으
로서 지킬 수 없다는 너희들의 그 말
한마디가 구약과 신약의 성서 모두를
부정하는 것이며, 창조주인 나를 거역
하며, 나의 뜻이요, 내가 가르치고자
하는 나의 뜻에 순응하지 아니함이니
라.
8 너희들이 믿으며 가는 그 방법도 어찌
하는가?
9 너희들은 믿음의 길을 위하여, 하늘에
오르는 그 영광을 위하여 진심으로 깨
우치고 살아오는 것이 아니라, 성서에
기록되어 있는 한 구절 한 구절을 너
희들의 육이 편안한 쪽으로 이용하고
악한 쪽으로 사용하고 있음을 너희들
스스로 모르면서 행하고 있음이니, 너
희들이 행하는 그 죄의식을 모르고 사
는 자들이니라.
10 그러니 내가 너희들을 어찌 구원의 길
로 인도한다 할 수 있는가?
11 너희들은 무어라 하더냐?
12 안식일의 의미를 어찌 생각하는가?
13 안식일이란 무엇이더냐?
14 너희들이 열심히 살아온 것에 하나의
휴식의 공간을 위하여 너희들이 재충
전하는 것이며, 너희들의 삶을 되돌아
보며 믿음에 대한 것을 반성하고 회개
하며 또한 나에게 너희들이 기도하고,
부족했던 기도요, 너희들의 부족했던

삶을 반성하며 그와 같이 생각하는 시
간이 바로 너희들에게 주어진 안식일
이라 내가 그리 말하였음이니라.
15 그리 써야 하는 안식일을 너희들은 어
찌 쓰는가?
16 너희들이 믿음을 깊이 가지고 가고 몇
십 년을 다녔다 하는 자들이 안식일을
저희들에게 가장 유리한 쪽으로, 나와
는 아무런 관계없는 쪽으로 이용하고
살아가는 것을, 그 하나도 너희들은
정녕 몰라서 그리하는가?
17 안식일을 지켜야 한다는 그 명분 아래
너희 형제와 이웃과 부모와 자식 간에
사랑을 베풀며 나누며 사는 그 모두까
지도 저버리는 그와 같은 삶을 살고
있는 것이 너희들이니라.
18 너희들은 안식일을 지키기 위해 너희
들이 지은 성전에 가기에 형제요, 이
웃이요, 모든 슬프고 괴로운 그와 같
은 일에 함부로 참석할 수 없다 하며,
너희들은 안식일을 빙자하여 그와 같
이 형제지간의 사랑이요, 부모의 사랑
마저도 등을 돌리며 사는 그와 같은
행위를 하지 않는가?
19 너희들은 안식일이라는 것 때문에 인
간사에 살아가는 너희들의 인간관계
에서도 그를 빙자하여 너희 자신을 보
호하며 너희들이 편한 쪽으로 살아가
는 그와 같은 방법으로 악용하고 사는
것이 아니던가?
20 내가 너희들에게 깨우쳐 주지 않았는
가?
21 60점 속에서 일어나는 인간관계의 모
두는 내가 너희들에게 관여하지 아니
한다 하였음이니라.
22 그리하여 너희들이 이웃의 슬픔을 같
이 나누며, 너희들이 피부로 닿으며
너희들이 생각하고 느끼는 것을 행하
는 것이 인간 세속의 법도요, 흐르는
너희들의 관습과 관행에 따라 살아가
는 것이 너희들에게 우선이라 내가 그
리 말하였거늘, 너희들은 그를 인식하
지 아니하려 하며 그를 받아들이지 아
니하려 함이니라.
23 너희들은 안식일이라는 그 자체를 내
가 원하는 뜻대로, 내가 너희들에게
명한 대로 쓰는 것이 아니며, 그와 같
이 안식일을 빙자하여 너희 육의 편안
한 삶을 살아가고자 하여 그를 악용
하고 살아가는 자는 과연 없는가?
24 나 여호와가 하늘에서 보는 너희들은
믿음이 깊으면 깊을수록 높은 직함을
갖고 있다는 자들이 더 그와 같이 악
랄한 방법으로써 나의 안식일을 역용
하고 있는 것이 지금의 너희들의 형태
임을 내가 나의 법전에 기록하여 전함
이니, 여기에 너희들이 감히 항변할
수 있으며 답할 자 있으면 너희들이
나에게 기도하여 물어보도록 그리하
라.
25 너희들이 얼마나 무서운 자세로 살아
가는 것인지 알고 있는가?
26 너희들이 그와 같이 사악하고 무서운
방법으로써 지금 살아가고 있는 것이
며, 이와 같은 깨우침을 내가 너희들
에게 내려보내니, 인간 세상에 사는
너희들이 인본주의를 우선 다스리라.
27 너희들이 말하는 그와 같은 믿음 속에
서 가도 인본주의가 다스려지지 아니
하며 인간관계가 다스려지지 아니한

자, 그는 아무리 믿는다 해도 기초가
되어 있지 아니하기에 모래성의 집을
짓는 그와 같은 형국이니, 어찌 집을
지을 수 있는가?
28 지을 수 없음을 알라.
29 '형제지간에 반목하는 자는 지옥으로
간다.' 하였으니, 너희들이 과연 형제
지간에 반목하는 그와 같은 일을 행하
지 않는가?
30 안식일을 빙자하여 너희들은 그와 같
은 행위를 하면서 살아가는 것이 믿음
의 세월을 많이 갖고 많이 깨달았으며
많이 공부했다는 자들의 대표적인 삶
이니, 부모에 대한 것도 마찬가지이니
라.
31 이와 같이 나의 안식일을 역으로 이용
하며, 사악한 쪽으로 활용하고 있는
너희들이니,
32 지금 나의 성서의 모든 구절을 다 너
희들이 그와 같이 거역하며 역으로 깨
우쳐 가는 것이니, 어찌 하늘에 오르
는 길을 볼 수 있으며 내 품에 올 수
있다 말하는가?
33 그를 따라 시행하는 자, 나의 법전을
읽고 깨우쳐 그대로 살아가는 자, 그
들만이 나의 사랑하는 아들의 신부가
될 수 있음을 알라.

## 3,134 번째 하나님 말씀

*2002년 8월 26일 11시 19분*

1 사랑하는 나의 아들아!
2 "네, 아버님! 말씀하옵소서."
3 구약과 신약의 그 세월을 지나며 그
긴 세월 동안 너희들의 믿음이요, 그
종파들이 내린 뿌리가 너무 깊으며 그
뿌리의 넓이가 이 지상을 다 덮고 있
는 이와 같은 형국이니,
4 그를 뽑아내어 버리는 그 역사를 이룸
이 하루아침에 이루어질 수 없는 것이
며, 그 길의 역사를 이루기 위하여 네
가 가는 길이 얼마나 어렵고 힘든 것
인가를 나 여호와가 알고 있음이니라.
5 이 모두를 다 뿌리 뽑아 제거하는 그
대명의 역사를 맡은 네가 얼마나 두렵
고 어려운 길인가를 너 자신이 감내하
기 힘들어 너의 가슴을 움켜쥐고 눈물
의 기도를 드리며 몸부림치는 그 형국
을 나 여호와는 알고 있음이니라.
6 내가 천 년에 걸쳐서 지상의 낙원을
하늘과 같이 만들고자 하는 이 대업을
이룸에 있어서, 네가 이를 맡아 천 년
의 역사 동안 살아 나의 성령을 그대
로 깨우치고 전함도 아니요,
7 너에게 남은 시간은 33년이라는 그
세월 속에서 나의 법전의 완전한 기틀
을 네가 세워야 되며, 너의 제자들을
바로 가르쳐 바로 세워서 그 제자들이
바로 서고 바로 깨우쳐 천 년에 걸쳐
이루고자 하는 그 역사를 계승하는 그
와 같은 어렵고 힘든 이 역사를 시작
함이니,
8 네가 두려워하며 겁먹으며 너 자신이
지탱하기 어려워 고통의 눈물을 흘리
며 몸부림치는 것을 나는 알고 있음이
니라.
9 그러나 어찌하겠는가?
10 너는 완벽한 터전을 닦아야 되며, 완
벽한 준비를 해야 되며, 너의 제자들
또한 완벽히 깨우쳐 가르쳐 놓지 아니

하면 아니 되는 것이 너의 소명이고 대명이니라.

11 160권을 완벽히 만들며, 나의 성령을 받아 기록해 놓는 그 역사를 네가 바로 세우지 못한다 하면, 그 깊게 박힌 뿌리요, 이 세상을 다 덮고 뿌려져 있는 그 뿌리를 뽑을 수 없음이니라.

12 이를 버리고 새로운 역사를 이루는 길은 그 누구도 행할 수 없으며 이룰 수가 없음이니라.

13 그 누구도, 어떠한 제왕도, 세상을 지배한다는 너희들의 기억 속에 남아 있는 그와 같은 명성을 얻은 자도 이는 이룰 수 없음이니라.

14 오로지 끝이 보이지 않도록 박힌 그 잘못 가는 종교의 믿음이요, 이 세상을 다 덮고 뿌려져 있는 그 뿌리들을 뽑아낼 수 있는 것은 나의 계명을 지키며 나의 법전대로 살아가는 것이니, 그 삶을 너희들이 살지 아니하면 정녕 그를 바로잡을 수 없음을 알아야 될 것이니라.

15 지금의 너희들은 어떠한 형국으로 살아가고 있는가?

16 그와 같이 뿌리가 내려진 그 믿음의 길을 가는 백성들은 저희들만의 성역을 만들어 놓고 그곳에 오는 백성들만이 구원을 받는다 그리 말하여, 나의 사랑하는 피조물 만백성인 나의 아들 딸들과 나와의 거리를 멀게 하였으며, 그들이 나를 의심하도록 하였으며, 그들이 내가 존재함을 믿는 듯 믿지 않는 듯 마음의 자리를 잡지 못하게 하였으니,

17 그와 같이 나와 나의 백성들과의 관계도 멀어지게 하였으며, 또한 나의 피조물 만백성으로부터 너희들을 스스로 차별화하여, 너희들이 차별화된 생활 속에서 너희 집단 속에 들어오는 백성만이 구원을 받는다는 그와 같은 착각과 환상과 그와 같은 너희들의 거짓 가르침으로써 나의 피조물 만백성을 지금 이끌어 가는 이와 같은 형국이 되어 있음이니라.

18 내가 너에게 말하였음이니라.

19 나의 아들과 딸들이요, 모든 백성들은 다 똑같으니, 나는 똑같이 너희들을 사랑함이니라.

20 누구는 특혜를 주며 누구는 어려운 조건에서 나에게 올라오라 그리 말하는 내가 아니니라.

21 똑같은 조건에서 똑같이 너희들의 그 환경에서 깨우쳐 나에게 오르는 나의 자식을 나는 받아들임이요, 누구와도 차별화를 두어 성역을 만들어 놓은 그러한 백성들은 나와 아무런 관계도 없음을 너희들은 알아야 될 것이니라.

22 저희들이 성역을 만들어 놓아 그 성역 속에서, 그 은폐된 속에서 나의 백성을 모아 놓고 인간관계의 삶에 역점을 두어 나와 우리 부자의 이름을 팔아먹으며 깨우치는 길이라 하여 그와 같이 가르치고 그와 같이 차별화된 속에서 살아가는 자, 나는 그들을 버린 지 이미 오래며, 그들을 내 손에서 놓았음을 너희들은 알아야 될 것이니라.

23 오로지 너희들이 구원의 길에 오를 수 있는 것은 나의 십계명이요, 나의 법전을 그대로 지키고 행하는 그 역사 외에는 어떠한 것도 그 깊은 뿌리를

제거할 수 없으며, 그들을 뽑아낼 수
없으며, 그들을 버릴 수 없음을 알아
야 될 것이니라.
24 너의 제자들에게 바로 가르치라.
25 나의 아들 네가 천 년에 걸쳐 이 역사
를 이루는 것이 아니요, 네가 남아 있
는 33년이라는 그 세월 속에 모두를
다져 놓아야 됨이니,
26 너의 제자들 또한 나의 아들 네가 존
재하는 동안에 완벽한 자로 변하지 못
하면 이 역사는 이루어질 수 없음을
알아야 할 것이니라.
27 그리하여 내가 완벽하게 나의 법전을
만들며, 나의 아들의 완벽한 제자요,
나의 백성을 만들어 놓을 수 있는 자
며 변할 수 있는 자라 하여 너희들을
선택하였음이니,
28 너희들의 몸과 마음을 너희 것이라 생
각하지 말며, 나의 아들을 따라 너희
들이 밤과 낮을 가리지 말며 바로 배
우고 바로 서서 너희들이 나의 심성과
같이 변하는 백성이 되었을 때,
29 이는 영원히 천 년에 걸쳐 너희 후손
이 또 그대로 너희들을 따라 살아감으
로 내가 이루고자 하는 역사가 이루어
지며, 지금의 그 사악한 뿌리를 다 뽑
을 수 있다는 것을 알라.
30 너희들 스스로 깨우치도록 그리하라.

## 3,135 번째 하나님 말씀

*2002년 8월 26일 11시 32분*

1 사랑하는 나의 아들아!
2 "네, 아버님! 말씀하옵소서."
3 너희들이 사랑을 베풀며 나눔을 베푸
는 것이 나 여호와의 원하는 길이며,
나에게 오르는 길이라 그리 말하였음
이니라.
4 너희들이 사랑을 베풂에는 조건이 있
어서는 안 되며, 그 사랑을 베푸는 데
이유가 있어서도 아니 되며, 그 사랑
을 베푸는 너희들에게는 계산과 아쉬
움과 미련을 갖고 있는 마음으로 사랑
을 베풀어서도 아니 됨이니라.
5 이제 너 자신과 너의 제자들과 나의
법전을 읽고 깨우친 백성 너희들은 알
라.
6 너희들은 사랑을 베풀며 나누기 전에,
너희들이 받은 것에 대한 감사함을 알
며, 너희들이 남으로부터 은혜를 입었
을 때 그 은혜를 배로 갚을 수 있는 너
희들의 마음의 자리를 비움이 소중함
을 알아야 될 것이니라.
7 그를 먼저 행하지 아니하는 자, 그를
실천하지 아니하는 자, 그와 같은 마
음자리를 비우지 아니하는 자는 진정
한 사랑이 무엇인지 사랑을 베풂을 알
수 없음이니라.
8 너희들이 받은 만큼 배로 갚는 그 은
혜요, 받은 만큼 베푸는 것이요, 너희
들이 받은 것에 대한 감사함이요, 그
은혜의 마음을 알며, 베풀어 준 자의
그 마음을 알며, 베푸는 사람의 그 심
성을 알며, 그와 같은 것을 먼저 깨닫
고 그 은혜에 보답하며 갚는 그것부터
배우며 훈련을 해 나가야 될 것이니라.
9 그리한다면 너희들은 사랑을 나눔이
아무것도 아님이니라.
10 너희들이 남으로부터 받으며 은혜를
입으며 남에게 폐를 끼치며, 그와 같

이 너희가 남으로부터 받은, 남이 베
풀어 준 사랑을 받는 것을 되돌려 주
는 것이며 그를 받을 때 감사함을 영
원히 지속해 가져갈 수 있는 그와 같
은 마음자리부터 굳혀야 될 것이니라.
11 그리하여 베풀어 준 자의 심성을 알며
그 감사함을 아는 마음을 가지고 있는
자, 그가 사랑을 베풀 때 그는 완벽한
사랑임이니라.
12 그리하여 그 사랑은 계산이 없으며 아
쉬움이 없으며 미련이 없는 그와 같은
사랑임이니라.
13 너희들이 받은 만큼 감사하는 마음을
갖는 것과 베풀 줄 아는 그 사랑을 갖
는 것, 그 두 개가 하나가 되었을 때
완전한 사랑임을 알아야 될 것이니라,
사랑하는 아들아!
14 "네, 아버님! 알겠사옵나이다.
15 모든 사람으로부터 받은 그 은혜를 뿌
리 깊이 생각하며 가슴 깊이 간직하여
그 고마운 마음과 감사한 마음을 가질
때, 그 바탕 위에서 베푸는 것이 진정
한 사랑이며, 아낌없이 줄 수 있는 사
랑이며, 계산 없이 줄 수 있는 사랑이
라는 것을 이제 깨달았사옵나이다, 아
버지!"
16 아들아, 나의 법전에 이 모두가 다 기
록되어 있으며, 너희들이 나의 법전을
정독하고 깨우칠 때, 그 모든 내용이
거기에 다 들어 있음이니라.
17 아들아!
18 "네, 아버님! 말씀하옵소서."
19 지금 나의 법전이요, 나의 성령을 받
아 네가 '하나님! 말씀하옵소서.', '하
늘에 오르는 길'이라는 이 책을 만들
어 만백성에게 전하는 것은 이 성령
속에 나 여호와가 직접 지상에 내려가
너를 통하여 통제함이니, 그 법전 속
에 내가 같이 있다 하였음이니라.
20 창조주인 내가 직접 내려가, 곧 나의
법전을 세상에 전하는 일을 내가 역사
를 이루고 있음이니, 너희들이 나의
성전에 와서 나의 강론을 듣는 그와
같은 이 성전의 위대함보다도 더 위대
하고 방대한 것이 나의 법전이 세상에
내려감이요,
21 너희들이 큰 역사를 이루는 것도, 너
희들이 위대한 어떠한 변화의 역사를
이루는 것도, 이 세상에 어떠한 것도,
나의 법전이 세상에 내려가는 그 자체
보다 큰 영광과 큰 역사가 없음을 너
희들은 알며, 그보다 더 큰 위대한 성
전이 없음을 너의 제자들에게 일깨워
주라.
22 나의 법전보다 위대한 성전이 없으며
더 큰 역사가 이루어짐이 이 세상에
없음이니라.
23 이는 곧 창조주인 나 여호와가 법전과
같이하고 있기 때문이니, 곧 법전이
나요, 내가 나의 법전이라 그리 너희
들이 생각하면 될 것이니라.
24 나와 나의 아들과 나의 법전이 이와
같이 하나의 역사를 이루고자 함이니
라.
25 나의 성령이요, 나의 아들이요, 나의
법전이 삼위일체요, 셋이 같다는 뜻이
아니니라.
26 다만, 너희들이 그와 같이 소중함을
알라 함이니라.
27 누가 하나 여기에서 무너져도 아니 됨

이니라.
28 내가 직접 내려가 나의 성전에서 나의
법전을 갖고 너희들에게 직접 깨우쳐
줌이니, 나의 법전이 곧 나요, 나의 아
들이 또한 나를 대신하여 행함이니,
그가 나와 같은 임무를 행하는 것이
요, 성전 또한 나의 뜻을 가르치며 나
의 법전을 전하는 곳이니, 이것이 다
하나가 되는 것과 같으니라.
29 그러나 삼위일체요, 그와 같은 것이
아니라 엄연히 서로 차별함이 있음이
니라.
30 그러나 곧 하나가 되는 역사 속에 이
루어지는 것이며, 하나가 잘못되어도
이 역사는 이루어질 수 없음을 알라.
31 너의 제자들에게 이르라.
32 세상의 어떠한 역사보다도, 너희들이
방대한 성전이 이루어져 수억, 수십억
의 인구들이 그곳에 가 경배한다 해도
나의 법전이 세상에 내려가는 것만 못
함을 알라.
33 나의 법전이 곧 나이기에, 나의 법전
이 세상에 내려가는 그 역사보다도 더
영광되고 축복되며 큰 역사는 없다는
것을 너의 제자들에게 깨우쳐 주도록
하라, 선지자야!
34 사랑하는 나의 아들아!
35 너를 사랑하노라.
36 밤과 낮을 가리지 아니하고 만백성을
빠른 시간 안에 구하고자 네가 나에게
기도하고 경배하는 그것을 남들은 알
지 못함이니, 내 너를 사랑하노라, 나
의 아들아!

## 3,136 번째 하나님 말씀

*2002년 8월 26일 11시 59분*

1 사랑하는 나의 아들아,
2 이 동양의 작은 나라에서 인적 조건이
요, 물질적 조건이요, 모든 조건과 능
력 면에서 남에게 내세울 만한 것이
없으며 부족한 것으로 되어 있는 너를
내가 세상에 내보내어 나의 종이요,
나의 선지자라 너를 이끌어 이제 네
가 나의 아들임을 세상에 다 보여 주
었음이니,
3 지금 나의 아들로서 이와 같이 방대한
그 종교 집단을 다 뽑아 버려야 하는
대명을 맡은 네가 지금에 얼마나 두려
움을 느끼고 있는지를 내가 잘 안다
말하였음이니라.
4 이와 같이 조작된 그 종교의 각종 종
파들과 대적하여 그들이 잘못 가고 있
는 것을 일깨워 주며, 그를 따르는 백
성들을 뒤돌아보아 저희들이 지옥 불
로 가는 그 발길을 멈추고 하늘에 오
르는 길인 이 법전을 보고 깨달음을
갖게 하며, 지금 너희들이 각종 종파
와 대적하여 그 뿌리를 뽑으려 하니,
너희들이 얼마나 두렵고 무서운 것인
가를 너 스스로 느끼고 있음을 나 여
호와가 아느니라.
5 그러나 너는 두려워하지 말라.
6 동양의 이 작은 나라의 언어와 풍습과
문자를 가지고 세상을 통일하고자 하
며, 물질적 자원이요, 인적 자원이요,
경제적인 능력이요, 무엇 하나도 갖추
어지지 않은 너를 내가 아들이라 명하
여 이 역사를 이루고자 함을 너는 두

려워해서는 아니 될 것이니라.
7 이 모두는 창조주인 나의 뜻에 의하여
내가 주관하여 행해지는 역사이니, 네
가 인간으로서 생각하며 인간의 상식
으로써 두려워하며 겁을 먹는다면 아
니 됨이니라.
8 너와 너의 제자들이 자신을 돌아다볼
때 무엇 하나 내놓을 것이 없으며, 물
질적인 자원이요, 또한 능력이요, 인
적 자원이요, 편승된 그 아무것도 내
놓을 수 없는 너희들이라 하여 두려워
하고 너희들 자신을 과소평가하지 말
라.
9 너희들은 창조주인 나의 뜻에 의하여
움직이는 자들이며, 너희들은 너희들
이 모르는 그 힘을 알게 될 것이니라.
10 내가 너희들에게 힘을 실어 역사를 이
루고자 할 때, 그 능력은 너희들이 감
히 상상할 수도 없을 것이며,
11 너희들이 하나가 되어 나의 아들을 따
라 힘을 발휘할 때, 그 파괴력과 그 영
향력은 세상에 누구도 감당하지 못할
만큼 무서운 힘을 발휘하는 것이니라.
12 너희들은 어찌하여 외형의 가지고 있
는 능력을 보는가?
13 창조주인 내가 볼 때 그 모두가 아무
것도 아닌 부질없는 것을.
14 내가 너희들에게 필요로 하여 너희들
이 역사의 능력을 발휘할 때 내가 너
희들에게 그 힘을 줄 것이니, 그때 너
희들의 영향력과 파괴력은 감히 너희
들이 상상할 수 없는 그와 같은 역사
를 이루게 될 것이니, 너희들은 두려
워하지 말라.
15 너희들은 오로지 나의 법전의 160권
을 정독하고 깨우치며, 너희들이 성령
으로써 변하는 마음이요, 너희 마음의
악의 뿌리를 버리고 선함이 너희 마음
을 차지하니, 그 자리에 무엇이더냐?
16 곧 나의 성령이 임함이라.
17 나의 성령이 너희에게 임하여 너희들
이 천사와 같은 마음으로 변했을 때,
내가 너희들에게 역사하여 너희가 발
휘하는 그 능력은 너희들이 가히 상
상할 수도 없을 것이니,
18 그 방대한 조직력을 가지고 너희들이
감히 대적할 수 없는 그와 같은 종파
는 하루아침에 거미줄을 칠 것이니,
두려워하지 말라.
19 너희들은 너희 임의대로 이루어짐이
아니니, 창조주 나의 뜻에 너희들이
내가 계획한 대로 실행하여 가면 된다
는 것을 마음속 깊이 굳게 가지며, 너
희들을 과소평가하지 말며, 오늘의 너
희들의 환경과 능력을 후회하지 말며
주저하지 말라.
20 내가 다 주관함을 잊지 말라.

## 3,137 번째 하나님 말씀

*2002년 8월 26일 12시 07분*

1 사랑하는 나의 아들아,
2 길고 긴 세월 동안에 나의 헤아릴 수
없는 만백성이 구원의 목적을 놓고 하
늘에 오르고자 하는 목표의 삶을 위하
여 피나는 노력을 했으며, 그리하여
피나는 노력 속에 저희들이 갈구했던
것은 무엇이더냐?
3 구원을 받고자 했음이니라.
4 그러나 그들이 피나는 노력보다도 더

아픈 마음으로 구원받고자 했던 그 길
이 잘못 가르치는 종교 지도자들이요,
인간의 세습이요, 인간의 환경에 맞추
어 변질되게 가르친 그 종교 지도자들
의 가르침으로 인하여 구원의 길이 아
니요, 지옥으로 간다 하면,
5 너희들 조상의 뿌리들이 그와 같이 노
력했던 그 모두가 다 지옥 불로 가는
길로 흘러갔으며, 나의 피조물 만백성
이 저희들도 모르는 사이에 죄를 짓고
지옥으로 갔다 하면 그들은 과연 어찌
하겠는가?
6 너희들은 너희 조상들이 지옥으로 간
그 삶의 역사를 그저 묻어 버리며 그
냥 살아가야 되겠는가?
7 여기서 너희들은 깨우쳐 돌이켜 생각
할 길이 없는가?
8 너희 조상의 시대에 살아갔던 그 종교
지도자들이 잘못 가르치고 잘못 인도
하여, 평생을 피나는 노력을 했던 그
들이 구원을 받지 못하고 지옥으로 갔
다 하면, 그 후손의 종교 지도자 너희
들이 어찌하여야 되겠는가?
9 너희들도 또한 너희 세대에 사는 나의
피조물 만백성을 진정한 깨우침이 아
니요, 지옥의 길로 인도하는 그와 같
은 헛된 길을 간다고 생각한다면, 너
희들은 과연 어찌 있을 수 있다 생각
하는가?
10 나의 피조물 만백성 너희들은 돌이켜
생각해 봐야 될 것이니라.
11 너희들이 지금 너희 조상들이 너희 조
상의 시대에 살았던 그 선조들을 그와
같이 지옥 불로 이끌어 가 하나도 구
원한 자가 없다 하면, 그 후손의 종교
지도자들이요, 너희들이 가고 있는 길
은 과연 어떠한 길인가?
12 너희들 또한 지금의 시대에 사는 너희
형제요, 나의 피조물 만백성을 지옥으
로 인도하는 그와 같은 역사의 삶을
살아감이니라.
13 너희들은 여기서 너희 자신이 뒤돌아
볼 시간을 가질 수는 없는가?
14 그리고 너희 선배의 종교 지도자들이
잘못 이끌어 온 그 죄를 너희가 사죄
하는 그와 같은 가르침의 장으로 만들
수는 없는가?
15 그리고 너희 종교 지도자들이 나의 피
조물 만백성을 지옥으로 이끌어 간 그
잘못된 죄를 사죄하는 마음으로써 너
희들이 진정한 참진리를 위하여 살아
갈 수는 없겠는가?
16 너희들이 지금에 사는 그 형제들을 바
로 깨우치는 그와 같은 변화의 역사를
이룰 수는 없겠는가?
17 너희들은 말할 것이니라. '우리가 가
는 것은 사악한 길이라 네가 그리 말
함이니, 우리가 어찌하여야 우리 백성
들을 구할 수 있다 생각하는가? 참진
리가 무엇이냐?' 너에게 묻거든, 사랑
하는 아들아, 너는 그리 전하라.
18 십계명대로 살지 않는 자, 감히 나 여
호와의 음성을 듣는 이 성전에 와 기
도드릴 자격이 없으며, 제3의 시대를
열기 위하여 나 여호와가 나의 아들을
통하여 십계명을 암송하고 암송하면
서 기록해 내는 나의 법전을 보고 이
내용을 듣고 깨우치는 그것만이 구원
의 길이니, 그것에 잘못된 점이 있다
하면 너희들이 이를 믿지 아니하여도

되나, 너희들이 감히 행할 수 없는 그 역사요, 너희들의 설교로써 가르칠 수 없는 그 내용들이요, 너희들이 감히 깨닫고 알지 못했던 하늘의 비밀을 너희들이 여기서 느낀다 하면 이것이 바로 무엇이냐?

19 이 길로써 너희들이 선회하여 가는 것이 피나게 노력했던 나의 백성들을 지옥으로 이끌어 간 너희 선배 종교 지도자들의 지은 죄를 너희들이 만 분의 일이라도 용서받는 그와 같은 길이라는 생각에서 너희들은 그 희생되어 간 너희 조상들을 위하여 지금의 너희들과 같이 가는 형제요, 너희들과 한 시대에 사는 나의 피조물 만백성을 희생양으로 삼는 그 행위를 이제는 중단할 때가 되지 아니하였는가?

20 너희들의 선배요, 너희들 위의 종교 지도자들이 잘못 가르친 그것을 사죄하는 마음으로써 너희들이 그를 오늘의 교훈으로 삼아 나의 피조물 만백성이 진실한 참빛을 볼 수 있도록 깨우치는 그 길로 인도할 수 있는 너희들의 대변화와 혁신이요, 변신을 과연 이룰 수 있는가?

21 이제는 너희들이 모두를 바쳐야 할 때가 되었음이니라.

22 그리고 너희들의 위의 조상의 종교 지도자들이 잘못 가 저지른 그 죄를 너희들이 인식하며, 그들의 죄를 사하는 마음에서 지금의 나의 피조물 만백성을 지옥으로 가게 한 선조의 후손들을 위하여 너희들이 정녕 변화할 수는 없는가?

23 너희들은 알아야 될 것이니라.

24 너희들이 지금 가르침이 잘못되었음이니라.

25 위에서부터 물이 흐려졌으니 지금에 온 종교 지도자 너희들의 가르침의 물이 어떻겠는가?

26 그 물은 가히 썩어서 먹을 수도 없으며 쓸 수도 없는 그와 같은 물로 되었음이니, 그를 정화하는 것이 얼마나 뼈아픈 변화요, 변신이 필요하던가?

27 그 물을 정화할 자신은 없는가?

28 너희들이 썩어져 있는 너희 자신을 정화할 수는 없는가?

29 그리하여 너희들이 먼저 간 종교 지도자의 지은 죄를 너희들이 용서받는 그와 같은 깨달음으로 돌아설 수는 없는가?

30 그 길은 십계명을 지키고 살도록 하며 나의 법전을 읽고 깨우치는 자들만이 있을 수 있음이니, 그리 알라.

## 3,138 번째 하나님 말씀

*2002년 8월 26일 12시 19분*

1 사랑하는 나의 아들아!

2 "네, 아버님! 말씀하옵소서."

3 수천 년 그 긴 세월 속에 너희들이 살아오면서 너희들이 인간적으로 훌륭하다는 사람이요, 인격을 갖춘 사람이요, 종교의 믿음의 길을 가는 자들이요, 너희들이 말하는 그 큰 집단에서 군림하여 작은 신의 대우를 받으며, 신의 역할을 하며 신이 되고자 하는 방자한 자들, 그 많은 자들이 지금 어찌 가고 있는지 그 이면의 깨달음을 너희들이 봐야 될 것이니라.

4 그리하여 너희들은 말하지 않는가?
5 지금 제3의 시대에 내가 나의 백성을
구원하기 위하여 나의 아들이라 명하
여 나의 성령을 그를 통하여 내려보내
니, 그 역사는 잘못된 것이며, 이는 이
단이요, 사탄이라 그리 말하느니라.
6 이는 곧 너희들이 무엇이더냐?
7 너희들이 각자 자기가 받지 못하며,
너희들이 나의 아들로서 선택되지 못
하여 선택되지 아니한 백성이라는 질
투와 시기의 그 욕심에서 너희들이 눈
이 어두워 구원의 길인 나의 법전을
보지 못하며 보지 않으려 하며 나의
백성들도 보지 못하게 함이니라.
8 너희들은 그리 말할 것이니라.
9 어찌하여 위대한 종교 지도자요, 그리
고 능력 있는 자요, 모두를 갖춘 자요,
여건이 완비되어 있는 자요, 지혜 있
는 자요, 믿음에서 너희들이 존경받는
그와 같은 지도자를 통하여 내가 역사
하지 아니하며,
10 그들에게 나의 기적과 능력을 주어 그
들로 하여금 나의 성령이요, 나의 뜻
을 세상에 책으로 만들어 낸다 하면
너희들이 그저 흐르는 물처럼 그를 보
고 깨우쳐 하늘에 오를 것이거늘,
11 어찌하여 그들에게 명하지 아니하고,
한갓 부질없는 이와 같은 인간을 선택
하여 나의 아들이라 명하며 그리 명을
내리며 나의 뜻을 전하는 것인가를,
너희들은 그를 의혹할 것이니라.
12 그리하여 너희들은 나의 아들에게 내
리는 그 법전의 내용을 믿으려 하지
아니하며, 너희들 스스로 믿는 것이
마음의 비위가 틀리며, 너희들이 그를
보는 것이 너희들 자신이 초라한 모습
과 같은 그 부질없는 욕심 때문에 이
를 보지 않는 그와 같은 자가 있다 하
면, 너희들 자신을 너희가 모름이니라.
13 너희들은 무엇으로써 인간을 평하는
가?
14 입은 옷으로써 평하는가?
15 그가 말하는 세 치 혓바닥을, 또 그가
가지고 있는 재물을, 그가 가지고 있
는 능력을 가지고 평하는가?
16 인간을 그리 평해서는 아니 되느니라.
17 너희들은 나의 아들처럼 못난 자를 통
하여 내가 법전을 세상에 내리는 것을
의혹하고 시기하며 질투하는 그 마음
부터 버려야 될 것이니라.
18 내가 만일 너희들 말대로 능력 있는
자, 갖춘 자, 그리고 지혜가 특출한
자, 또 이름만 대도 알 수 있는 너희들
이 존경한다는 종교 지도자, 그들을
통하여 모두를 내린다 하면 그들은 과
연 나의 아들처럼 그와 같은 역사의
장을 열겠는가?
19 그들은 바로 저희가 위대한 자요, 저
희들의 생각이요, 저희 뜻에 의하여
이 역사가 이루어지는 것처럼 말할 것
이며, 그들은 저희들이 신이 되고자
하여 나의 역사를 왜곡되게 할 것이
며, 나의 진정한 뜻을 전하지 아니할
것이니,
20 그들은 성서라는 대목에 인간 너희들
이 살아가면서 너희들이 필요한 것만
큼 고치고 손질하여 세상에 나와 그가
빛을 보지 못하도록 하였음이니, 바로
그와 같은 역사를 하고도 남을 것이니
라.

21 너희들이 성서의 구약과 신약을 가지고 지금까지 왔으면서도 이와 같이 사탄의 세계요, 사악한 시대가 이루어진 것은 무엇이더냐?

22 너희들은 말하느니라. 성서는 한 자도 고쳐도 더 넣어도 빼도 안 된다 말하나, 너희 조상들이 이미 저희들 입맛에 맞도록 떡과 생선을 만들기 위하여, 떡을 긁어모으기 위하여 저희들 스스로 수정하였으며 잘못 가르치는 부분이 있으니, 바로 그것이 무엇이더냐?

23 하나의 오류가 있을 때 사탄이 그를 잠식하여 모두를 다 사탄의 것으로 변질시켜 만든다 하였음이니라.

24 그리하여 나의 성령이요, 나의 법전을 나의 아들 네 임의대로 쓰지 말며 나의 뜻에 의하여 기록하라 하였음이며, 네 임의대로 한 줄이 기록되어 들어갔을 때 그를 빙자하여 사탄이 이를 다 무너트리고자 함이니, 그리하여 중요함이라 내가 말하였으니,

25 너희들이 그 많은 변조의 변화가 몇천 년에 걸쳐 흘러 이루어졌다면, 과연 지금의 사탄의 형국이 이루어진 것은 그를 가지고 공부하고 배운 너희들이 사탄의 형국 속에서 분쟁을 일삼으며, 자신과의 분쟁이요, 형제지간의 분쟁이요, 가정의 분쟁이요, 나라가 분쟁하면 너희들은 다 패망한다 하였으니,

26 너희들이 그 분쟁의 기본이요, 원천의 행위를 하고 있는 것이 지금의 삶이니, 너희들이 과연 어떠한 것이냐?

27 천사의 길을 걸어온 것이더냐, 사탄의 길을 걸어온 것이더냐?

28 그러면 너희들이 구약과 신약을 가지고 깨우쳐 너희들이 사악한 자의 마음이요, 종말의 시대를 만들었다면 그 성서에는 잘못된 단어들이 기록되어 있으며 들어가 있기 때문에 그렇다는 것을 너희들이 한번 돌아다보아야 될 것이니라.

29 내가 내리는 이 나의 뜻을 가지고 너희들에게 기적과 역사를 이루지 아니하는 것은, 내가 지혜 있는 자요, 능력 있는 자요, 종교 지도자의 가르침에 온 인생을 다 바쳤다 하여, 세상에 이름 석 자를 대면 알 수 있는 자들을 위하여 나의 기적과 모든 역사를 보이지 아니하며 그들에게 임하지 아니하는 것은,

30 너희들은 너희 것으로써 너희들만이 위대하다 하며 변조하여 신이 되고자 하는 그와 같은 너희들이 되기에 내가 그를 너희들에게 내리지 아니함이니라.

31 나의 법전이요, 나의 성령을 받아 기록하는 자는 갓 태어난 아이처럼 영원히 아이와 같은 자만이 이를 지탱할 수 있으며 전할 수 있음이니라.

32 나의 아들은 영원히 어린아이로서 존재할 것이며, 나의 아들은 어린아이의 그 생활을 벗어나지 아니할 것이며, 어린아이의 삶을 벗어나지 아니하는 것이 나의 아들임을 알라.

33 나의 아들은 연륜이 쌓이며 나이가 먹으며 세월이 흐름으로 인하여 그가 33년이라는 그 살아가는 세월 속에 5년이요, 10년이요, 세월이 흘러감으로 인해서 더 어리고 어린 아이로 변해

가는 그와 같은 것이 나의 아들이니,
오로지 그 아들을 통하여 내가 모든
역사를 이루어 주는 것을 너희들은 알
아야 될 것이니라.
34 세월이 갈수록 나의 아들은 더 어리고
어린 아이로 자라게 됨이며, 그는 그
리 변하여야 됨이니, 이것이 너희들과
다름이니라.
35 기적과 역사의 너희들이 행할 수 있는
모든 능력을 너희들에게 부여했을 때,
너희들은 성장하면 성장함으로써 너
희들의 위대함을 알며, 자신이 만든
것이라 생각하며, 자신의 기적이라 말
하며, 자신의 능력이라 하며 자신이
신이 되고자 하나, 나의 아들은 그와
반대임이니라.
36 나의 아들은 깨닫고 느끼고 나의 뜻을
받아 그가 성장할수록 더 어리고 어린
아이로 변해져 가니, 그것이 너희들과
나의 아들의 차이점이니라.
37 그리하여 모든 역사의 기적이요, 능력
을 나의 아들을 통하여 내려보내며,
너희들을 구원하는 법전 또한 나의 아
들만을 통하여 세상에 내려보내는 이
치가 여기에 있음을 너희들이 확실히
깨우치고 가라.

## 3,139 번째 하나님 말씀

*2002년 8월 26일 12시 30분*

1 사랑하는 나의 아들아!
2 "네, 아버님! 말씀하옵소서."
3 이 세상 종교 지도자들이요, 저희들이
위대한 자라 말하는 자, 그들도 또한
60점의 인간 세상에 매긴 그 점수에
서 벗어나는 깨우침이요, 깨달음이 없
음이니라.
4 그리고 너희들이 말하는 모든 종교를
만들어 내어 하늘에 오르는 길이라며
인도하는 그들도 또한 인간의 60점이
라는 그 점수를 넘을 수가 없음이니라.
5 너희 인간 세상에서 살아가는 어떠한
백성도 60점이라는 그 점수를 넘을
수가 없음이니, 거기서는 바로 내가
너희들을 선택함이니,
6 그는 내가 지키라 한 계명을 얼마나
바르게 지키고 살았느냐에 따라서 너
희들이 60점의 그 한계를 넘어 신의
경지에 이르는 것이며, 천사들만이 사
는 천국의 문에 들어서는 것은 내가
결정함이라 하였음이니라.
7 너희들은 여기서 너희 자신을 알아야
할 것이니라.
8 모든 종파 그들은 나의 백성들이 저희
들에게 경배하며 저희들에게 재물을
바치니, 그들이 작은 신이 되고자 하
며, 신과 같은 그 착각 속에서 나의 피
조물 만백성을 이끌어 감이니,
9 이제 그들이 존재하는 것은 나 여호와
가 존재하지 아니하며 하나님의 심판
이 없을 것이라 그리 말하느니라.
10 하나님의 심판이 없어 그들의 뿌리가
뻗어 나가며 번성하며 그들의 이름이
세상에 덮어 가고자 하는 것은 나 여
호와에게 선택된 자들이기 때문이라
그리 말하니, 너희들은 그리 생각할
것이니라.
11 그리하여 그들이 번성하며 늘어나는
것은 나 여호와로부터 선택되었고 인
정받았기에 그리되는 것이라 생각하

여 나의 피조물 만백성이 그 성전을 찾는 숫자가 헤아릴 수 없이 늘어남이니, 그러나 너희들이 염려하듯이, 이제 그를 거둘 때가 되었음이니라.

12 이제 그들을 내가 단죄하며 그들의 문을 닫게 하며 그들의 성전에 거미줄이 쳐지도록 지금서부터 시작함이니, 너희들이 그리 생각했던 그 단죄의 역사가 지금서부터 시작됨을 알라.

13 2천 년이라는 역사 동안에 너희들이 살아오는 과정이요, 너희들의 형태를 내가 보았음이니, 그는 나의 아들을 죽인 너희들의 그 죄에 암흑의 세계에서 살아감이니,

14 인간 세속의 60점 안에서 너희들이 재주를 넘고 너희들의 능력을 발휘하며 너희들이 수단과 방법을 가리지 아니하고 그리 이루어 왔으나, 이제는 내가 더 이상 그를 보지 아니하고, 그들을 단죄하며 그 문을 닫게 하고자 함이니,

15 너희들은 너희들의 그 믿음이 얼마나 잘못된 것인가를 알게 될 것이며, 나 여호와의 징벌이 얼마나 무서운가를 깨달을 때가 되었느니라.

16 그리하여 너희들에게 다시 명하여 전하노라.

17 인간 세상에 사는 너희들이 인간이 아무리 위대한 자라 하며 한 역사에 그가 태어남을 너희들이 은혜라 생각하며, 성인군자라 하는 사람, 그들이 태어난 위대함으로 너희들의 축복이요, 한 시대의 영광이요, 그와 같은 영웅이 태어난 것을 감사드리고 그리 기억하고 사는 자, 아무리 육의 세상에서 칭송을 받으며 너희들에게 존경을 받으며 만백성을 깨우친다 하여 가르치는 자라도, 그 모두는 육의 죽음과 같이 그 깨우침은 천국에 이르는 것이 아니라 육의 세상에서 모두가 이루어짐이니라.

18 너희들이 60점인 그 안에 육의 세상에서 이루어지는 그 어떤 역사의 위대한 것도, 너희들이 경탄해 마지아니하는 것도 육의 세상에서 이루어지는 것이 한계요, 영의 세상에 들어오지 못함이니,

19 그는 천국에서 가장 낮은 자의 역사도 따라올 수 없으며, 너희들의 육의 세상에서 위대한 자라 칭송받는 자, 천국의 제일 말석에 지금 막 앉은 그보다도 하늘과 땅과의 차이가 더 남이니, 이것이 인간 세상에 너희들에게 이루어지는 것이라 말하였으니,

20 너희들이 오만하며 자만하며, 너희들이 신이고자 하며 너희들이 천국의 문을 열고 닫는 듯이 그와 같은 착각에 빠져 가르치는 종교 지도자, 너희들이 바로 설 때가 되었음을 알라.

21 인간 세상에 너희들이 아무리 뛰어나다 해도 그는 너희들의 인간 세속의 일어나는 일 외에는 아무것도 모르는 것이니라.

22 너희는 어찌 살아야 될 것인가?

23 너희들이 육의 세상에서 아무리 발버둥치고 가장 위대하다 칭송받는 자도 천국의 말석에 있는 자만 못하다 하였으니, 너희들이 그 길을 오기 위해서는, 그 말석에 너희가 참여하고 앉기 위해서는 너희들 스스로 육의 삶을 얼

마나 아름답고 깨끗하게 살아야 하는
것인가를 깨우칠 때가 되었으며,
24 그를 위하여 내가 법전을 내려보내어
너희 손에 쥐여 줌이니, 너희들이 바
로 읽고 깨우칠 때가 되었음을 알라.

## 3,140 번째 하나님 말씀

*2002년 8월 26일 12시 41분*

1 사랑하는 나의 아들아!
2 너의 제자들에게 일러 깨우쳐 주도록
그리하며, 나의 법전을 읽는 만백성이
이 대목을 다시 한 번 상기할 수 있도
록 하기 위하여 내가 나의 법전에 너
를 통하여 기록함이니, 이를 정독하도
록 그리 이르라.
3 나의 성서에 기록하여 내가 전하기를,
나의 아들 예수가 감으로 인하여 새로
운 보혜사가 올 것이라 하였으며, 그
는 세상에 와 제 임의대로 말하지 아
니하며, 듣는 것만을 기록하며, 듣는
그 내용만을 기록하여 전하는 자가 세
상에 온다고 성서에 기록되어 있지
아니하던가?
4 지금 나의 아들이 160권의 법전을 세
상에 짧은 기간에 기록해 냄이니, 그
가 생각하고 연구하여 그와 같은 나의
법전의 책을 만들어 낼 수 있다 너희
들은 생각하는가?
5 너희들은 여기서 생각해 봐야 될 것이
니라.
6 나의 성경에 나의 아들이 반드시 못을
박아 놓았음이니라.
7 나의 아들이 감으로 보혜사가 온다 하
였으며, 그는 자의로 말하지 아니하고
듣는 것만을 말하여 만백성을 깨우치
는 자가 온다 하였음이니,
8 너희들은 지금 너희들 중에 글을 쓰며
책을 만드는 자들에게 물어보라. 너희
들이 한 달이라는 그 기간에 다섯 권
이요, 여섯 권이라는 288쪽의 책을 과
연 그 머리로써 몇 년 동안 하루도 쉬
지 않고 써낼 수 있는가를.
9 그러면 여기서 내가 너희들에게 물어
보노라.
10 너희들 인간의 능력으로써 그리 쓸 수
없다 한다 하면 이는 무엇이더냐?
11 그는 제 생각을 쓰는 것이 아니요, 나
로부터 내가 내리는 것을 듣는 것만을
그가 기록하여 만백성을 구하고자 이
를 전하여 밤과 낮을 가리지 않고 기
록하여 책으로 만들어 내어 너희 손에
쥐여 줌이니, 지금 바로 이 역사를 이
루는 자가 누구더냐?
12 지금 너희들 앞에 와 역사를 이루는
이가 곧 나의 아들이니, 나로부터 선
택된 자이니라.
13 그리고 만백성을 이끌어 가는 나의 목
회자요, 나의 선지자로서 세상에 나와
있거늘, 너희들은 어찌하여 그를 보지
못하는가?
14 너희들이 이를 보지 못하며 이를 듣지
못함은 너희들의 욕심이요, 사행심이
요, 질투심이요, 시기심 때문에 이를
바라보지 못하는 것이니, 너희들을 어
찌하면 되겠는가?
15 너희들이 정녕 가르치는 종교 지도자
로서 너희들 자신이 설 수 없고 부끄
러워 이 책을 너희들은 사탄이요, 이
단이요, 말세에 거짓 선지자가 와서

많은 백성들을 혼란의 도탄에 빠지게
하기 위하여 지옥으로 이끌어 가는 망
령된 책이라 말하며,
16 사탄이 기록한 것이기에 하나님 말씀
과 비슷하여 성서 내용을 비슷하게 기
록하여 낸 것이니, 그리하여 사탄이라
이와 같이 말도 안 되는 것으로써 나
의 피조물 만백성을 그저 짓눌러, 그
들이 보지 못하며 깨우치지 못하도록
그와 같이 너희들이 사악한 행위를 하
고 있음이니, 내가 정녕 종교 지도자
너희들에게 물어보느니라.
17 그리고 너희들이 성전이라는 곳에 가
수십 년 동안 공부하여 구원을 받고자
하여 굳어진 너희들에게 내가 물어보
느니라.
18 너희들이 정녕 자신 없어 이게 사탄이
요, 이단이라 하여 이를 핍박하고, 너
희 집단을 이끌어 가기 위한 방법으로
써 그리 써먹고 있는 것을 너희 스스
로 알 것이니, 너희들이 깊은 밤 혼자
나에게 경건히 기도를 드려 답을 물으
라.
19 너희들 자신이 답을 묻는 그 기회와
영광을 내가 줄 것이니라.
20 나의 아들이 누구며, 나의 법전이 무
엇으로써 내려가는 것이며, 나의 성령
이 아니요, 나의 아들이 아니라 하면
너희들이 그가 듣는 것만으로써 너희
들이 이야기하는 한 달이라는 그 기
간에 288쪽이라는 책을 대여섯 권을,
그것도 하루 이틀이 아니요, 몇 년을
두고 계속 써 내려가는 역사를 이룰
수 있는 것인가를 너희들이 경건한
마음으로 나 여호와에게 십계명을 외
우고 기도하며 물을 때, 내가 너희들
에게 답을 한 번 줄 것이니 그리 알라.
21 그러고도 너희들이 바른길을 택하지
못하면 너희들은 얼마 남지 않은 그
삶을 위해서, 육신의 그 삶에 눈이 어
두워 영원히 사는 나라에 오르는 그
역사를 버리게 됨이니 그리 알라.

## 3,141 번째 하나님 말씀

*2002년 8월 26일 12시 49분*

1 사랑하는 나의 아들아!
2 너희들이 평생을 믿음이라는 것으로
구원을 받고자 하며, 너희들이 하늘에
오르고자 그리함이니라.
3 그러나 너희들의 공허한 마음, 너희들
의 허전한 마음을 채워 줄 수 있는 믿
음이요, 가르침은 세상에 없음이니라.
4 그리하여 너희들이 그 공허한 마음이
요, 허전한 마음에 진리를 찾고자 너
희들이 손으로 지은 그 성전에 너희들
이 말할 수 없는 대가를 치르면서 그
곳에서 나오지 못하는 것은 무엇 때문
이더냐?
5 너희들을 가르치고 깨우칠 성서와 같
은 가르침이 없으며, 나 여호와의 진
리가 책으로 나온 것이 없음이니라.
6 그리하여 그곳에서 등을 돌리고 나오
지 못하는 자가 지금 반도 넘느니라.
7 나의 법전이 진실한 나의 뜻이라 할
때 그들이 무너지는 것은 하루아침에
둑이 터지는 것과 같은 역사가 이루어
질 것이니라.
8 내가 그리하여 너희들에게 무엇을 기
록하였는가?

9 '나의 법전을 가슴에 안고 정독하는
자, 반석 위에 서서 하늘에 오르는 찬
란한 빛을 보게 되는 영광을 얻음이니
라.' 그리 기록하였으니, 이것은 만백
성 너희들이 가슴 깊이 새겨야 될 구
절임을 알라.
10 너희들이 60평생 죽을 때까지 나에게
바친다 하여, 너희들의 잘못된 종교
지도자 밑에 가 배우는 그 역사의 한
시간이라도 너희들이 나를 위하여 낼
시간이 과연 없는가?
11 그리하여 내가 너희들에게 간곡히 부
탁하며 너희들이 구원의 길을 보도록
하려, 내가 부모가 자식을 사랑하는
마음을 그대로 담았음이니라.
12 평생을 바치는 그 시간을 너희들이 계
산해 보라.
13 그중에서 한 시간만 나의 법전을 읽는
그와 같은 영광을 가질 때, 너희들이
반석 위에 서서 하늘에 오르는 빛을
본다 내가 기록하였건만, 어찌하여 너
희들은 그와 같은 것을 행하지 못하는
가?
14 수천수만 시간을 너희들이 다 바쳐도
지옥으로 가는 길을 달려가면서, 한
시간 동안 나의 법전을 읽어 깨우치면
반석 위에 서서 하늘에 오르는 그 영
광을 볼 수 있다 하였거늘, 어찌하여
너희들은 이를 행하지 못하며, 이를
받아들이지 못하며, 이를 보아 너희들
것으로 만들지 못하는가?
15 그저 사탄이 만든 것이요, 사악한 것
이요, 잘못된 것이라 가르치는 종교
지도자들이 자신이 없으며 진리를 모
르며 나에게 명을 받은 자들이 아니라
는 것을 너희들은 알 수 없겠는가?
16 그를 좀 들여다보라.
17 그리고 그들이 살아가는 모습을 너희
들이 헤쳐 보라.
18 헤쳐 보면 너희들이 환멸을 느낄 것이
며, 깨달음이 있을 것이니라.
19 너희들은 사막이라는 곳에 가 물이 없
어 지치고 지쳐서 쓰러져 갈 때 오아
시스의 물을 만날 때, 너희들은 기적
이라 하며 나에게 기도하고 그 역사의
기적에 감사한다는 눈물을 흘리며 물
을 먹을 것이니라.
20 죽음 직전에 너희들이 오아시스의 물
을 먹는 것보다도 천배 만배 더 소중
하고 위대한 것이 나의 법전이니라.
21 너희들이 사막에서 죽기 전에 오아시
스의 물을 먹는 것은 얼마 남지 않은
육의 삶의 생명을 연장하는 것이나,
나의 법전을 너희들이 접하는 것은 영
원히 사는 하늘나라에 올라올 수 있
는, 그 변하지 않는 영원히 지속되는
생명수이니,
22 어찌하여 영원히 사는 그 생명수를 너
희들은 마시려 하지 아니하며, 그를
받으려 하지 아니하는가?
23 나의 성전에 와 나의 아들이 가르치
는, 나의 성령의 뜻을 직접 내려보내
는 그 가르침을 들으며 그 기도 소리
를 들으며 나의 법전을 읽고 깨우쳐,
너희들이 죽기 전에 사막에서 오아시
스를 만나는 것보다도 더 위대하고 소
중한 나의 법전을 가슴에 안고 정독하
여 반석 위에 일어서 하늘에 오르는
그 영광의 축복을 얻는 것을 너희들이
버리지 말라.

## 3,142 번째 하나님 말씀

*2002년 8월 26일 23시 19분*

1 사랑하는 나의 아들아!
2 "네, 아버님! 말씀하옵소서."
3 남을 위해 살며 봉사하는 자가, 제가 따뜻한 방에서 잠자며 호의호식하면서 남을 돕는 것을 보았더냐?
4 어렵고 힘든 생활 속에서 그 어렵고 힘든 것을 아는 자가 어려운 자를 도울 수 있는 그와 같은 마음을 갖고 사는 것이 너희들 인간의 마음 자세이니라.
5 지금 나의 피조물 만백성 중에 하늘에는 나 여호와가 있으며 저희들이 죽어와 심판을 받는다는 것을 아는 자들도, 그들이 설마 그와 같은 심판의 날이 있으며 나 여호와로부터 심판이라는 것을 받으며 저희들이 지옥과 천당이라는 갈림길에서 심판을 받을 것인가 하는 생각을 하며 '설마' 하며 살아가는 자들이 수없이 있음이니라.
6 남을 돕는 자, 배고픔 속에서 남을 돕는다 하였음이니라.
7 지금 이 세상에 나의 피조물 만백성이 가진 자 수없이 가지며, 종교 집단이라는 그들도 수없이 가졌으며 수없이 쌓아 놓고 호의호식하는 자들, 그들이 이루 말할 수 없음이니라.
8 그러면서 그들은 말로써 사랑을 베풀며 하늘에 오르는 길을 인도한다 하느니라.
9 내가 너에게 가르쳤음이니, 내가 무어라 말했던가?
10 사랑하는 자, 그 베푼 자의 고마움을 아는 자, 남이 너희들에게 은혜를 베풀었으며 덕을 베풀었으며 너희들을 도와준 자의 마음의 애절함을, 그 소중함을 아는 자, 그가 바로 사랑을 베풀며 남을 도와 일할 때 그가 진심이라 내가 말하였음이니라.
11 지금 나의 피조물 만백성이요, 수천수만의 종교 집단의 저희들이 지금 생존해 있으며, 그리고 저희들만이 구원을 받는다는 수억의 종교 지도자들이 지금 너희들을 이끌어 간다 그리 말하고 있음이니라.
12 그러나 그들은 과연 얼마나 사랑이라는 것을 베풀고 살아가는가, 그리고 내가 너희들에게 성서에 기록하여 전한 5달란트의 그 역사의 가르침을 과연 몸소 시행하고 있는가?
13 5달란트로 10달란트를 만든 종이 주인으로부터 칭찬을 받는다 하였음이니, 그것은 너희들의 믿음을 그리 가라는 것이 아니니라.
14 너희들이 가지고 있는 것으로 재능 있는 자에게 도와주며, 그로 하여금 또 그가 성장하여 남을 도와줄 수 있도록, 그와 같이 자립할 수 있도록 그에게 너희들이 무상으로 아낌없이 도와주며 그를 보살펴 주며 일어설 수 있도록 정녕 사랑을 베푸는 것이 5달란트의 개념이라 말하였음이니라.
15 그러니 종교 집단을 가지고 있는 자, 너희들의 종교 집단이 하늘에 와 축복을 받으며 영광을 받으며 하늘에 오르는 길에 오른다 하며, 나의 아들 예수의 보혈로써 구원의 영광과 축복을 받았다 그리 말하며, 영광되다 하며 찬

송 부르고 눈물짓고 살아가는 자, 너
희들이 과연 옆에 있는 배고픈 자, 그
힘들게 살아가는 자, 그들의 생활을
한 번이나 돌아다보았으며, 그들을 위
하여 너희들의 재산을 떼어 줄 수 있
는 그와 같은 행함을 가진 자가 몇 명
이나 있는가?
16 말로써는 너희들 말대로 청산유수요,
세상 것 다 주며 온갖 사랑을 다 베푼
다 하나, 같은 신도의 어렵고 힘든 것
도 돌아다보지 않는 것이 너희들이니
라.
17 너희들은 베푸는 자의 마음을 아는 자
가 진정으로 사랑을 베풀 수 있다 하
였음이니, 나의 피조물 만백성이 너희
들의 세 치 혓바닥의 간악한 말에 의
하여 온갖 재물을 바치며, 끼니 없는
자, 끼니를 굶어 가며 너희 성전에 바
치는 그들의 마음과 그들의 정성을 너
희들은 과연 생각해 보며 돌아볼 수
있었던가?
18 너희들이 그들의 어려움을 알며 그들
의 마음을 알며 그들이 구원을 받기
위해 바치는 그 정성을 안다면, 너희
들은 그와 같은 재물로 호의호식하는
생활을 할 수도 없으며, 너희들이 단
돈 1원도 그리 쓸 수 없으며, 너희들
이 거두어 놓은 그 재물로, 또 능력 있
는 자로 하여금, 천 원이라는 지폐 한
장을 내기 힘든, 그것 하나를 내기 위
하여 몇 정거장씩 걸어오는 그 불쌍한
너희 신도의 의식주를 해결해 주며 살
아갈 수 있는 그와 같은 역사를 너희
들은 과연 베풀어 가고 사는가?
19 너희들의 생색내기, 너희들의 이름 석
자를 내기, 너희들의 번지르르한 그
얼굴을 세상에 내기 위하여 많은 너희
들의 신도 앞에 너희들이 그와 같이
생색을 내며, 그들이 낸 금화와 은화
로 이와 같은 좋은 일을 한다고 그와
같이 너희들이 그들에게 보여 주며 그
들로 하여금 더 거두어들이기 위한 그
행사로써 너희들은 그 추하고 더러운
짓을 과연 하고 있지 않은가?
20 정녕 나 여호와의 사랑이요, 나의 뜻
에 의하여 너희들이 진심으로 그리하
는가?
21 너희들이 그와 같은 마음을 가지며,
너희들이 정녕 하늘에 오를 수 있는
길이라 말한다면, 너희들은 이 서울
한복판, 만리동이라 하는 고지에 내가
차려 놓은 그 성전에 와, 나의 아들이
라 칭하며 나의 선지자라 칭하며 나의
법전을 기록하여 만백성을 구하는 그
에게 와 그가 행하는 삶을 들어 보라.
22 그는 5달란트의 역사를 어찌 이루고
있는가 보라.
23 그는 제가 끼니가 어려우며 제가 생활
이 어렵다 해도 웃음꽃으로써 저에게
와 공부하는 어려운 제자들의 생활을
열어 줌이니, 그들을 위하여 그가 온
갖 정성을 다 바치며, 제가 입고 있는
옷이라도 정리하여 그들을 도와주고
자 하는 그 마음을 너희들은 보아야
할 것이니라.
24 이것이 바로 5달란트의 개념이며, 종
교 지도자요, 나로부터 선택된 나의
목회자요, 나의 아들이 가는 길이니라.
25 그는 제가 비록 하나의 이익이 없고
제가 힘들고 어렵다 해도, 그 제자들

을 위하여 그들에게 역사를 하며 그들
의 의식주를 해결해 주며 그들이 편안
하게 살아갈 수 있도록 하여, 나 여호
와의 법전을 읽으며 나의 성령을 읽으
며 나의 강론을 듣는 선택된 백성들은
육으로써 행복을 얻으며 그 축복을 얻
을 수 있는 그와 같은 것을 그들에게
깨우쳐 주며, 정녕 내가 살아 있는 여
호와라는 것을 보여 주며 창조주인 나
라는 것을 보여 주기 위하여 그는 모
든 재산이요, 있는 것, 없는 것을 다
털어 그 제자들이 살아갈 수 있는 기
틀을 만드는 데 그가 하나의 주름살이
없으며, 즐거운 마음으로써 다 던짐이
니라.
26 그가 제가 살아갈 수 있는 능력이 없
다 해도 그의 제자에게 '준이네'라는
식당의 하나의 나의 집을 만들어 만백
성에게 덕을 베풀며 저희들이 양심적
인 그 음식으로써 모두에게 대접하는
그와 같은 하나의 5달란트를 가지고
10달란트를 만들 수 있는 사업장을
만들어 주었으며, '가나다 설비'라 하
여 시설을 고치는 그와 같은 터전을
만들어 주었으며, 또 그는 내일의 어
느 날짜에 또 한 사람을 위하여 하나
의 생활의 터전을 만들어 줄 것이니
라.
27 그리고 그는 또 하나의 생활의 터전을
또 그 제자들을 골라 만들어 줌이니,
아무것도 가진 것이 없는 자가 네 개,
다섯 개의 모두를 다 팔아 나의 백성
들을 보살피며, 나의 사랑이요, 내가
살아 있는 그 모두를 실천하며, 그들
이 거기서 일하는 자, 종사하는 자, 각
자 나의 아들을 대신하여, 살아 있는
나 여호와를 대신하여 만인에게 친절
하며 사랑으로써 엮어 가는 그와 같은
삶의 역사를 이루어 가는 것을 너희들
은 와서 보고 배워야 될 것이니라.
28 너희들이 그들보다 더 아름답게 살았
으며, 너희들이 그보다 더 너의 제자
들을 위하여, 너희 신도들을 위하여
살아가는 자 있다면, 그렇다면 너희들
은 나로부터 선택된 자이니라.
29 너희들이 가지고 있는 재산이요, 너희
들이 가지고 있는 재물의 십 분의 일,
백 분의 일, 천 분의 일도 못 되는, 아
무것도 가진 것이 없는 자가 저의 제
자들의 육신의 편안한 삶과 의식주를
해결해 주어, 그들이 살아 있는 나 여
호와로부터 나를 믿는 자는 진정 나에
게 축복을 받음을 그가 실천하여 몸소
행하며 살아가는 것을 너희들이 와서
보고 배워야 할 것이니,
30 과연 그를 보고도 너희들이 그보다 더
위대하고 진정한 종교 지도자요, 너희
들의 가는 방법이 진정한 하늘에 오르
는 길이요, 나 여호와의 뜻이라면 너
희들은 그리 가라.
31 그리고 너희들이 나의 아들이 하는 것
이 잘못되었으며 그가 역사하는 것이
잘못되었거든, 그 얼굴에 침을 뱉고
돌아서도 내가 너희들을 탓하지 아니
할 것이니라.
32 그러나 너희들이 정녕 그가 하는 일을
할 수 없으며, 그와 같이 역사할 수 없
으며, 너희들이 아무리 생각해도 나의
아들과 같이할 수 없거든, 너희들이
그 발등에 입맞춤으로 용서를 빌며,

너희들이 다시 태어난 인생으로서, 다
시 태어나는 종교 지도자로서 나의 법
전을 들고 만백성에게 가르치는 그와
같은 역사를 이루도록 그리하라.
33 그것이 내가 너희들에게 내리는 마지
막 은혜요, 영광의 길임을 알라.

## 3,143 번째 하나님 말씀

*2002년 8월 27일 0시 07분*

1 사랑하는 나의 아들아!
2 "네, 아버님! 말씀하옵소서."
3 네가 나의 성령을 받아 법전을 만들어
기록하였음이니, 처음에 네가 그것이
무엇인지를 몰라 그저 한 달에 한두
번이요, 몇 달에 몇 번씩 하는 그와 같
은 기도로 나의 성령을 받아 나갔음이
니, 그리하여 네가 나의 법전을 만들
어 그 책으로 세상에 펴내는 것 또한
그 세월이, 네가 그 책을 만드는 시간
이 너무나도 많이 걸렸으며,
4 내가 너에게 기도하고 경배하여 나의
성령을 받으라 하여 네가 도망 다니는
짐승과 같이 그리 나를 피하고자 도망
다니기만 하던 네가 지금은 어떠한 형
국으로 가고 있는가?
5 내가 너에게 기도하며 나의 성령을 받
아 만백성을 구하는 법전을 기록하라
할 때, 너는 주인이 잡으려 하는 그 동
물이 도망가듯이 그리 도망 다니며 피
해 다니며 기도를 하지 아니하려 하던
네가 지금은 어찌 변하였는가?
6 "네, 아버님! 제가 이제는 법전을 만
들어 아버님의 성령을 듣는 것을 가장
큰 행복이라 생각하오며, 그리고 영광
된 길이라 생각하오며, 이 기도의 말
씀을, 성령의 말씀을 듣는 것보다 더
한 행복과 기쁨이 없사옵나이다."
7 주인이 잡으려 하는 동물이 도망 다니
듯이 네가 그와 같은 자로서 나의 성
령을 받아 그 길을 가고자 할 때, 내가
처음에 그와 같은 너를 다스렸음이니,
8 지금은 네가 이 세상에 살아가면서 나
에게 경배하고 나의 성령을 받아 책으
로 만드는 것을 가장 기쁘고 행복하게
생각하며, 인간관계의 어떠한 것도,
어떤 금화와 재물도, 너에게 부귀와
영화와 권력을 준다 해도, 너는 쓰다
버리는 종이 한 장만큼도 그것에 관심
이 없으며, 그곳에 사랑과 애정을 주
지 아니하며 정을 주지 않고 감이니,
9 오로지 나의 성령을 받아 법전을 만드
는 그곳에만 네가 즐거움이 있으며 행
복이 있으며, 너의 가장 큰 즐거움이
거기에 있다 하여 네가 지금 가고 있
음이니, 몇 달에 걸쳐 한 권의 법전을
세상에 내던 네가 지금은 어찌 나의
법전을 세상에 내는가?
10 한 달이라는 기간에 288쪽 책의 다섯
권 반에서 여섯 권이라는 이 법전을
세상에 만들어 내는 그와 같은 역사를
이루면서도 네가 그것이 가장 행복하
고 즐겁다 그리 생각하고 있으며, 그
것 외에 세상의 그 모두는 다 하나도
즐거움이 없으며,
11 아무리 권력이요, 부귀영화요, 재물이
요, 금화와 은화를 준다 해도, 어떠한
너희들의 인간관계에 맺어진 그 관계
의 만남도 네가 그저 종이 한 장 가벼
이 놓듯이 그와 같은 마음으로 모두를

다 놓을 수 있으며,
12 오로지 나의 법전을 만드는 것만이 너
에게 가장 큰 기쁨이요, 행복이요, 즐
거움이요, 영광이라 그리 살아감이니,
이 길을 위해 네가 살며 온 정성을 다
하며, 그 정성을 다함에 있어서 네가
스스로 기쁨으로써 행하며 선택함이
니,
13 이 세상 나의 피조물 만백성 중에 종
교 지도자라 하여 가르치는 너희들에
게 내가 물어보고자 함이니라.
14 너희들이 나의 성령을 들어 성경을 갖
고 너희 신노들이요, 너희 배성들에게
가르치기 위해 준비하며 공부하며 강
론하고 설교하는 그것이 가장 행복하
고 즐거우며, 너희들이 그 무엇보다도
금화와 은화와 권력이요, 부귀영화의
재물이요, 그 모든 것을 다 준다 해도
너희들이 그저 종이 한 장 구긴 것을
던지듯이 다 놓을 수 있으며, 너희들
이 설교에 대해서, 그리고 교리를 가
르치는 것에 대해서, 나의 성경을 가
지고 연구하는 것보다 더 소중한 시간
은 없다 생각하고 지금 가는가?
15 좋은 옷이요, 좋은 음식이요, 그리고
화려한 대접이요, 너희들 인간사에 즐
거운 향락을 다 접어 두며, 그 어떠한
것보다도 너희들이 교리를 가르치기
위하여 성경을 가지고 공부하며 단상
에 서서 너의 제자요, 신도들을 가르
치며 그 준비를 하며 기도하는 그것이
더 행복하다 너희들은 생각하는가?
16 나의 아들은 하루에 20회에서부터 30
회라는 그 많은 숫자를 나에게 기도를
받고자 십계명을 그와 같이 20회까지
또는 30회까지 기도할 때마다 암송하
며 나로부터 성령을 받아쓰니, 그와
같은 것이 가장 큰 행복이요, 즐거움
이라 하여 20회 내지 30회의 그 기도
를 드리며 그와 같이 살아가는 나의
아들과 비교할 때,
17 너희들은 과연 살아가면서 나 여호와
에게 기도하는 것이 가장 큰 기쁨이
요, 행복이라 하여 하루에 몇 번씩이
나 하는가?
18 많은 나의 백성들을 구원하며 하늘에
오르는 자요, 진정한 나로부터 선택된
종교 지도자라 하여 너희들이 만든 성
전에 가 기도하고 경배하는 것이 만백
성을 구하는 길이요, 그들을 구원의
길로 인도한다는 종교 지도자, 너희들
은 과연 하루에 몇 번씩이나 기도를
하며 나의 성령을 받으며, 나에게 너
희들 자신의 추하고 더러운 모습이요,
완벽하게 신에 가까운 심성으로 살아
가지 못하는 그것을 반성하고 회개하
는 기도를 하루에 몇 번씩을 하는가?
19 만백성을 구원하고 인도한다는, 세상
에 너희들이 가장 위대한 종교 지도자
요, 너희 손으로 지은 그 성전에 와서
기도하는 자만이 구원을 받는 자라 너
희들이 자신 있게 그리 말함이니,
20 너희들이 다스려지지 않은 종교 지도
자요, 깨우치지 못한 종교 지도자며,
거울로 비추어 보아 한 점의 부끄러움
이 없는 종교 지도자로서 바로 서지
못함이니, 그를 나 여호와에게 회개하
며 바로 서기 위하여 너희들은 눈물의
회개의 기도를 하루에 과연 나에게 몇
번씩 드리며,

21 너희들이 그 기도를 20회 내지 30회
정도 나에게 드리며 눈물로써 회개하
고 반성하며, 너희들의 잘못된 습성을
다스리려 하며, 너희들의 가장 버리지
못한 추하고 잘못된 너희들의 몸에 밴
그 습성을 버리기 위하여 너희들은 몇
십 번씩 나에게 회개의 기도요, 눈물
의 기도를 하며 반성을 하여 너희 자
신을 다스려 가는 그 기도를 하는가?
22 나의 아들은 20회 내지 30회를 그가
반성하고 회개하며, 또 나의 성령을
받으며 그리 몸부림치며 기도해 감이
니라.
23 너희들은 과연 나의 피조물 만백성의
너희 신도를 하늘에 오르는 길로 인도
하여 가는 길이 얼마나 영광된 것이
며, 세상에 무엇과도 바꿀 수 없는 그
즐거운 마음으로써 너희들이 하루하
루 그와 같이 나에게 몇십 번씩 기도
하고 경배하며 회개하고 반성하면서
너희들 자신을 다스리고 깨달아 가는
가?
24 너희들이 이를 한번 너희 스스로 반성
해 보며 생각해 볼 필요성이 있음이니
라.
25 나의 아들이 그와 같은 삶을 살아간다
하면, 너희들이 그보다 더 위대한 삶
을 살아가는 그와 같은 자들이 되었을
때 너희들은 나로부터 선택받은 목자
의 길을 가는 것이니라.
26 너희들은 너희들의 성전을 운영하기
위하여, 너희들의 그 모두를 관리하기
위하여, 너희들이 이끌어 가기 위하
여, 너희들 앞에 오는 그 신도들에게
교리를 가르치며 성경을 가르치는 것
이 가장 큰 행복이요, 즐거움이라 그
리 생각하며 금화와 은화를 거두어들
이는 것을 생각하지 않는 자로서 단상
에 서는가?
27 그 교리의 설법을 하는 것보다 금화와
은화를 거두어들이기 위한 그것에 먼
저 너희들이 불안한 마음이며 초조한
마음이며, 너희 신도들의 머릿수를 그
리 돈으로 계산하며, 과연 오늘은 얼
마만큼 금화와 은화를 거두어들여 너
희들이 지탱하고 갈 수 있는가, 그와
같은 생각을 하면서 강론하는 자들은
아닌가?
28 정녕 그 모두를 다 저버리고 나 여호
와의 교리를 가르치며, 너희들이 설교
를 하는 그것이 얼마나 행복하고 즐거
우며, 하루에 너희들이 반성과 회개하
는 기도를 몇십 번씩 나에게 드리며,
너희들이 한 점의 부끄러움이 없는 나
여호와요, 신과 같은 심성으로 변하고
자 노력하는 믿음의 생활을 하는가?
29 너희들은 너희 스스로 인간의 육의 행
복이요, 즐거움을 위해서, 너희들의
행복을 위해서, 너희들의 안일을 위해
서 하루에 몇 시간을 쓰며, 나 여호와
에게 반성과 회개의 기도를 드리는 그
시간이 과연 얼마나 되는가 그를 너희
들이 점검해 보고 깨우쳐야 할 때가
되었음을 알라.

## 3,144 번째 하나님 말씀

*2002년 8월 27일 0시 13분*

1 사랑하는 나의 아들아!
2 "네, 아버님! 말씀하옵소서."

3 지금의 모든 종교 집단이 저희들끼리
분쟁 속에 살아가며 서로 이단이요,
사탄이라 그리 싸워 가나, 나의 법전
이요, 나의 성령이 기록된 이 책이 3
부가 세상에 나가며 4부, 5부가 이와
같이 나가는 역사를 이룰 때, 그들은
하나가 되어 이를 공격하는 데 이마를
맞대게 될 것이니라.
4 그리하여 나의 법전이 세상에 나오지
못하도록 막으려 할 것이며, 또 너 자
신이 존재함을 그들이 두려워할 것이
니, 그들의 핍박은 이루 말할 수 없을
것이니라.
5 그들이 이제는 하나의 힘이 되어 너희
들을 공격할 것이며, 너를 쓰러트리고
자 할 때, 너 자신이 감내하기 어려운,
너 스스로 견딜 수 없는 강한 회오리
바람과 같은 힘으로써 너를 공격하여
무너트리고자 할 것이니,
6 너는 그들과 맞부딪치며 그들이 너에
게 밀어붙이는 그와 같은 힘을 네가
받고 견디며 나가야 하는 그와 같은
강인한 마음 자세로 견디어 나가야 할
것이니라.
7 그들은 모든 힘을 합쳐 나의 법전이
세상에 나오는 것을 막을 것이며, 이
나의 성전이요, 너를 따르는 제자들이
요, 너를 핍박하는 데 그들이 모든 힘
을 다 모을 것이며, 동양의 작은 나라
의 이 아름다운 강산에 사는 나의 피
조물 백성들까지도 그들이 경시하며
저희들이 이단과 사탄을 보는 그와 같
은 시선으로써 너희 동양의 백성들을
보는 그와 같은 무서운 형국으로 변화
될 것이니라.
8 그리 그들이 변하여 그 모든 초점은
너를 향하여 공격할 것이니, 그 불어
닥치는 바람은 세상의 집채를 다 날리
는 것보다 더 강한 그와 같은 회오리
바람의 형국으로써 너를 향하여 밀어
닥칠 것이니라.
9 그러나 너는 그를 기다려야 될 것이니
라.
10 너는 그들을 기다려 그들이 오는 대로
너 스스로 그 모두를 감내하고 버티어
나가야 될 것이니라.
11 그러나 여기서 너와 너의 제자들이 하
나 알아야 할 것이 있음을 알라.
12 그들의 모든 종파가 하나가 되어 너희
들이 말하는 집채만 한 그 모두를 날
려 보내고도 남는 더 강한 회오리바람
으로써 너희들을 공격하고 쓰러트리
고자 할 때, 그들은 저희들이 스스로
심판을 받고자 하여 나에게 오는 그와
같은 형국의 역사가 이루어짐을 알아
야 될 것이니라.
13 그들이 너희들을 공격하여 밀어닥치
는 그 하나의 힘으로써 형성되는 그와
같은 것이 이루어졌을 때, 그들은 너
를 공격하며 나의 법전을 쓰러트리는
것보다도, 저희들 스스로 나에게 심판
이요, 나에게 저희들의 그 죄에 대한
대가를 받고자 하여 저희 스스로 나에
게 몰려오는 그와 같은 형국의 역사를
이루는 것이라는 것을 그들은 모를 것
이니라.
14 그리하여 그들이 나에게 와 심판을 받
는 것을 스스로 앞당기는 형태가 이루
어지는 것을 그들은 모를 것이니라.
15 나의 법전을 저희들이 태워 버리며 세

상에 지워 버리려 하나 이는 지울 수
가 없으며, 나의 법전을 쓰러트리고자
아무리 저희들이 강한 바람으로 불어
온다 해도 나의 아들은 그를 다 버티
고 견디게 되어 있음을 그들은 또한
모르는 것이니라.
16 그리하여 너희들에게 공격하는 만큼
그들이 가속도로 너에게 공격하며 많
은 집단이 더 강한 힘으로 빠른 속도
로 너를 공격하는 것은, 그들이 스스
로 너를 공격하기 전에 나에게 저희들
이 심판을 받고자, 그 죄에 대한 처벌
을 받고자 심판관 앞으로 저희 스스로
달려옴이니,
17 이는 인간사에 죄를 지은 자가 그 죄
의 심판을 받고자 하며, 살인하고 강
도질한 자가 그 법관이라는 사람 앞에
스스로 가 저희들이 그 심판을 앞당겨
받고자 하는 그와 같은 형국이며, 저
희들이 자수하는 그와 같은 너희들의
형국이 이루어지는 것이 바로 그들이
너에게 밀어붙이는 그 강한 힘의 속도
와 그들의 행하는 것이니라.
18 그리하여 스스로 저희들이 지은 죄에
대한 그 대가를 받기 위한 그 심판을
앞당기는 것이며, 그리하여 그들은 그
심판에 따라 저희들의 죄질에 따라 지
옥으로 그리 갈 것이니라.
19 그러니 너희는 두려워하지 말며, 너의
제자들은 어떠한 강한 바람이 불어닥
친다 해도, 어떠한 형국의 모든 인간
의 파도요, 인간의 회오리바람이 너희
들을 공격한다 해도 그들은 너희들을
쓰러트리지 못할 것이며,
20 스스로 저희들이 지은 죄를 자수하며
미리 심판을 받고자 심판대의 법관 앞
으로 달려오는 그와 같은 형국을 자초
하는 행동이라는 것을 스스로 알게 될
것이니, 저희들이 쓰러지는 것을 먼저
당겨 쓰러져 가는 그와 같은 형국이니
그리 알라.

## 3,145 번째 하나님 말씀

*2002년 8월 27일 0시 39분*

1 사랑하는 나의 아들아!
2 샘물이 솟아 흐름이니 윗물이 맑아야
아랫물도 맑으며 그와 같이 흐름이니
라.
3 그러나 지금의 종교 집단 너희들이 어
찌 가고 있는가?
4 너희들은 잘못 가는 그 뿌리가 너무나
도 깊고 깊어져 있음이니라.
5 그리하여 위에는 위대로 너희들의 부
패함을 바로잡을 수 없으며, 진정한
믿음의 길이 아닌 저희들의 인간의 구
상에 의하여 가는 그와 같은 행사요,
그와 같이 저희들이 성전을 운영하며
지탱하는 거기에 맞추어 지금 가는 믿
음이니,
6 위는 위대로 너희들의 그 혼탁한 것을
바로잡을 수 없으며, 아래는 아래대로
또한 그들이 잘못 가고 있는 것을 바
로잡을 수 없는 그와 같은 형국이 이
루어진 것이 지금의 종교 지도자 너희
들이 가고 있는 형국임을 알아야 될
것이니라.
7 그리하여 지금 나의 피조물 만백성을
구원한다는 그 믿음의 길이요, 그 교
리요, 설교를 하며 가르치는 그 종교

집단이 위는 위대로 바로잡을 수 없으며, 아래는 아래대로 바로잡을 수 없는 그와 같은 지금의 너희들의 집단의 형국이 이루어졌음이니,=
8 지금 나의 이 지상의 낙원을 너희들이 오염시킬 대로 다 오염시켜 그 오염시킨 도가 너무나 지나침이니, 그를 어떠한 것으로써도 바로잡을 수 없는 그와 같은 지금의 형국이 이루어졌음이니라.
9 나의 아들 예수가 세상에 다시 내려가 재림했다 하여도 너희들은 그 말을 듣지 아니할 것이며, 인간이 설교하고 가르치는 저희들의 종교 지도자들의 말 외에는 그 누구의 말도 들으려 하지 아니하는 것이 너희들이니라.
10 그리하니 이것을 무엇으로 잡겠는가?
11 이를 바로잡을 수가 없기에 내가 제3의 시대를 열어 나의 성령으로써 세상에 내려보내어 법전이라 하여 책으로 만들어 너희들에게 전함이니, 그 성령이요, 그 뜻이 나와 같이 임한다 하였음이니라.
12 너희들은 지금까지 흘러오는 세월이 2천 년의 그 암흑 속에서 흘러오면서 위는 위대로 아래는 아래대로 너희들이 잡을 수 없는 그와 같은 혼탁한 형국에 이루어져 있음이니, 이를 과연 어찌 잡아야 하겠는가?
13 그리하여 내가 너희들에게 내리는 것이 나의 법전으로써만 그를 잡을 수 있으며 나의 성령의 가르침으로써만 그들을 잡아 갈 수 있기에 내가 지금 제3의 시대에 새로운 역사를 이루는 이와 같은 길을 가고 있음을 너희들은 알아야 될 것이니라.
14 지금의 백성 너희들은 지금 나의 아들이 세상에 내려가 나의 성령을 너희들에게 전하며 하늘에 오르는 참진리의 길을 인도하며 너희들에게 깨우쳐 주며 그 빛을 너희들이 볼 수 있도록 그리 가르쳐 주고 있음이니,
15 너희들은 지금 이 시대에 나의 아들과 더불어 살아가는 그 영광이 얼마나 위대하고 너희들에게 소중한 시대인가를 알아야 될 것이니라.
16 이제 내가 나의 법전을 통하여 대변화의 전환기를 만들고자 함이니, 이는 너희들이 스스로 깨우쳐 너희들 자신이 선과 악을 구별하는 그와 같은 노력이 없이는 이를 변화시킬 수 없음을 알아야 될 것이니라.
17 너희들 스스로 변하며 너희 스스로 진리를 알며, 너희 스스로 하늘에 오르는 참된 빛이 무엇이며 지옥으로 가는 가르침의 길이 무엇인가를 깨우쳐 판단하는 그와 같은 시대가 이루어지지 아니하면,
18 아무리 내가 제3의 시대에 법전을 내려 나의 뜻을 너희들에게 전한다 해도 너희들 개개인이 변화되어 너희들의 종교 집단이 변화되는 그와 같은 형국이 이루어지지 아니한다면 이를 잡을 수 없음이니라.
19 그리하여 이제는 너희들 스스로 바로 서는 개인이 변화되어야만 모든 것이 이루어진다는 것을 알아야 될 것이며,
20 너희들이 변화되는 것 또한 너희들이 나의 법전을 읽고 그 뜻을 깨우쳐 그 속에 내가 너희들에게 전하는 것을 깨

달을 때 너희들 자신이 바로 설 수 있
다는 것을 알아야 될 것이며,
21 너희들은 이 세상에 나의 법전이 나가
는 것 또한 나 여호와의 뜻이요, 내가
창조하여 만드는 것이니, 너희들은 이
단이요, 사탄이라 경시하며 보지 말라
하는 그 종교 지도자들의 말에 귀 기
울이지 말며, 너희들이 스스로 정독하
여 깨우쳐 바른길을 오를 수 있도록
그리해야 할 것이니 그리 알라.

## 3,146 번째 하나님 말씀

*2002년 8월 27일 07시 22분*

1 사랑하는 나의 아들아!
2 **"네, 아버님! 말씀하옵소서."**
3 내가 너의 명을 연장했으며, 내가 너
를 죽은 자 가운데 다시 살아나며 태
어난 자라 말하였으며, 너는 죽은 자
라 하였음이니라.
4 이제 네가 나의 뜻을 받아 법전이라는
책을 세상에 만들어 내며, 네가 나의
성령을 받아 지금 3부를 완성해 가고
자 노력함이니,
5 너의 깨달음이요, 너의 경지가 온 백
성의 누구도 따를 수 없을 만큼 너 자
신이 가고 있음이니, 내가 너를 무어
라 말하였더냐?
6 나의 법전이요, 나의 성령으로써 기록
된 이 책을 읽고 깨닫는 자, 그 모두는
어린아이 남녀노소 할 것 없이 하얀
드레스를 입은 신부가 된다 하였음이
니,
7 지상의 모든 신부는 나의 아들 너만이
신랑으로서 그들을 받아들임이니, 그
리하여 그들이 나의 품에 오를 수 있
도록 네가 지상에서 그 역사를 이룬다
하였음이니라.
8 그와 같은 대명을 받은 자, 너는 너 자
신이 아님을 알아야 될 것이니라.
9 이제 너는 너 혼자만이 사는 것이 아
니요, 너희들 인간사에서도 한 가정을
이루었을 때 그 가정을 이끌어 가는
책임이 공동으로 있듯이,
10 내가 나의 법전을 읽고 깨우친 백성들
을 어린아이요, 노인이요, 남녀노소
할 것 없이 그들은 하얀 드레스를 입
고 식장에 들어가는 그 고운 마음의
신부라 하였음이니,
11 지상에서 인간 세계에서 신부가 된 그
신부들을 맞이하는 것은 오로지 너 하
나, 나의 아들만이 신랑이라 하였음이
니라.
12 그리하여 너를 통하여 그들이 내 품에
오르는 그 역사가 시작하였음이니, 이
제는 너는 네가 아님을 알라.
13 나로부터 생명을 연장받아 세상에 나
간 너에게 죽은 자의 삶을 살라 그리
내가 말하였으니, 네가 이제 죽은 자
의 모습으로써 살아가고자 하는 그 경
지를 넘어가고 있음이니, 이제 너는
너 혼자가 아니며, 네 몸은 네가 아님
이니라.
14 만백성을 구하는 나의 대명을 받은 자
요, 네가 모든 이에게 보임이 어찌 사
느냐에 따라서 만백성이 너를 따르며
나의 법전을 읽고 깨우치는 그와 같은
역사를 이루는 것이 너이니,
15 네가 하나의 움직이는 것이요, 네가
하나 행동을 하는 것이요, 네가 어떠

한 것을 만들든, 네가 어떤 누구와 상
대를 하든, 너는 네가 아니며 이제 만
백성의 것임을 알아야 될 것이니라.
16 네가 신랑이라 내가 그리 명하였으니,
너는 이제 신랑으로서 거느리는 자가
있으며 네가 또 그들을 위하여 노력하
는 자가 있음이니, 많은 신부의 신랑
으로서 너는 네가 아니라는 것을 깨달
아야 될 것이니라.
17 네가 먹고 자는 것, 모든 행동은 네 것
이 아니며, 너는 책임을 져야 될 사람
들이 있는 그와 같은 네 삶이니, 모두
를 위하여 너는 살아가는 자이니, 이
뜻을 너는 깨우쳐야 될 것이니라.
18 그리하여 네가 네 앞으로 재물을 모아
서도 아니 되며, 네 명의로 재물을 모
아서도 아니 되며, 또한 네가 그리 갈
수 있음을 나는 알고 있음이니라.
19 모든 행동은 이제 네 것이 아님을 알
아야 될 것이며, 깨우쳐 오는 만백성
의 소유물임을 너는 알아야 될 것이니
라.
20 너는 만백성이 깨우쳐 신부가 되어 오
는 사람들의 것이며, 그 사람들을 위
하여 네가 존재하는 것이지, 너 자신
을 위해서 있는 것은 아님을 알아야
될 것이니라.
21 바로 이와 같은 이치이니라.
22 만백성을 다스리는 종교 지도자들이
바로 그와 같은 사람이 되어야 되는
것이니라.
23 정녕 나로부터 선택된 종교 지도자는
저희 것이 하나도 없음이니라.
24 그가 먹고 자고 행동하는 그 모두가
다 만백성을 위해서 이루어지는 것이
며, 제 것이 아님을 알아야 될 것이니
라.
25 그리하여 너희들은 그와 같이 나의 아
들과 같이 신랑이 된 자, 그는 만백성
이 그를 심판할 수 없다 하였음이니라.
26 심판할 수 없는 것은 무엇인지 알겠는
가?
27 나 여호와의 뜻을 받아 전하는 그를
가르치는 지도자로서 심판을 받지 않
는 것이 아니라, 만백성보다 높이 경
지에 오르며 그의 삶이 바르며 천사와
같은 삶을 살았을 때, 그 백성들이, 신
도들이 스스로 그를 평가하지 못하는
것이니라.
28 여기에 엄청난 차이가 있음을 너희들
은 알아야 될 것이니라.
29 내가 너희들에게 명한 것은, 나의 지
도자라는 것은, 나의 뜻을 가르치는
지도자는 백성들보다 깨우침이요, 행
함이 맑고 깨끗하여 감히 그들이 따라
올 수 없는 경지에 올라 나의 심성이
요, 천사와 같은 삶을 사는 종교 지도
자는 그 부족한 백성들이 그를 심판하
고 탓할 것이 없는 바른 삶을 살기에
그러한 자를 너희들이 심판할 수 없다
하였음이니라.
30 너희들이 죄가 많은 자가 죄 적은 자
를 심판할 수 없는 것과 마찬가지이니
라.
31 너희들이 초등학교에 다니는 어린아
이가 대학원이요, 너희들이 말하는 사
회의 저명인사를 학문적으로는 가르
칠 수 없지 않더냐?
32 바로 그와 같은 것이니라.
33 그리하여 내가 그와 같은 뜻을 너희들

에게 전하였음이니라.
34 부족한 아랫사람이 충분히 가지고 있
는 지식인에게 무엇을 가르칠 수가 없
지 않은가?
35 바로 그것이니라.
36 하늘을 향하여 천사요, 신과 같은 마
음이요, 십계명을 완벽히 지키고 가는
그와 같은 종교 지도자는 그 신도가
평할 수 없다는 뜻이니라.
37 그리고 당연히 십계명을 지키며 나의
법전에 기록된 내용대로 따라 그는 천
사가 되어 있는 자이기에 많은 백성이
요, 신도들이 감히 그를 평가하지 못
하느니, 신은 누가 평가하는가?
38 나 여호와만이 평가할 수 있음이니라.
39 곧 나의 아들이요, 신랑이라 말하는
나의 아들은 내가 그를 평가함이니라.
40 그러나 너희들은 종교 지도자가 저희
들 스스로 신이 되고자 하며, 만백성
이 너희들의 가르침의 행함이 앞에 가
있으며 높은 경지에 올라 있어, 그리
하여 그들이 심판하지 말라 하였거늘,
41 너희들은 무조건 살아가는 것은 추하
고 더러운 짓을 하며, 저희 신도들이
요, 저희 밑에 와 성서의 가르침이요,
설교를 듣고 교리를 배워 하늘에 오르
는 길에 오르고자 하는 그 백성들보다
열배 백배 천배 간악한 짓을 하며, 더
더럽고 추한 짓을 하며, 저희들이 법
에 저촉되는 행위를 하며 질서를 파괴
하는 그런 더럽고 추한 자가 그 훌륭
한 저의 신도들에게 저를 평가하지 말
라 함이니, 어찌하여 그들이 그를 평
가하지 못하는가?
42 완전히 경지에 오른 자로서 신의 경지
에 오른 종교 지도자를 그 신도들이
감히 평가할 수 없음이니, 그는 단점
이요, 나쁜 점이요, 남에게 해가 되는
점이요, 유리로 비추어 보아서 한 점
의 잘못이 없기 때문이니라.
43 유리로 비추어 한 점의 부끄러움이 있
으며 추한 모습이 있는 자는 인간의
세상에서 벗어나지 못하였기 때문에
인간인 너희들에게 당연히 심판을 받
아야 되며, 너희들에게 단죄를 받아야
되는 것이니라.
44 이와 같은 이치가 여기 있거늘, 너희
들은 그것은 가르치지 아니하며, '나
는 종교 지도자로서 완벽한 사람이 되
어 있지 아니하면, 여러분들이 완벽한
사람이 될 수 있도록 심판하며 훈련시
켜 다듬어 주시는 것이 여러분들의 뜻
이오.' 그리 가르치며 제가 그들보다
경지가 높아 신도들이 제 앞에 스스로
고개 숙일 때 저를 감히 평가할 수 없
는 것이라 하였음이니라.
45 깨달음이 낮은 자가 깨달음의 경지가
높은 자를 심판할 수 없다는 뜻이 거
기에 있으나, 너희들은 금화와 은화를
거두어들이며 나의 백성들을 유혹하
여 너희들에게 속해 있는, 너희들에게
필요한 물건인 양 그들을 마음대로 이
용하고 부리고 씀이니,
46 그와 같은 짓을 하면서 너희들이 편안
한 삶을 살기 위하여 너희들은 감히
나 여호와 외에는 단상에 선 종교 지
도자를 심판할 수 없다 말함이니,
47 도둑질하는 종교 지도자요, 간음하는
종교 지도자요, 사기하는 종교 지도자
요, 더럽고 추한 짓으로 온갖 만행을

하는 자를 어찌 심판할 수 없다 말하
는가?
48 그들을 단죄하는 것이 너희들의 몫이
니라.
49 그는 경지에 오르지 못한 자요, 인간
의 형태로 살아가기 때문에 바로 너희
들이 그들을 단죄해야 하는 것이니라.
50 다만, 신의 경지에 올라와 너희들이
감히 따라갈 수 없는 그와 같이 훌륭
하고 모범적인 삶을 살며, 그와 같이
나의 심성으로 살아가는 자, 세상 모
두를 다 사랑으로 볼 수 있으며, 저 자
신은 제 것이 아니며 만백성의 것이라
는 것을 깨우쳐 그를 그와 같이 가르
치고 곱고 바르게 가는 자를 심판할
수 없다 하였음이니라.
51 가장 추한 짓을 하는 종교 지도자를
심판하지 아니하면, 그가 도둑질하는
자면 그 신도들은 도둑질하는 도둑놈
에게 강의를 듣는 것이며 도둑질을 배
우는 것이며, 사기 짓 한 자에게 듣는
자는 그 사기꾼의 사기하는 것을 배우
는 것이며, 종교 지도자가 간음하는
자는 간음하는 것을 너희들에게 가르
치는 자이니, 그와 같은 자를 어찌하
여 너희들이 단죄할 수 없다 말하는가?
52 그는 너희들이 바로 단죄하며, 너희들
이 그와 같은 자를 따라 지옥으로 가
서는 아니 됨을, 내가 지금 나의 아들
을 통하여 내리는 이 뜻을 너희들이
깨닫고도 그와 같이 말하는 종교 지도
자를 따라가며 그 밑에 가서 배우며
그들을 따라가는 너희들은 지옥행으
로 간다는 것을 잊지 말라.
53 내가 나의 아들을 통하여 법전에 기록
하였으니, 이를 읽는 자 바로 서지 못
할 때 너희들은 구원을 받지 못할 것
이며, 내가 너희들에게 다 공평하게
한 번씩의 기회를 주기 위하여 내가
반복하는 가르침과 반복하는 나의 성
령의 뜻을 160권의 법전에 기록하여
세상에 내림이니 이를 깊이 깨우치라.

## 3,147 번째 하나님 말씀

*2002년 8월 27일 07시 38분*

1 사랑하는 나의 아들아!
2 지금 길고도 긴 세월 속에 수천, 수억
의 나의 피조물 만백성이 세상을 살아
가며, 그들은 또한 종교 집단이요, 저
희들이 만든 그 성전에 가 구원의 길
을 가고자 모두를 다 바쳐 살아왔으
나, 그들이 신부가 되어 나의 품에 올
라온 자 없다 말하면 너희들은 믿겠는
가?
3 지금 모든 종교 집단이 깨우쳐 너희들
을 하늘로 인도하여 간다는 그 믿음의
길을 가고 인도하는 자들, 너희들의
가장 큰 문제점이란 너희들 자신이 행
하고 있는 믿음이 나의 뜻과는 관계없
는 길로 달려가고 있다 함이니라.
4 너희들이 말하기를 구원의 길로 달려
가는 것이며, 너희들이 지은 성전에
가 금화와 은화를 바치며 하늘에 재물
을 많이 쌓아 놓으면 너희들은 축복을
받아 천당이요, 천국의 문을 열어 간
다 그리 배우고 그리 가르치는 그와
같은 자, 지금의 너희들이 나의 뜻과
는 관계없는 믿음을 가고 있음이니라.
5 또한, 종교 지도자라 하여 가르치는

그 자체가 성서에서 내가 원하는 뜻을
모르며 내가 이루고자 하는 것까지도
알 수 없음이니, 너희는 겉만을 보고
평가하는 그와 같은 믿음의 길을 가고
있으며, 또한 그 길을 따라가는 것이
지금 신도들이라 하여 만백성이 가고
있는 것이니라.
6 그리하여 너희들이 지금 천국의 문으
로 가는 것인지, 지옥의 문으로 가는
것인지 그 자체를 구분을 못 하고 있
음이니, 너희들은 죄를 짓고 그 죄의
길로 가르치며 가고 있으면서도 이를
알지 못하는 것이 너희들의 크나큰 문
제임을 알아야 할 것이니라.
7 그러면서 너희들이 행하고 있는 그 길
이 죄가 되는 것이요, 또 너희들이 어
찌 가는지 그 자체를 수천 년 동안 그
많은 나의 백성들이 오면서 그것을 모
르며, 그저 저희들이 잘못 가르치며
세 치 혓바닥으로 현혹하여 저희 손으
로 지은 성전에 와 '아멘!'이요, '할렐
루야!' 하며 찬송 부르는 자는 구원의
길이라 그리 여태껏 알고 있었음이니,
8 그들 자신이 지옥 불 열차를 타고 달
려가는 것조차도 인식하지 못하며, 너
희들이 지금도 과거의 너희들의 믿음
과 같은 그 속에서 살아가는 것이 가
장 너희들에게 억울하고 분한 하나의
문제점이라는 것을 모르고 있음이니
라.
9 그러면서 너희들은 또 무어라 말하는
것이냐?
10 너희들은 착각 속에서 믿음을 가고 있
으며, 나와는 전혀 관계없는 환상 속
에서 가짜의 찬란한 빛을 보며 진정한
참진리의 빛이 아닌 그를 보고 믿음을
오니, 너희들이 무어라 말하느냐?
11 너희 손으로 지은 성전에 가 기도하고
경배하는 자는 십자가에 못 박혀 그
고통스럽게 죽어 간 나의 아들의 보혈
로써 구원받았다 생각하며, '저희를
구원하여 주옵소서.' 그와 같은 기도
를 함으로 너희들은 구원을 받았다 그
리 말하고 있음이니,
12 너희들은 나에게 구원을 받는 길을 너
희들이 지은 성전이라는 그곳에 가
'주여! 여호와 하나님! 저를 구원하여
주옵소서.' 하고 기도하면 너희들은
다 구원을 받았으며, 너희는 구원의
길에 들어선 양 그와 같이 착각하고
살아가는 것이니,
13 너희들은 이 생각부터 바꾸지 아니하
면 너희들이 얼마나 무서운 문제점을
안고 살아가는 것인가를 죽어 내 앞에
왔을 때 알 수 있음이니라.
14 너희들은 지금과 같이 살아가는 그 방
법이 회개의 생활이요, 그것이 회개가
되는 생활이라 착각하고 살고 있으니,
그 자체가 너희들에게 크나큰 문제임
을 알아야 될 것이니라.
15 그저 성전에 가면 보혈로 우선 구원을
받으며, 또 거기에 재물을 하늘에 많
이 쌓으며, 너희들의 종교 지도자 앞
에 재물을 많이 바침으로써 구원을 받
는다 그리 생각하며,
16 너희들은 '주여, 하나님! 저희를 용서
하여 주옵소서. 저희 죄를 사하여 주
옵소서.' 그리 말로써 기도하면 다 용
서되며 구원을 받는다 그리 생각함이
니, 너희들이 여기서 얼마나 무서운

착각의 길로 가고 있는가를 알아야 될
것이니라.
17 '구원하여 주옵소서. 용서하여 주옵소
서. 저를 구제하여 주옵소서. 천국의
문을 저에게 열어 주옵소서.' 너희들
이 손으로 지은 두꺼비집 같은 그 성
전에 가서 울며불며 기도하고 나오면
너희들은 회개가 됐으며 구원을 받았
다고 너희들이 일상생활의 믿음과 너
희들의 생활 속에서 그와 같이 가고
있음이니, 이게 얼마나 어리석고 우매
한 행위인지 너희들은 알고 있는가?
18 더욱이 너희들은 여기서 또 그리하면
구원을 받는다 가르치고 있음이니, 이
는 꿈에도 생각해서는 안 될 것이니라.
19 그러면서 너희들의 육의 삶의 생활을
무시하며, 너희들은 육의 삶은 구원의
길과는 아무런 관계가 없다 말하며,
그저 말로써 시부렁대면서 '구원하여
주옵소서. 회개하옵나이다. 주여! 저
에게 천국의 문을 열어 주옵소서.' 그
리 말로써 하면 구원을 받는 것이요,
20 생활에 추하고 더러운 행위이든, 남에
게 거짓 하는 행위를 하든 믿음만 가
지면 그저 구원을 받는 것이라, 너희
들의 성전으로 가서 기도하는 것만이
구원을 받는 것이요, 울부짖으며 찬송
하는 것이 구원받는 것이요, 광란의
짓을 하면서 구원을 받는 것이요, 그
와 같이 사는 것만이 구원을 받는 길
이라 그리하여 너희들은 몇 푼의 금화
와 은화를 놓고 가 성전에 바쳤으니
모든 지금까지 살면서 지은 죄는 다
사함을 받았다 그리 말하느니라.
21 그리고 인간 삶의 생활이 하늘에 오르
는 기본이라 하였거늘, 그 질서를 파
괴하고 추하고 더러운 그와 같은 행위
를 너희들이 계속하고 살아감이니,
22 내가 이와 같은 너희들의 잘못 감을
불쌍히 여겨 이를 더 볼 수 없어 너희
들을 구원하고자 단 한 번의 기회를
너희들에게 다시 주는 것이 무엇이던
가?
23 내가 나의 아들을 통하여 십계명을 지
키는 것만이 구원의 양식이라 말하여
가르치며, 이는 너희들이 바늘구멍만
한 실수의 오차도 있어서는 아니 되며
철저히 지켜 하늘에 오르는 길이 거기
있음이라 말하며,
24 내가 나의 아들을 통하여 밤과 낮을
가리지 아니하고 나의 법전이라 하여
내 성령을 기록하여 책으로 너희들의
손에 쥐여 주는 것이요, 이것이 너희
들을 구원하고자 함이니라.
25 너희들은 여기서 육의 생활에 사는 그
속에서 행함이 가장 중요하며, 나의
법전을 읽고 깨우치는 것이 구원의 길
임을 알며, 이것이 내가 너희들에게
마지막 기회를 주는 가장 큰 영광의
역사임을 그리 알라.

## 3,148 번째 하나님 말씀

*2002년 8월 27일 08시 05분*

1 사랑하는 나의 아들아!
2 "네, 아버님! 말씀하옵소서."
3 너희들을 가르치는 성서에 기록되어
있기를, '구하라 그러면 너희에게 주
실 것이요, 찾으라 그러면 너희들이
찾을 것이요, 문을 두드리라 그러면

열릴 것이니라.' 그와 같이 너희들의
성서의 기록도 내가 너희들에게 깨우
침을 일깨워 줌이 있느니라.
4 그러나 이를 너희들은 어찌 생각하며
어찌 그를 가르치는가?
5 너희들은 그 모두가 육의 삶의 부귀와
영화를 위하여 내가 너희들에게 내린
그와 같은 뜻으로 생각하며 그리 가르
침이니라.
6 그리하여 너희들이 손으로 지은 그 성
전에 가 나의 아들 예수의 보혈로써
구원을 받았다는 그와 같은 너희들의
그 말과 그리고 금화와 은화를 많이
바침으로 인해서 너희들이 지은 죄를
사함 받으며, 하늘에 많이 쌓음으로써
하늘에 올라가 받을 복이 많이 있다
함이니, 이는 말도 안 되는 억지 같은
소리를 너희들이 하고 있음이니라.
7 그래서 너희들을 그리 가르치며 그리
이끌어 가고 있음이니, 이를 어찌하여
야만 되겠는가?
8 너희들의 육의 삶을 위하여 그와 같이
성서에 기록되어 있음이 아님을 너희
들은 알아야 될 것이니라.
9 내가 이 세상에, 이 지상의 낙원에 너
희들의 모든 생명체를 가진 것은 누가
만들었다 하더냐?
10 내가 다 너희들의 생명체를 가진 것을
만들었음이니라.
11 그리고 너희들의 생명에 내가 영혼을
불어넣었음이니, 내가 가장 예쁘고 아
름다운 모습으로 만든 것이 너희들 인
간인 것이니라.
12 그리하여 너희들은 나로부터 생명을
받아 세상에 나갔음이니, 너희들이 생
각하기에는 선한 자만이 나에게 생명
을 받아 간 자요, 악한 자는 나로부터
생명을 받지 아니하였다 그리 생각할
것이니라.
13 그러나 선한 인간도 악한 인간도 그
모두가 다 나로부터 생명을 받아 세상
에 나간 것이니, 나는 그들 모두를 사
랑함이라 하는 뜻이 여기에 있음이니
라.
14 그러니 너희들은 너희들의 성전에 와
기도하고 경배하며 재물과 금화를 바
치고 찬송을 부르는 그들만이 구원을
받는다 그리 말하며,
15 거기에 온 자들만이 재물을 얻을 수
있으며, 너희들이 그저 구하면 너희들
에게 무엇이든지 줄 것이며, 찾으면
찾을 것이라 그리 말하며, 두드리라
그러면 천국의 문이 열릴 것이라 그리
말하니, 이 얼마나 너희들이 웃지 못
할 광경으로써 그들을 가르치는 것인
가?
16 나는 여기에 그 뜻이 있음이 아니니라.
17 내가 정녕 이와 같은 뜻을 너희들에게
내린 것은, 내가 이 세상의 모든 동식
물이요, 모든 생명을 불어넣었듯이 인
간인 너희들도 나의 영혼으로써 지금
살아감이니, 나는 너희들이 구분하는
선한 백성이요, 악한 백성이요, 그 구
분함이 없음을 내가 너희들에게 말함
이니라.
18 내가 너희들의 악하고 선한 것은 좁쌀
만큼도 차이가 없다 하였음이니, '구
하라, 그리하면 너에게 주실 것이라'
하는 것은, 이는 내가 너희들에게 가
르쳐 주기를, 악한 자도 선한 자도 똑

같이 내가 생명체를 불어넣었으니 너
희들이 구하면 구할 수 있다는 것이
며, 내가 너희들에게 줄 것이라는 것
은 영혼의 구원의 기회를 너희들에게
준다는 뜻이니라.
19 너희들이 여기서 이 이치를 반드시 깨
우쳐 만백성에게 전하여야 할 것이니
라.
20 이것은 육을 위한 것이 아니요, 내가
너희들에게 그리 기록해 준 것은 선하
게 사는 자, 악하게 사는 자, 그 모두
를 다 똑같이 내가 사랑함이며 나에게
소중한 자식이니 아들과 딸들이라, 그
래서 구하라 그러면 너희들에게 똑같
은 기회를 내가 준다는 뜻이 여기에
있는 것이니라.
21 그리고 너희들은 어찌하여 '두드리라,
그리하면 열릴 것이니라.' 그와 같은
말로써 나의 피조물 백성들을 우롱하
는가?
22 하늘의 천국의 문이 너희들이 두드린
다고 열릴 수 있으며 소리 지른다고
열릴 수 있던가?
23 너희들의 인간사에 남의 집 대문에 가
소리 지르고 악을 쓰고 발길질하면 그
주인이 귀찮아 문을 열고 물어보며 열
어 준다 그리 생각하는가?
24 이것이 너희들이 어리석은 자요, 종교
지도자들이 지금 잘못 가르치고 잘못
가고 있음이며, 또 배우는 신도라는
너희들도 잘못 깨우쳐 가고 있음이니,
25 천국의 문은 나만이 열 수 있음이니,
그는 두드린다 하여 열리며 소리 지른
다 하여 열리는 것이 아니라, 너희들
이 두드리라는 것은 나의 계명을 지키
며 내가 내려 준 십계명대로 살며 그
리 살고자 노력하는 자, 그와 같이 노
력하는 그 자체가 천국의 문을 두드리
기 위하여 너희들이 달려가는 것이지,
26 너희들이 죄짓고 사악한 행위를 하며
추한 짓을 하며 나의 계명을 어기고
산 자들이 와서 소리 지르고 두드린다
고 해서 열린다고 생각하는가?
27 죄지은 자는 천국의 문에 올 수 없으
며 그를 볼 수도 없음이니라.
28 그 문을 들어설 수 있는 천사와 같은
심성을 가지고 살며, 너희들이 나의
마음과 같은 것을 가지고 사는 자, 그
들만이 올 수 있음이니라.
29 내가 이 구절을 내린 것은 선한 자, 악
한 자라 너희들이 말하는 그 모든 어
떠한 생명체를 가진 백성들은 너희들
이 다 두드리면 내가 열어 준다는 그
와 같은 것은 너희들이 노력하여 구원
을 얻고자 달려오는 자는 구원을 얻어
서 나에게 올 것이며,
30 그리하여 내가 평가하여 너희들에게
문을 열어 주는 똑같은 기회의 균등을
준다는 뜻에서 이 구절을 내렸음이니,
이를 바로 깨우쳐 나의 피조물 만백성
에게 가르치도록 그리하라.
31 너희들의 육을 위해서 한 것이 아님이
니라.
32 나의 아들딸들이요, 나의 백성들이 험
악한 자, 악한 자, 선한 자, 사악한 자,
사탄 앞에 가 있는 자, 사탄이 된 자,
그 모두를 내가 다 사랑하기에 그 모
두에게 내가 생명체를 넣어 주었으니
그게 무엇이더냐?
33 나의 혈통이요, 나의 자식들이 아니더

냐?
34 그러니 그들에게 똑같이 기회를 준다
는 뜻이니, 악한 마음을 먹고 산다 하
여 너희들이 두려워 중단하며, 사악한
자 앞에 가 있다 하여 너희들이 주저
하지 말라 함이니라.
35 선하게 산다 하는 자도 너희들이 얼마
만큼 선하게 살고 안 사는지는 내가
평가함이니, 나로부터 생명체를 받아
가 악한 자가 됐든, 사탄이 됐든, 선한
자가 됐든, 천사가 되었든, 누구든 다
너희들이 구하라, 그러면 너희들에게
똑같은 기회를 준다는 그와 같은 나의
말뜻이 여기 있음을 알아야 될 것이니,
36 이 이치 하나도 깨닫지 못하는 자들이
어찌 나의 피조물 만백성을 구한다 하
는가?
37 그러니 너희들은 성서의 깊이를 모르
며 그저 그 흰 종이에 쓰인 글자를 읽
고 읽는 그것으로써 나의 피조물 만백
성을 인도하고 가르친다 그리하는 어
리석은 길을 지금 가고 있으니, 나의
법전을 정독하라.
38 나의 법전을 가슴에 안고 정독하고 또
정독할 때 진정한 그 모든 답이 있음
이니라.
39 너희들은 내가 만든 이 지상의 성전에
서 내가 마지막 내리는 나의 법전을
읽고 정독하고 그것에서 깨우쳐 너희
들이 기도하는 법을 배우며, 너희들이
살아가는 행위를 배우며, 너희들이 어
찌 살아가며 어찌 가는 것이 하늘에
오르는 길인가 그 모두를 알기 쉽게
기록하였으니, 그대로 행하면 될 것이
니,
40 너희들의 손으로 지은 성전에 평생 금
화와 은화를 바치며 하늘에 재물을 쌓
아 놓는다 하여 갖다 바치는 어리석은
짓을 하지 말라.
41 그 모두는 너희 죄를 너희들이 가중함
이니, 첫 번째는 나의 재물을 함부로
씀이며, 두 번째는 나의 뜻을 어김이
니라.
42 여기에 너희들의 죄가 무서움을 알라.

## 3,149 번째 하나님 말씀

*2002년 8월 27일 08시 17분*

1 사랑하는 나의 아들아!
2 길고도 긴 세월 속에 이 세상에 태어
나 죽어 간 나의 피조물 만백성과 너
희들 모든 생명체는 나의 주관하에,
나의 뜻에 의하여 나의 형체가 그 형
체로 만들어지지 않은 것이 없음이니,
3 모든 생명체를 가진 너희들은 내가 주
관하여 나의 뜻에 의하여 내 형체를
만들어 주었음이니, 내가 만들지 아니
한 것이 세상에 없음을 너희들은 알아
야 될 것이니라.
4 또한, 너희 인간들은 모든 생명을 불
어넣어 준 동식물들 중에 가장 예쁜
형상으로, 가장 너희들이 생활하기에
너희들도 감히 상상할 수 없는 그와
같은 편안한 모습으로 만들어 세상에
내보냈으며, 가장 아름답고 예쁜 형상
으로써 내가 만든 너희들을 세상에 내
보내며, 너희들이 하늘에 오르는 길이
100점이라는 점수라면 60이라 하는
점수는 너희들이 그 속에서 노력하는
만큼 육의 영광과 모두를 얻어 살 수

있도록 그리 만들어 주었음이니,
5 그 속에서 내가 모두를 너희들에게 무
상으로 내려 주며, 그 속에서 너희들
이 나의 계명을 지키고 살아 하늘에
와 구원을 받으라 하는 것이 나의 뜻
이라는 것을 너희들이 다시 한 번 마
음속에 깊이 새겨야 될 것이니라.
6 너희들은 나 여호와의 아들과 딸들이
며, 인간은 나의 영적인 뜻에 의하여
나의 영적으로 이루어졌으니, 너희들
은 영적인 나의 자녀이니라.
7 그러하기에 내가 너희들에게 육의 삶
을 마쳐 나의 품으로 돌아오라 하는
것은 너희들이 피할 수 없는 길이며
당연한 것이거늘,
8 그리하여 너희들에게 나에게 오는 그
깨달음을 위하여 너희들이 육의 세상
의 삶을 잘못 살아 너희들이 깨우쳐
하늘에 나의 품으로 오는 그 지표를
모르기에,
9 내가 구약과 신약 모두를 압축하여 나
의 십계명을 너희들에게 내려보내어
그 생활의 지표를 삼아 그를 보고 깨
우치고 깨달아 그리 행하며 순종하고
사는 백성으로 살다 하늘나라에 나의
품에 오라 그리 내가 너희들에게 모두
를 다 내려 주었음이니, 여기서 너희
들이 부족함이 무엇이 있는가?
10 모든 인간관계에 모든 생명을 가지고
있는 동식물 중에 너희들을 가장 예쁘
고 아름다운 모습으로써 만들었으며,
너희들에게 내가 살아갈 수 있는 모든
능력을 주었으며, 너희들의 손발이요,
너희들의 모든 것을 움직이고 사용함
에 있어서 너희들보다 더 편리하고 너
희들보다 사는 데 아무런 지장이 없도
록 만들어 놓은 생명체가 없음을 너희
들은 알라.
11 그러니 이 지상의 모든 생명체를 가지
고 있는 동식물 중에 가장 위대한 영
광과 축복이요, 나의 사랑을 받는 것
이 너희들이니,
12 그리하여 너희들은 살다 나의 영적으
로 이루어진 나의 자녀이기에, 나에게
올라와 나의 품에 와 영원히 사는 그
와 같은 영광의 천국에 오르도록 그리
하였으며,
13 또 너희들이 지표가 없어 흔들릴까 봐
너희들에게 생활의 지표를 내려보냈
으며 구원을 받는 너희들의 생활의 지
침서를 내려보낸 것이 바로 나의 십계
명이 아니던가?
14 너희들이 이를 지키며 살다 나에게 오
라 그리 만들었음이니라.
15 또한, 내가 너희들이 살아갈 수 있는
이 지구의 이 모두가 너희들이 죄를
지음을 용서 빌며 너희들이 깨달으며
나에게 회개하며 그리 살아갈 수 있도
록 이 지상이 곧 성전이요, 그 아름다
운 형태로써 이 지상을 꾸며 놓고 가
꾸어 놓았음이니라.
16 너희들이 자연의 그 아름다움을 보라.
17 흐르는 물이며 산이며 들이며, 그 모
두가 세상에 어느 곳을 가 보아도 아
름다운 정경이 없는 곳이 없으며, 너
희들이 경탄하지 않을 수 없는 그와
같은 아름다운 세상이 곳곳에 널려 있
으니,
18 나의 피조물 만백성이 그를 보고 느끼
며 그 아름다움 속에서 살 수 있도록

내가 나의 성전을 가장 아름답게 꾸며
놓았거늘, 너희들은 그를 보지 못하며
그를 깨닫지 못하느니라.
19 그리하여 세상에 가장 아름다운 폭포
요, 자연의 위대함이요, 나무 한 그루,
돌 하나, 흐르는 물 하나, 그 모두가
너희들을 위하여 나의 성전에 가꾸어
놓은 정원이라 하면 너희들은 어찌 생
각하는가?
20 이 세상의 자연의 아름다운 그 모두는
너희들을 위하여 내가 가꾸고 꾸며 놓
은 그 정원이니, 그를 너희들이 보며
다스리며 살라 하여 너희들에게 안 준
것이 없으며, 내가 너희들에게 내리지
않은 축복이 없거늘, 어찌하여 너희들
은 내가 내린 그 생활의 지표대로 살
지 아니하는가?
21 너희들은 다시 여기서 깨우쳐야 될 것
이니라.
22 이 세상의 모두가 나의 성전이니, 그
성전을 아름답게 꾸려 놓았음이니라.
23 너희들을 위한 정원이니라.
24 너희들이 너희 손으로 지은 그 성전이
라 하는 곳에 가면 과연 이와 같은 자
연의 위대함이 있던가?
25 그것들은 생명력이 없으며, 삶이 없으
며, 죽은 것으로써 너희들이 다 꾸려
놓은 것이 아니던가?
26 그리고 그곳에서 재물을 받으니, 나의
자연의 성전을 어찌 거기에 비교하겠
는가?
27 나의 자연의 성전에서 살도록 만든 너
희들이요, 세상을 통제하고 살도록 내
가 너희들에게 내렸음이니, 내가 내린
십계명을 그대로 지키면 될 것이거늘,
28 십계명에 있지도 않은 재물을 너희들
이 거두어들이며 성전을 지어 너희들
이 나의 피조물 만백성을 그곳에 모아
죄의 온상이요, 죄의 씨앗이요, 악의
씨앗의 훈련을 시킴이니,
29 곧 나의 백성들을 지옥으로 보내는 것
이 바로 너희들이 가장 큰 악의 씨앗
을 양성하는 곳인 너희 손으로 지은
그 성전이라는 것을 알아야 될 것이니
라.
30 어찌하여 이와 같이 아름다운 자연 속
에서 너희들이 보고 느낄 수 있는 정
원을 만들었으며, 너희들이 노력하면
살 수 있는 그 모두를 주었으며, 너희
들이 사는 데 하나의 불편이 없는 그
와 같은 형태로 만들어 세상에 내보냈
거늘,
31 어찌하여 너희들은 나의 뜻을 듣지 아
니하고 거역하는 믿음의 길에 평생을
바치며 그곳에 매달려 지옥으로 가는
삶을 살아가는가?
32 사랑하는 나의 아들딸들아!
33 지금 지옥으로 달려가고 있는 것이 너
희들의 믿음이니라.
34 자연 속에서 너희들이 기도하고 경배
하며 나에게 감사하며, 이 자연의 성
전에서 깨우쳐 가라.
35 그리하여 너희들이 이제는 스스로 깨
우쳐 가며 하늘에 오르는 길을 누구나
깨달을 수 있도록 내가 지금 나의 성
전에서 나의 법전을 만들어 글로써 책
으로 만들어 내려보내는 것은, 내가
나의 아들딸들이 지옥으로 가는 것을
바라볼 수 없기에 이와 같은 나의 아
들을 통하여 제3의 시대의 이 역사를

이룸이니,
36 내가 너희들을 사랑하기에 이와 같은
역사를 이루며, 너희들을 구원하고자
하는 나의 아픈 마음과 나의 가슴에
나의 사랑의 그 충만함을 너희들은 들
여다볼 수 없으며 깨달을 수도 없으며
감사의 기도를 드릴 수도 없는 것인가?
37 너희들에게 내가 다시 한 번 기회를
줌을 너희들은 감사하며 경배해야 될
것이니라.
38 그러나 너희는 어찌하는가?
39 이는 사탄이요, 사악한 자요, 이단이
라며 욕하고 짓밟으며 찢어 버리는 그
와 같은 삶을 사니,
40 어찌하여 너희들이 마지막 기회마저
도 나의 뜻에 어긋나는 행위를 하며,
나를 믿지 아니하며, 나의 말을 듣지
아니하며, 나와는 아무런 관계도 없는
그와 같은 삶이요, 나의 아들과 딸로
서 너희들이 등을 돌리고 돌아서는가?
41 이 법전의 내용을 읽고도 너희들이 깨
우치지 못하면 아니 됨이니라.
42 정독해서 깨우치라.
43 가슴에 안고 정녕 나의 성령의 책장을
열 때, 나 여호와가 너희들과 같이한
다고 했으니, 너희들과 내가 같이하고
있는 마음의 정성으로써 정독하고 깨
우쳐라.
44 그 안에 답이 다 있음이니라.

## 3,150 번째 하나님 말씀

*2002년 8월 27일 08시 32분*

1 사랑하는 나의 아들아!
2 **"네, 아버님! 말씀하옵소서."**
3 이 세상 나의 피조물 만백성이 살아가
며 내가 이루는 이 지상의 낙원에 너
희들이 손으로 지은 성전이라는 그 집
단의 건물들이 수없이 들어서며, 또
생기고 또 생겨 그와 같이 퍼져 가고
있음이니,
4 이와 같은 성전을 지으며 나의 아들이
그리 고통스럽게 죽어 간 그 십자가를
우상화하여 붙여 놓고 그곳에 기도하
며 교리를 가르치며 성서를 가르친다
하는 자들, 또 다른 종교 집단 내의 그
모두들, 너희들이 정녕 나의 피조물
만백성을 하늘에 오르는 길로 인도하
기 위해 가르치고 있는가?
5 나 여호와가 하늘에서 내려다보는 너
희들이 그리 이루어졌다 또 짓고 또
무너지는 그와 같은 성전들이 다 상술
적이요, 상업적으로 가기 때문에 그
많은 성전이 생겼다 문을 닫으며 또
쓰러져 감이니라.
6 그리고 너희들은 얼마나 무서우리만
큼 상술적이요, 상업적으로 나의 아들
과 나의 이름을 팔아 설교를 하며 교
리를 가르친다 하며 하늘에 오르는 길
로 인도한다며 이끌어 가고 있는 지금
의 형국이던가?
7 그리하여 너희들이 수없이 생겼다 수
없이 문을 닫으며 수없이 무너져 감이
니라.
8 이게 정녕 나의 뜻에 의한 길이며 너
희들이 진정한 믿음의 길을 간다 하면
내가 너희들에게 그와 같이 문을 닫고
쓰러지며, 또 생기고 또 쓰러지도록
하겠는가?
9 너희들이 아무리 생겨도 내가 또 문을

닫게 함이니, 정녕 너희들이 진정한
믿음의 길을 가는가?
10 너희들이 생겼다 쓰러지며 또다시 생
겼다 또 쓰러져, 이제는 모든 원천적
인 큰 종교의 집단서부터 문을 닫고자
하며, 너희들의 그 성전이라는 곳에
거미줄을 치는 그 역사를 이루고자 함
이니라.
11 너희들이 아무리 발버둥치며 아무리
더 위대하고자 발버둥치고 노력해도
이제는 더 이상 너희들이 나갈 길이
없으며, 오로지 너희들이 무너지며 문
을 닫는 그 역사만이 남아 있으며, 그
역사는 반드시 이루어지고 행해짐을
알아야 될 것이니라.
12 이제는 모두를 다 내가 문을 닫고자
함이니라.
13 너희들이 잘못 가르치며, 그 방법이
너무나도 극에 달해 내가 만든 이 지
상을 너무 오염시켰으며 너희들로 하
여금 그 오염이 된 상태를 악의 뿌리
들이 세상을 다 덮는 그와 같은 형국
을 만들었음이니,
14 그 뿌리를 다 뽑아내며 버리며 내가
자르고자 함이니, 이제 서서히 그와
같은 역사가 시작될 것이니 그리 알라.
15 나의 피조물 만백성 너희들은 바로 들
어야 될 것이니라.
16 너희들이 가는 그 믿음이 진정한 믿음
이 아니요, 십계명을 지키고 기도하는
것만이 구원을 받는 길이며, 그와 같
이 손으로 성전을 짓는 너희들이 평생
비틀고 죄는 거기에 재물을 바치지 아
니하고 고통을 받지 아니하여도 하늘
에 오를 수 있는 길이 있다는 것을 가
르치며,
17 나의 법전이요, 나의 성령으로써 안내
자의 책자가 세상에 나가 너희들을 구
원하는 기틀이요, 기본이 되고 있음을
너희들은 알아야 될 것이며, 이가 모
두를 다 문을 닫게 하는 역사를 이룬
다는 것을 잊지 말라.
18 이 혁신과 개혁에 너희들이 참여하며
힘을 모았을 때 빠른 바른길을 볼 수
있다는 것을 잊지 말라.

## 3,151 번째 하나님 말씀

*2002년 8월 27일 11시 33분*

1 사랑하는 나의 아들아!
2 "네, 아버님! 말씀하옵소서."
3 너희들 인간사에서 사람을 가르치고
지도하는 것이요, 상사가 부하 직원을
다루는 것도, 부모가 자식을 다루는
것도, 너희들은 그들을 훈계하고 가르
침에 있어서 정녕 사랑의 마음으로써
가르치고 훈계하는 것이며 사랑의 마
음으로써 매를 다스리는 것인지 아닌
지 그 밑에 있는 사람이 먼저 알고 있
음이니라.
4 그러나 너희들이 세상사 살아가는 너
희 백성들이요, 나의 피조물들이 모여
서 말할 때는 남에 대한 시시비비를
하며 남의 흉을 보며 남의 허물을 들
출 때, 사랑으로써 그를 다스리고자
하는 마음에서 함이 아니라, 독소와
같은 마음으로써 시기하고 질투하며
너희들이 남을 욕하고 험담하는 그 즐
거움 속에서 행하지 아니하는가?
5 모든 나의 피조물 만백성은 그리 살아

가느니라.
6 사랑의 마음으로써 사랑의 매로써 다
스리는 것이 아니요, 사랑으로써 그를
이끌어 주기 위해 그들을 훈계하며 그
의 단점을 말해 주며 그의 잘못 가고
있는 것을 바로잡아 주는 그와 같은
마음으로써 다스려 주는 것이 아니며,
7 그를 멸시하고 그를 인간 이하의 너희
들과 차별화된 사람으로서 생각하며,
무시하고 또한 경멸하며, 너희들은 깨
끗한 자요, 바르게 사는 자니 그와 같
이 추하고 잘못된 자와 너희가 같이
겸상하지 아니하는 것을 사랑이요, 영
광이라 생각해서 그리 말함이니, 자신
의 처지를 모르고 있음이니라.
8 너희들은 여기서 깨달아야 될 것이니
라.
9 나로부터 선택된 백성이요, 나의 성령
을 들으며 너희들이 나의 법전을 읽으
며 이제 하얀 신부와 같은 마음으로
너희들이 되었다 내가 말하였으며, 너
희들이 하늘에 오르는 길만 남았다 하
였음이니라.
10 너희들이 죽어서 육은 한 줌의 흙으로
돌아가고 그 영혼은 하얀 신부의 옷을
입고 비단길을 따라 천국의 문을 들어
설 수 있는 것이 너희들이라 내가 말
하였느니라.
11 그런 너희들의 마음은 어떠해야 되겠
는가?
12 너희들도 일반 백성들이 말하는 것처
럼 남을 험담하며, 남을 이야기할 때
독소가 든 말로써 그들을 탓하며, 그
상대방에게 너희들이 공격적인 언어
로써 말해야 되겠는가?
13 너희들은 그러한 말을 해서는 아니 됨
이니라.
14 너희들이 남의 흉을 보며 남의 말을
할 때도, 너희들이 남의 잘못됨을 말
할 때도 너희들은 그를 바로잡기 위한
사랑의 마음의 근본의 자세에서 말이
나와야 되며 행동이 이루어져야 되는
것이 너희들이 가야 하는 길이며, 너
희들이 지켜야 하는 길인 것이니라.
15 내가 이 세상에서 너희들이 나의 법전
을 처음에 제일 먼저 와서 공부하며
제일 깊이 깨달으며, 그리하여 너희들
은 어렵고 힘든 길을 가야 한다 하였
음이니라.
16 그것이 너희들의 육의 고통이요, 시련
이 아님이니라.
17 수천수만 가지 살아가는 너희들의 생
활 속에서 모든 인간들이 자기 앞에
큰 것을 놓고자 하며, 자기 욕심이며
자기위주로 생각하며 자기를 근본이
요, 기초로 생각해서 모두를 생각하다
보니, '나'를 먼저 의식하며, 자신이 먼
저 존재함을 의식하다 보니 사랑이 없
는 것이며 진실이 없는 것이며 나눔이
거기에 없는 것이니라.
18 그러나 너희들은 그것과 반대의 삶을
사는 것이 너희들이 가야 하는 길이기
에 너희들이 고달프고 힘들다 그리 말
하느니라.
19 너희들이 육의 삶에서 그는 손해 보는
것 같으며 잃는 것 같으나, 너희들은
절대적 손해 봄이 없으며 육에서도 잃
는 것이 없음을 알라.
20 그리고 너희들이 죽어 와서 나에게 그
상을 받을 때, 그 상이 얼마나 위대하

고 귀한 것인가를 그때 알게 될 것이
니라.
21 이제 너희들은 바로 너희들에게서 나
오는 말이요, 너희들이 남에게 매를
대더라도 사랑의 매요, 그를 아끼는
매가 되는 그와 같은 마음으로써 상대
방에게 매를 대야 될 것이며, 상대방
에게 가르침을 줘야 될 것이며, 상대
방의 험담을 말아야 될 것이며, 상대
방의 잘못 가고 있는 것을 바로잡아
주는 것이 너희들이 우선 사랑의 마음
에서 나오도록 그 마음부터 고쳐야 될
것이니라.
22 너희들에게서 나오는 어떠한 이야기
든 나의 피조물 만백성이 평소에 살아
가며 같은 말을 하더라도 그들은 시기
요, 질투요, 그렇지 않으면 정상적인
상태에서 대화를 나눈다 해도 독소가
있으나,
23 너희들은 정상적인 대화를 나누는 것
이요, 남의 이름을 부른다 해도 그 이
름을 부르기 전에 너희들이 사랑이라
는 것을 먼저 내세워 사랑하는 마음으
로 그 이름을 부르는 자세로 살아가야
하는 것이 너희들이 가야 할 것이니라.
24 그러니 너희들이 사랑으로써 다스리
며 사랑으로써 일깨워 주고자 하는 그
와 같은 마음으로써만 많은 백성들을
대해야 될 것이며, 너희 자식들을 그
리 다스려야 될 것이며, 너희 형제에
게, 너희 이웃에게, 너희 친구에게도
너희들은 사랑으로써만 다스리는 그
마음속에서 모든 언어요, 행동이 이루
어지고 또 행하여져야 함을 잊지 말라.
25 사랑으로써 모두를 하는 것을 깨우치
라.
26 사랑으로써 모든 것을 생각하고 사랑
으로써 너희들이 행하다 보면, 모두가
다 아름다우며 모두가 다 소중하며 거
기에 하나도 옥에 티가 없는 그와 같
이 맑은 모습을 볼 수 있음이니, 그것
이 바로 너희들의 마음이니라.
27 너희들의 얼굴의 형태가 너희들의 마
음이요, 얼굴의 틀이 너희들이라 말하
였음이니라.
28 너희들이 앞에 있는 자의 보이는 모습
이 너희 마음이요, 너희 거울임을 알
아야 될 것이니라.
29 너희들은 그 유리조각이라는 것에 보
이는 너희들의 얼굴 형태를 보고 네가
네 마음이 이런 것이요, 네가 이런 것
이요, 너 자신을 평가할 수 없음이니
라.
30 네가 앞에 있는 사람, 지나가는 사람
을 보는 그 마음이 얼마나 아름답고
곱게 보이냐에 따라서 그것이 네 마음
이니라.
31 그리하여 네 마음이 그렇게 곱게 보였
을 때 지나가는 모든 백성들이 너희들
을 그리 보기 때문이니라.
32 모든 사물들이 너희들의 거울임을 알
라.
33 모든 인간들이 너희들의 거울임을 알
라.
34 너희들에게 비치는 그 모습이 바로 네
마음이니라.
35 너에게 비치는 그 모습으로 그들이 또
너를 그리 봄이니라.
36 사랑하는 마음으로 충만된 너희들이
되어야 될 것이니, 이를 잊지 말라.

37 모든 사람들의 그 얼굴이 다 네 얼굴
이며 네 마음이며, 어찌 보이느냐에
따라서 네 마음의 거울이니라.
38 모두를 사랑하는 마음에서 다스리며
사랑하는 마음으로써 훈계하며 사랑
하는 마음으로써 매를 들며 사랑하는
마음으로써 가르침을 전하는 그와 같
은 너희들이 되지 아니하면,
39 내가 천 년에 걸쳐 새로운 역사를 이
루며 새로운 시대를 열며, 너희들이
감히 상상할 수도 없는 하늘에서 이루
어진 것같이 이 땅에서 이루어지는 그
역사가 이루어지지 않는 것이니,
40 이것이 너희들이 바로 서는 데서부터
시작함이니라.
41 하나의 작은 씨앗이 이루어지는 역사
를 이루는 것이니, 너희들이 다 씨앗
이니라.
42 그 씨앗이 바로 서야 될 것이니, 그가
바로 서지 아니하면, 그는 만백성을
위한 곡식이요, 알곡식으로서 다시 태
어나지 못함이니라.
43 나의 이 뜻을 가슴에 깊이 새겨, 너희
들이 오늘 이후부터 성전에 나와 생활
하는 태도를 바꾸어야 할 것이니라.
44 너희들이 사랑으로써 사람의 손을 만
지면 그 손이 따뜻하며 그 흐르고 있
는 피부의 체온을 느끼는 것이며, 너
희들이 사랑하지 않는 손으로 그 사람
의 손을 잡았을 때 싸늘하며 너희들이
사탄이요, 뱀을 잡는 그와 같은 마음
이 될 것이니라.
45 같은 사람의 손을 잡는 것도 사랑으로
써 잡는 손과 사랑하지 않는 손으로
잡는 손의 차이는 뱀과 인간의 그와
같은 차이점이 있다는 것을 알라.
46 너희들은 사랑의 손을 잡는 그와 같은
삶을 선택하도록 그리하라.

## 3,152 번째 하나님 말씀

*2002년 8월 27일 16시 53분*

1 사랑하는 나의 아들아!
2 "네, 아버님! 말씀하옵소서."
3 너의 제자들에게 이르라.
4 네가 십계명을 암송하며 나로부터 나
의 성령을 받아 책으로 만들어 세상에
내는 그 역사를 함이니, 네가 책을 쓸
때마다 나의 십계명을 수천수만 번 가
슴이 아파 저리도록 그리 암송하고
있음이니라.
5 이는 네가 무엇을 원하는가?
6 나에게 순종함을 원함이며 나의 뜻에
거역하지 아니함이니라.
7 네가 수십 번씩 기도할 때마다 그 계
명을 외우며 나로부터 성령을 받으라
하여 네가 그를 시행함은 남이 보든
보지 않든 네가 계명을 외우는 그와
같은 형국의 마음으로 네가 변화되었
으며,
8 네 가슴이 저리다 해도 나의 계명을
외우며 나로부터 성령을 받아 기록함
이니, 이를 누가 믿겠는가?
9 그 누구도 너와 같이 나의 뜻을 따라
나의 뜻을 순종하며 거역하지 아니하
고 계명을 외우며 이 법전을 세상에
내는 그러한 사람이 없을 것이니라.
10 너희들이 아무리 위대한 종교 지도자
요, 믿음을 깨우친 자라도 너희들이
마음으로 그리 결심하였다 해 보자.

11 너희들이 너희 마음으로 '나는 십계명
을 외우며 여호와 창조주에게 기도를
하겠다.' 결심하고 기도한다고 해 보
자.
12 종교 지도자가 과연 한 달을 넘길 것
인가?
13 백 번, 천 번의 횟수를 넘길 때마다 저
희들이 제 스스로 지키기로 한 그 약
속인 십계명을 암송하며 한 번도 빼놓
지 않고 기도를 할 수 있는 자, 몇 명
이나 세상에 있는가?
14 이것이 무엇을 의미하는 것이던가?
15 아무리 위대한 종교 지도자요, 이름을
한 번 대면 세상 사람이 다 알 수 있는
종교 지도자라도, 너희가 스스로 나에
게 약속하여 결심하기를 '전지전능하
신 창조주 여호와 하나님이시여! 이
십계명을 지키는 것만이 하늘에 오르
는 뜻이라 깨달았사오니, 저는 매일
기도할 때마다 십계명을 아버님께 암
송하여 바친 다음에 기도를 하겠습니
다.' 그리 약속을 했다 하자.
16 그 종교 지도자가 과연 몇백 번, 몇천
번이나 기도할 때 나의 십계명을 암송
하겠는가?
17 그리고 저희들이 죽어 갈 때까지 기도
할 때마다 과연 십계명을 암송하며 나
의 뜻을 받아 기록하고 기도를 하겠는
가?
18 너희들은 못 함이니라.
19 너희들은 3일을 못 갈 것이며, 3주를
못 갈 것이며, 3개월을 못 갈 것이며,
3년을 갈 수 없을 것이니라.
20 이것이 바로 무엇을 의미하는가?
21 진정한 나의 목자요, 나의 아들이기
때문에 내가 존재함을 그는 알고 있으
며, 그는 보고 있으며, 나의 음성이 창
조주의 음성이요, 그는 나를 보기 때
문에 그를 거역하지 아니하고 3년이
아니라 30년이라도 그가 죽어 갈 때
까지 그를 한 번도 빼놓지 않고 지켜
가는 그와 같은 역사를 이룰 것이니라.
22 그가 숨을 거두어 죽어 갈 때, 아무리
제가 힘이 들고 어렵고 가슴이 아파
온다 해도 그가 눈을 뜨고 그가 생각
이 있어 기도드릴 때, 나로부터 성령
을 받아 그가 전할 때, 그는 한 번도
거역함이 없이 그리 지켜 갈 것이니,
23 이것이 나의 자식으로서, 나의 목자로
서 선택한 자들과 선택하지 아니한 자
의 차이점임을 너의 제자들은 알아야
할 것이니라.
24 그러기에 나의 아들이 소중하며 나의
목자가 소중하며 나의 선지자가 소중
함을 너희들은 알아야 될 것이니라.
25 너희들이 생각할 때, 그 한마디면 세
상의 모든 신도요, 종파들이 고개 숙
여 경배하고 기도하며, 그의 말은 구
원의 하늘의 뜻이요, 나를 대신하여
말하는 것이라 그리 너희들이 경청하
는 그 종교 지도자가 스스로 제가 나
에게 약속을 했을 때, 과연 그가 모든
행사요, 제가 기도할 때마다 십계명을
암송하고 할 수 있겠는가?
26 그러나 나의 아들은 아무도 알아주는
자가 없으며, 물질적으로 경제적으로
연약한 자이며, 가진 것이 없으며, 남
에게 내놓을 것이 없으며, 자랑할 것
이 없는 가장 나약한 자며, 그가 가지
고 있는 것이 아무것도 없음이니라.

27 그러나 그는 나의 뜻의 명을 따라 하
루도 거르지 아니하며 한 번도 거르지
아니하고 제가 나의 십계명을 암송하
여 나의 성령을 받는 그 역사를 이룸
이니, 과연 너희들은 누가 위대한 나
의 아들이요, 나의 자식이라 말할 수
있는가?
28 너희들이 보기에도 아깝고 화려한 한
송이 꽃송이와 같은 자와 들에 피어
있는 질경이와 같은 그 풀뿌리만도 못
한 나의 아들이 있으니, 그러나 그는
지키라는 것을 지키며, 그 화려한 꽃
은 지키지 아니함이니 그 꽃은 곧 시
들 것이며, 그를 지키는 질경이는 끝
까지 버티며 그 생명을 유지해 나가는
것이 다름을 알아야 될 것이니라.
29 너희들은 여기서 나의 아들이 누구며,
나의 아들이 누구이기에 그와 같이 순
종하는 자며, 나의 뜻에 따르는 자인
가를 알라.
30 너희들은 너희 종교 지도자에게 물어
보라, 과연 그리 지킬 수 있는가.
31 그러나 그들은 그를 지키는 자가 있다
하면 그것을 믿지 아니할 것이며, 나
의 법전이 그리하여 세상에 나왔다 하
면 그것을 또한 믿지 아니할 것이니라.
32 그는 바로 저희들 마음에 저희들 행동
이 그리할 수 없기 때문이니, 그래서
너희들의 차이점이 하늘과 땅이며, 지
옥과 천당의 갈라짐이 여기에 있음이
니라.
33 모든 내가 써 내린 십계명이요, 그 계
명도 나의 아들이요, 나의 목자요, 나
의 선지자는 지킬 수 있다 하며 그가
앞니를 깨물며 그를 지켜 가고자 몸부
림을 치며 가나,
34 너희들은 인간이기 때문에 그를 지킬
수 없다 하며 대충 덮어두고 가며, 너
희들이 그를 지킬 수 없고 추하고 더
러운 죄를 짓기에 그를 남이 알까 봐
두려워하며 지키지 못하는 것이 나로
부터 죄가 두려워, 너희들 스스로 면
죄부를 쓰기 위하여 인간은 그리 지킬
수 없다 그리 말하느니라.
35 그러나 나의 아들은 무어라 말하느냐?
36 너희들처럼 화려한 단상에 서서 가르
치는 것도 아니요, 너희들처럼 온갖
위엄을 갖추고서 그가 나의 백성들을
가르치는 것도 아니니라.
37 다듬어지지 않은, 그저 들에 핀 나무
처럼, 들에 핀 풀 한 포기처럼 그와 같
은 자세로 서 있는 나의 아들은 그를
지켜야 되며 그를 지키지 않는 것은
정녕 영혼의 구원을 받을 수 없다 하
며, 목숨을 바쳐 그를 지키고자 하며,
그 제자들에게 그리 지키라 명함이니,
너희들은 여기서 하나 지키고 넘어가
야 할 것이니라.
38 나의 십계명을 누가 세상에 내렸는가?
39 내가 바위에다 불로 직접 써 모세에게
내린 것을 너희들이 믿는다면, 과연
너희들은 이를 지키라는 것이 나에게
선택된 백성이요, 나의 아들이요, 나
의 자식이며 내가 원하는 종교 지도자
인가, 그를 지킬 수 없다 말하는 자들
이 나의 아들이요, 나의 목자요, 내가
명한 종교 지도자들인가?
40 이 엄연한 사실 하나도 너희들이 구분
하지 못하며, 세상사 작은 것을 놓고
갑론을박하는 그와 같은 믿음의 세계

에서 이제 딛고 일어나야 되며 탈피하
여야 됨을 그들에게 알려 주라.
41 너희들은 큰 제목을 봐야 될 것이며,
큰 명제를 봐야 될 것이며, 큰 틀을 이
해하고 깨우쳐 작고 작은 것들은 너희
스스로 깨우쳐 나의 피조물 만백성을
하늘에 오르는 그 영광의 길로 안내할
수 있는 그 예를 들어서 가르쳐 주는
것이 너희들이 해야 할 일이니라.
42 그들은 손에 쥐여 주어도 모르느니라.
43 그리고 글로 써서 그들에게 암송을 시
켜도 그들은 알지 못하느니라.
44 사랑하는 나의 아들아!
45 "네, 아버님! 말씀하옵소서."
46 너의 제자들에게 이르라.
47 모든 이 세상의 창조물은 내가 만들지
아니한 것이 하나도 없으며, 내가 그
형태를 그려 만들지 아니한 것이 없음
이니, 그 모두는 내가 만든, 내가 짠
형틀에 의하여, 모형에 의하여, 형체
에 의해서 존재함이니라.
48 너희들은 손에 쥐여 줘도 모르는 자
가 있으며, 머릿속에 읽고 또 읽어도
깨우침을 모르는 자가 있으며, 한 번
들어서 깨우치는 자도 있음이니라.
49 그러나 그들이 다 나에게 필요한 자식
들이며, 다 똑같이 내가 사랑함을 알
라.
50 먼저 깨우친 자는 그가 잊어버리기 쉬
우며 제 머리를 믿고 그가 그를 지워
버리며 제 임의로 생각할 수 있으며
제 뜻으로 사리를 판단하여 제가 행함
이니,
51 그는 모든 기적을 제가 이루었다 하여
나에게 등 돌리고 작은 신으로서 제
가 군림하고자 하는 그와 같은 형국으
로 변할 수 있는 단점이 또한 있음이
니라.
52 그러나 모르는 자, 손에 쥐여 주고 또
읽히고 또 읽혀 설명해 주고 설명해
주어 그 손바닥에 써서 그의 머리에
심어 주었을 때, 그는 등을 돌리지 아
니하며 배신하지 아니하며,
53 제가 확실히 깨달았을 때 그는 변함이
없으며 변동이 없으며, 이는 창조주인
나 여호와의 위대한 가르침이요, 제가
스스로 깨달았으며 제가 만들었다 하
여 제가 작은 신이 되고자 하는 그와
같은 생각을 갖지 아니함이니라.
54 그리하여 그들 모두가 다 영적인 나의
자녀이니, 그를 잘 조화하여 나의 피
조물 만백성을 이끌고 인도하며 깨우
쳐 주는 것이 너희들이 해야 할 일이
며, 나의 아들이 해야 할 일임을 잊지
말라.
55 나는 그 모두를 다 사랑함이니, 너는
그 모두를 다 똑같이 사랑하는 그와
같은 나의 아들로서 가야만 될 것이
며, 너의 제자들 또한 그들을 똑같이
사랑하는 마음으로 세상을 볼 수 있도
록 해야 될 것이니라.
56 그리하여 너희들이 보는 마음속에 똑
같이 보였을 때 너희들의 마음이 비워
져 있음이니라.
57 앞에 있는 사람의 외형이나 얼굴을 보
고 너희들이 그를 평가한다면, 너희들
은 너희 마음이 그를 평가할 수 있는
자며 너희가 그리 평가를 받는 것이니
라.
58 그 아름답고 아름다운 모습만이 보인

다면 너희들의 마음이 곧 아름다움의
경지에 올라와 있는 것이 너희들의 철
칙이며, 너희들의 마음 자세임을 잊지
말라.

## 3,153 번째 하나님 말씀

*2002년 8월 27일 17시 41분*

1 사랑하는 나의 아들아!
2 "네, 아버님! 말씀하옵소서."
3 '나 외에 다른 신을 네게 있게 하지 말
라.' 하였음이니라.
4 내가 너희들에게 십계명에 기록하여
'나 외에 다른 신을 너희들 가슴속에
있게 하지 말라.' 하였음은 내가 너희
들의 창조주인 어버이요, 나의 영적인
혼에 의하여 너희들이 이루어진 나의
자식이요, 아들딸들이기 때문이니, 너
희 아버지를 따라오라 하는 그와 같은
것이니라.
5 너희들 인간 세상에 살아가면서 자식
을 기를 때 그 부모가 자식에게 무어
라 하는가?
6 '우리 집의 족보는 이렇고 가문은 어
떠하며 나는 너의 아버지요, 너는 나
의 아들이다.' 이리 가르치는 것이니
라.
7 그러나 그것을 그 아들이 그 아비가
제 아비가 아니요, 저와는 관계없다
그리 말한다면, 그걸 듣는 아비의 마
음이 얼마나 아프겠는가?
8 그보다 더 열배 백배 더한 마음으로
내가 너희들을 사랑하며, 천국의 문을
열어 주기 위하여 내가 너희들에게
'다른 신을 네 가슴에 두지 말라.' 하
였음은 너희들이 나무로 깎고 쇠로 깎
아 만들어 놓은 것이 다 우상이니라.
9 그 우상을 그리 만들며 그곳에 절하지
말라는 나의 간곡한 뜻도 있으나, 너
희들은 나의 자식이기에 너희들 마음
속에 나 외에 다른 것을 생각하면 너
희가 김씨의 자식이 이씨라 소리 지르
는 것과 마찬가지며, 박씨의 자식이
김씨라 소리 지르는 것보다 더 추악한
형국으로 벌어지는 것이 아니던가?
10 그리하여 너희들은 나의 아들이요, 나
의 딸이요, 그러기에 너희들에게 나
외에 다른 혈통을 받아서는 아니 되며
다른 것을 생각해서는 아니 된다는 이
창조주요, 너희들의 아버지의 간곡하
고 애절한 호소의 뜻이 거기 있음이니,
11 그 구절을 너희들은 그저 그냥 읽고
넘어가는 그와 같은 믿음으로써는 아
니 될 것이니라.
12 너희들에게 '다른 신을 네게 있게 하
지 말라.' 하였음이니, 내가 나의 아들
을 통하여 일깨워 주었음이니라.
13 너희들이 나무로 만든 것은 나무의 우
상이요, 쇠로 만든 것은 쇠의 우상이
요, 너희들이 나를 생각하는 것보다
더 소중하고 귀한 것을 가지고 그를
생각한다면 그 또한 우상이라 내가 그
리 가르쳤으나, 이제 너의 제자들은
나의 진정한 그다음의 뜻을 또 깨달아
야 될 것이며, 지금의 경지에 오른 너
의 제자들은 그 뜻을 충분히 이해할
것이니라.
14 이는 무어냐?
15 혈통을 버리지 말라는 애절한 뜻이 여
기에 있음을 알라.

16 너희들이 우상을 만드는 것은 때려 부
술 수도 있으며, 너희들이 불태워 버
릴 수도 있음이니라.
17 그러나 너희들이 나의 자식이 아니라
하는 것은 그를 어찌하는가?
18 그리하여 나의 혈통을 부정하지 말라
는 나의 간곡하고 애절한 뜻이 여기에
있음을 너희들이 알아야 될 것이니라.
19 이 대목을 너의 제자들과 만백성에게
네가 가르쳐 주어야 할 것이니 그리
알라.
20 사랑하는 나의 아들아!
21 "네, 아버님! 말씀하옵소서."
22 그러기에 너희들이 나의 성서에 그 많
은 내용을 이와 같이 깊은 뜻을 깨우
쳐 가르쳐야만 하거늘, 너희들은 지금
생각이 다른 데 가 있으며,
23 오로지 재물과 금화를 받아 너희들의
아름다운 성전을 짓는 것이요, 많은
백성들을 너희들의 신도로 거느리는
그것만이, 제왕적인 그 자리를 추구하
는 것만이 너희들의 머릿속에 있고 그
생각이 떠나지 아니하였으며, 너희들
머리에 그림이 그려 있으니, 그 그림
을 머릿속에 안고 있는 자, 무엇을 가
르치며 진정한 깨달음이요, 진정한 길
을 너희들이 가르칠 수 있겠는가?
24 내가 너에게 말하지 아니하였느냐, 아
들아!
25 너희들이 나 여호와같이 되어야 되며
천사와 같이 되라 하였음이니라.
26 이는 곧 너희들이 기적을 이루며 자만
하고 오만함이 아니라, 나의 심성을
닮으라는 것이니라.
27 그리고 천사의 심성을 닮으라 내가 너
희들에게 간곡히 애원하는 뜻이 어디
에 있는지 알겠는가?
28 내가 지금 법전을 나의 아들을 통하여
세상에 내려보냄이니, 나의 아들이 내
가 보여 주는 그림과 내가 내려보내는
글을 받아쓰면서도 그 모두를 제대로
표현하지 못함이니,
29 그리하여 그 제대로 표현하지 못한 것
을 책으로 내어 세상에 내보내나, 너
희들은 이 법전이 정말 내가 내리고자
하는 상세한 것까지 모두 기록되었다
생각하며 믿을 것이니, 거기에 또한
다 표현하지 못한 것이 많이 있음이니
라.
30 그리하여 내가 160권의 법전을 세상
에 내며, 나의 아들이 죽기 전까지 너
희들에게 그 많은 것을 전달하고자 함
이니라.
31 즉, 이는 무엇을 의미하는 것이더냐?
32 나로부터 그림을 보며 직접 받아쓰는
나의 아들도 그를 다 표현하지 못한다
하였음이니, 너희들이 나의 마음이요,
천사의 마음이요, 예수와 같은 그 마
음이 되지 아니하고는 그 성경을 겉도
훑지 못하는 그와 같은 형국에서 나의
피조물 만백성을 깨우치며 하늘에 오
른다고 그와 같이 너희들이 하고 있음
이니,
33 이 모두가 너희들이 우리 부자의 이름
을 팔아 사기극을 벌이고 있다 하면
어찌하겠는가?
34 너희들이 정녕 진정한 종교 지도자라
말한다면, 유리로 비추어 보아 한 점
의 부끄러움이 없으며 나와 같은 신이
되고자 하는, 나 여호와의 심성을 닮

는 그와 같은 삶으로 너희들이 깨우치
고 마음이 변화될 때,
35 나의 성서를 읽으면 그 속에 적혀 있
는 그 내용에 바다보다 더 넓고 깊은
의미가 거기에 있음이니, 그리하여 성
서는 변화되는 것이며, 시대에 따라서
새로 변한다 하였음이니라.
36 이는 시대에 따라서 그 많은 깨우침이
그때그때 성서의 같은 한 구절 속에서
나올 수 있음이니, 성서의 한 구절이
가지고 있는 뜻은 너희들이 바다보다
도 더 넓고 깊은 의미가 있으니,
37 그를 깨우치는 것은 천사와 같은 마음
이요, 나의 아들 예수와 같은 마음이
아니면 그를 읽지 못하며 보지 못함이
니,
38 지금 종교 지도자 너희 자신이 구원을
받지 못하고 있음을 알아야 될 것이
며, 우선 너희들이 구원을 받아야 남
을 가르칠 수 있음을 알라.
39 지금 단상에 서서 나의 피조물 만백성
을 가르친다 하는 자, 너희들이 단상
에서 내려와 혼자 기도하고 경배하여
나의 예수의 마음과 나 여호와의 심성
과 같이 다스려지고 깨우쳤을 때,
40 너희가 단상에 서서 나의 성서를 읽으
면 그곳에 내 얼굴이 있으며 나의 성
령이 있으며 너희에게 가르쳐 줌이 있
을 것이니라.
41 그와 같지 않은 자 단상에 설 자격이
첫째는 없음이니, 그는 나와는 아무런
관계도 없으며, 나의 피조물 만백성을
너희들의 삶을 위하여, 육의 삶의 부
귀와 영화를 위하여 지옥 불로 인도하
여 가고 있음이니,
42 바로 그래서 너희들이 너희들 자신부
터 깨우치는, 그 새로 태어나는 역사
의 삶을 이루라 하는 것을 나의 아들
을 통하여 너희들에게 전하니 그리 알
라.
43 명심하고 또 명심해서 너희들이 받아
들여야 될 것이니 이를 잊지 말라.

## 3,154 번째 하나님 말씀

*2002년 8월 27일 23시 31분*

1 사랑하는 나의 아들아!
2 "네, 아버님! 말씀하옵소서."
3 내가 너를 통하여 법선이라 하여 나의
성령을 내려보내 기록하여 만백성을
구하고자 하여 네가 열여섯 권의 법전
의 1부를 내었으며, 지금 네가 3부를
기록하며 이제 곧 160권을 위해서 달
려감이니, 너의 그 노력에 하늘의 모
두가 다 탄복한다 하였음이니라.
4 이제 나의 성전에 와서 공부하고 나의
법전을 배우는 너의 제자들의 마음이,
악이라 하면 무쇠라도 녹일 것같이 그
리 굳어져 가고 그리 변하고 있음이니
라.
5 이는 내가 그들 모두를 신부라 말했으
며, 네가 신랑의 자격이 있다 말하였
음이니, 네가 신랑의 자격으로서 당당
히 서며, 네가 이 세상에 가장 깨끗한
자로서 바로 선다 하며, 너는 그리 변
해 갈 수 있다 말하며, 나 여호와요,
천사와 같은 마음으로 변할 수 있다
네가 호언하며 그리 달려가고 있음이
니,
6 그와 같이 네가 변함에 따라서 너의

제자들 또한 마음이 지금 무쇠도 녹일
것 같은 그와 같은 결의에 차 있음이
니라.
7 추하고 더러운 삶이 아니라, 깨끗한
삶이며, 용서하는 삶이며, 이해하는
삶이며, 그리고 그 모두를 다 그들이
가슴에 담아 자기의 화를 다스리며 자
기의 분하고 억울한 마음, 또 자기의
속상하고 편치 못한 마음, 그러한 마
음들을 스스로 다 다스리고 녹이려 하
는 것이 지금 너의 제자들의 마음이
니, 쇠파이프보다 더 강한 것이라도
그들이 녹이는 마음의 경지에 올라와
있음이니라.
8 지금의 그들의 변화된 마음이 쇠파이
프도 녹이려 하는 열정으로 그들이 나
의 뜻에 따라 성령이요, 나의 법전을
지키고 살며, 너를 통하여 내가 내리
는 그 강론을 듣고 그들이 그와 같이
변하여 가려고 하나같이 이루어짐이
니, 내가 그들에게 지금 상을 내리고
있지 아니하느냐?
9 너희들이 공부한 지 지금 1년도 안 된
시간에 너희들이 그와 같이 무섭게 깨
우쳤으며, 그리고 나에게 선택된 자들
이니, 너희들에게 내가 지금 육의 재
물의 복을 다 주고 있지 않은가?
10 너희들이 육의 재물을 얻어 나 여호와
를 믿으며, 너희들이 그리 진정 변하
는 마음이 쇠파이프라도 녹일 수 있도
록 무섭게 변해짐이니,
11 내가 너희들에게 나 여호와를 믿으며
나 여호와가 존재하며 그를 믿고 따르
는 것이 얼마나 행복한 것인가를 느낄
수 있도록 하나하나 지금 다 각자에게
상을 내려 주고 있음이니라.
12 몇 사람 되지 않는 너의 제자들이 지
금 다 자리를 잡아 가며 새로운 삶을
시작하도록 만들어 주었으니,
13 너희들의 수천 년 흘러온 수천수만의
종교 지도자들이 그 집단에서 너희들
같이 나로부터 직접 축복을 받으며 육
의 삶의 변화를 주는 그와 같은 영광
을 받은 자가 없음이니라.
14 너희들이 지금 그와 같이 변해 가며
내가 너희들에게 더 많은 변화를 주고
자 하나, 나의 성전에 와 나의 법전을
읽고 깨우쳐 그를 운영할 만한 나의
백성이요, 나의 아들의 제자가 없어,
내가 너희들에게 지금 내리지 못하는
그와 같은 형국이니라.
15 이제 많은 자들이 모여들 것이니라.
16 너의 제자들이 정녕 나 여호와를 믿으
며, 진실한 하나님이 계시며, 여호와
하나님이 살아 계시며, 너희들과 같이
있으며 같이 행한다 하는 것을 스스로
느끼고 깨닫고 있음이니,
17 그리하여 너희들의 변하는 그 마음이
너희들은 모르나 무쇠도 녹일 만큼 그
리 강한 열정으로 지금 변해 가고 있
음이니라.
18 그리하여 너희들이 편안하게 믿음의
길을 갈 수 있도록 살아 있는 나 여호
와요, 창조주가 너희들에게 육의 편안
한 생활의 상을 지금 내리고 있음이
니, 이 세상에 너희들보다 더 축복받
은 자들이 없으니 그리 알라.
19 내가 너희들에게 직접 상을 내림이니,
나의 성전에 와 깨닫고 깨달은 자, 그
리고 나의 법전을 읽고 내가 존재함을

믿으며 나의 아들을 믿으며 나의 법전
을 믿는 그들이 다 신부가 될 것이니,
이것이 너희들이 받는 영광이니라.
20 내 너희들을 모두 사랑함이니라.
21 너희들이 쇠파이프를 녹일 것같이 무
서운 열정의 마음으로 변해 가는 그와
같은 것은 이 세상에, 지구에 어떠한
백성도 그리 갈 수 없으며, 어떠한 집
단도 너희들처럼 그렇게 아름답게 변
하여 갈 수 없음이니, 이것이 나에게
선택된 백성이요, 나의 아들을 따라가
는 너희들에게 주는 상이니 그리 알라.

## 3,155 번째 하나님 말씀

*2002년 8월 27일 23시 41분*

1 사랑하는 나의 아들아!
2 "네, 아버님! 말씀하옵소서."
3 지금 너희들이 종교의 믿음으로 오는
그 형태는 구약 시대도 너희들이 잘못
되었으며, 또한 신약 시대의 믿음도
잘못되어 지금까지 흘러왔음이니라.
4 그리하여 잘못 믿음의 형태로써 지금
흘러온 너희들이 구습의 믿음의 방법
을 버리지 못한다면, 너희들이 그를
버리고 새로 태어나는 진통의 아픔을
겪고 새로운 구원의 빛을 보며 새로
탄생하는 그와 같은 고통을 겪지 아니
한다면 정녕 구원의 길을 볼 수가 없
음이니라.
5 그리고 너희들은 지금의 구습의 방법
이요, 지금까지 믿어 왔던 그 관행을
타파하지 못하고 그를 버리지 못한다
면, 너희들이 그를 버리지 못하며 지
금의 방법의 형태로 계속 믿음을 그리
간다 하면, 너희들은 창조주인 나에게
거역함이요, 나의 뜻을 저버리는 자들
이니, 그를 알아야 할 것이니라.
6 그리하여 정녕 너희들이 다시 태어나
는 삶의 역사를 이루지 못한다 하면,
너희들은 나를 기억하고자 아니 하며
나 창조주가 존재하는 자체를 믿지 않
으려 하는 그와 같은 너희들의 심성의
형태임을 알아야 될 것이니라.
7 너희들은 여기서 다시 깨우쳐야 될 것
이니라.
8 나의 아들이 그 짧은 기간에 나의 성
령이라 하여 160권을 세상에 만들어
내는 그 역사를 이룸이니, 너희들이
어느 누가 그리 이룰 수 있는가?
9 너희들은 이것을 하나 본다 해도 이
성령의 법전이 나의 뜻임을 알 것이니
라.
10 어떠한 글을 쓰는 자가 몇 년을 두고
너희들이 말하는 1개월이라는 그 30
여 일 동안에 몇 권의 책을 기록하여
써낼 수 있으며, 그와 같이 장기적으
로 한 달에 대여섯 권의 책을 써낼 수
있다 하겠는가?
11 너희들은 이 하나를 보고도 깨우침이
없는가?
12 너희들이 이것을 보고도 내가 역사함
을 모른다면 정녕 구원의 길을 볼 수
없음을 알라.
13 너희들이 육의 삶에서 모두를 다 저버
리며 영원히 사는 다음의 세상을 보지
못하는 것이니라.
14 너희들이 지금까지 살아왔던 모든 방
법을, 그 관행을 탈피하며 새로 태어
난 그와 같은 삶으로 살며, 너희들이

나의 십계명을 지키며 나의 법전을 가
슴에 안고 정독하고 정독하여 깨우치
고 또 깨우쳐 읽고 그 속에 있는 나의
뜻이요, 내가 원하는 것을 너희 가슴
으로 받아들이는 그와 같은 깨우침이
있을 때, 너희들은 구원받는 자임을
알라.
15 나의 법전을 읽지 않는 자, 십계명을
지키려 하지 아니하는 자, 그 모두는
나에게 거역하는 자며, 나에게 순종하
는 자가 아니니, 나의 아들과 딸들이
아님을 알아야 할 것이니라.

## 3,156 번째 하나님 말씀

*2002년 8월 27일 23시 47분*

1 사랑하는 나의 아들아!
2 "네, 아버님! 말씀하옵소서."
3 방대한 국가요, 민족의 집단에 나의
성령이요, 나의 법전을 내지 아니하
며, 동양의 작은 나라에 나의 법전이
요, 나의 선지자요, 나의 아들을 세상
에 내보내어, 갖추어지지도 아니하고
준비되지 아니한 그를 통하여 나의 명
령을 받아 새로운 이 법전이 세상에
나감을 너희들은 이리 생각하고 있을
것이니라.
4 이는 사탄이요, 사악한 자가 일순간
세상에 혼란을 빚기 위하여 잠깐 왔다
사라지는 것이며, 이는 제가 이 동양
의 나라에, 우리 민족의 온유한 성격
이요, 우리 민족성에 의하여 여기에
와 제가 조금 우리 민족의 일부를 깨
우치는 그와 같은 사탄의 장난으로써
시들어 갈 것이라 그리 너희들은 생각
할 것이니라.
5 그리하며 좀 더 이게 정녕 나의 뜻이
요, 내가 내리는 그와 같은 역사를 받
아서 이루는 것이라면, 너희들이 이
동양의 작은 나라에 깨우침을 이루며
너희들에게 역사하는 그와 같은 것으
로 끝날 것이라 너희들은 그리 생각하
여 나의 법전이요, 나의 아들을 이단
이요, 사탄이라며 공격하고 그를 핍박
하는 마음을 가지고 있으며, 너희들이
그와 같은 마음 자세로써 나의 법전을
접하지 아니함이니, 너희들이 그리 생
각하는 것은 너희들의 착각임을 알라.
6 나의 아들을 이 동양의 작은 나라에
내려보낸 것은, 내가 이 동양의 작은
나라의 너희들을 깨우치며 너희들 백
성을 상대로 하여 내가 새로 태어나는
역사를 이루고자 한다고 너희들이 그
리 생각한다면, 너희들은 나의 뜻을
정녕 만 분의 일도 모르는 자임을 알
아야 할 것이니라.
7 나의 법전이요, 나의 성령의 책은 온
세상의 만백성, 온 인류를 깨우치고
그들을 구원하기 위하여 시작되는 역
사임을 너희들이 알아야 될 것이니라.
8 이 동양의 작은 나라에서 나의 선지자
요, 나의 아들이라 명하여 그가 나의
성령을 받아 160권의 법전을 책으로
만들어 세상에 전하는 것은 이 작은
나라의 백성을 구하는 것이 아니요,
온 세계의 모든 인류요, 지구 위에 존
재하는 많은 백성들을 다 구원하고자
내가 이루는 그 역사임을 알아야 될
것이며,
9 그와 같은 역사가 너희들의 동양의 나

라에 그 영광의 영화와 축복을 이룰
수 있는 이와 같은 나의 계획이 여기
서부터 시작하는 것이며, 너희들이 선
택된 백성들로서 얼마나 아름다운 삶
을 앞으로 살아가는 것인가를 느끼게
될 것이니,
10 너희들은 이 동양의 작은 나라에서 나
의 아들이 너희들과 같이 존재하며,
나의 법전이 너희들의 언어와 단어로
써 세상에 나가는 것이 얼마나 크나큰
영광이요, 은혜요, 은총인가를 알아야
될 것이며, 그에 대한 자부심을 가져
야 될 것이니라.
11 너희들이 이 동양의 작은 나라에서 이
지상의 모든 민족을 한 언어로 통일하
는 나의 성령이요, 나의 법전이요, 나
의 가르침이요, 나의 그 모두를 다 기
록한 책이 너희들을 인도하는 그와 같
은 역사가 이루어지는 것이 얼마나 영
광이요, 축복된 것인가를 알아야 될
것이며,
12 너희들이 자부심과 긍지를 갖는 그 속
에서 너희들이 구원의 빛을 볼 수 있
으며, 내가 이루고자 하는 작은 이 나
라에서부터 온 백성을 하나로 이끌어
가는 그와 같은 역사가 이루어질 것이
니 그리 알라.
13 온 인류를 상대로 하여 그들을 다 구
원하고자 나의 법전이 내려가는 것이
요, 동양의 작은 나라에 준비되지 않
은 나의 아들을 통하여 내려간다 하
여, 너희들이 잠깐 왔다가 지나가는
것이며 잠깐 불꽃이 반짝하다 또 시들
어 갈 것이며 남들이 말하는 사탄의
장난이 잠깐 왔다 시들어 갈 것이라
그리 생각하지 말며, 너희들이 동양의
작은 나라를 구원한다 그와 같이 생각
하지 말라.
14 너희들이 구원하는 것은 내가 이루고
자 하는 그 역사의 몇 분의 일도 안 되
는 것이니, 온 세상을 다 정화하며 바
로 세우고자 하는 것이 나의 뜻임을
너희들은 알아야 될 것이며, 그것이
이 작은 나라에서 시작됨이니,
15 너희들이 자부심이요, 너희들의 영광
이요, 너희들의 긍지라 하여 손잡고
힘차게 일어날 때, 너희들이 나의 아
들과 같이 하나의 힘이 되어 새로운
역사를 이루는 기적을 이룰 것이며,
너희들이 동참하는 자들로서 너희들
이 다 이다음에 역사를 이룰 때 나의
품에 올 수 있는 선택된 백성임을 잊
지 말라.

## 3,157 번째 하나님 말씀

*2002년 8월 28일 08시 22분*

1 사랑하는 나의 아들아!
2 "네, 아버님! 말씀하옵소서."
3 사람이 하나의 일을 가지고 똑같이 그
책무를 준다 해도 그가 얼마만큼 노력
하며 연구하며 생각하느냐에 따라서
그 변화는 무서운 것이니라.
4 너희들이 지금 나의 법전을 세상에 전
함에 있어서 어떠한 방법과 어떠한 형
태로써 나의 법전을 전하며, 나의 성
전에 선택된 나의 백성들이 그득히 모
여 하나의 웃음꽃을 피울 수 있는 그
역사는 너희들이 얼마만큼 생각하고
노력하느냐에 달렸느니라.

5 너의 제자들과 그 모두는 다 너희들이
살아가는 첫 번째도 나의 법전을 세상
에 전함이며, 두 번째도 나의 법전을
세상에 전하는 것이며 만백성을 구하
는 길이라 하였느니라.
6 너희들이 살아가는 육의 삶에 의하여
너희들의 이해관계며 너희들의 사업
을 위하여 어떠한 방법으로써 노력하
는가?
7 너희들은 그것에는 모든 정열과 너희
모두를 다 바치니, 너희들 개인의 어
떠한 이해관계의 육에서 이루어지는
사업보다도 나의 법전을 세상에 전하
여 만백성을 구하는 것이 열배 백배
더 우선이며 제일 먼저라 하였음이니,
8 너희들은 오늘부터 육의 삶의 기업이
나 사업을 위하여 너희들이 바로 서기
위하여 그를 성공시키기 위하여 노력
하는 그 몇 배의 마음 자세로 노력하
여 너희들이 힘을 하나로 모아 나의
법전을 전하며, 나의 성전을 그득히
채워 그들로 하여금 같이 구원해 주며
같이 구원한 자 기뻐 웃음을 나눌 수
있는 그와 같은 방법으로써 모두를 이
끌어 가야 할 것이니라.
9 그것이 너희들의 우선임을 너의 제자
들과 너를 따르는 백성들에게 깨우쳐
주며, 그들이 나름대로 생각하는 것을
갖고 저희들이 나의 백성들을 구원하
여 성전에 그득히 모여 웃음꽃을 피울
수 있는 그 역사를 이루도록 그리하라
이르라.
10 그것이 너희들이 가장 먼저 해야 할
일이며, 또한 나의 아들, 네가 그 모두
를 지휘하여 그 역사를 이루는 데 너
희 모두를 다 바쳐야 됨을 잊지 말라.
11 나의 성전에 나의 법전을 만백성에게
전하여 그들을 구원하고 나의 성전에
그득히 너희 형제들이 모여 웃음꽃을
피울 수 있는 그것에 모든 생각을 다
바치라.
12 그것만이 너희들이 해야 할 일임을 알
라.

## 3,158 번째 하나님 말씀

*2002년 8월 28일 08시 53분*

1 사랑하는 나의 아들아!
2 "네, 아버님! 말씀하옵소서."
3 사랑으로써 모두를 다스리며 사랑으
로써 살아가는 것이 나 여호와의 뜻이
라 말하며 성서에 기록되어 있기를,
'형제지간에 반목하는 것도 지옥 불로
간다.' 하였으며, 그리하여 서로 인간
을 존중하며 이웃을 사랑하며 그와 같
이 살아가는 것이 너희들의 본분이며,
그와 같은 것을 행하여 너희들은 살아
가고 있음이니라.
4 그러나 나의 피조물 만백성을 구원의
길로 인도한다는 종교 집단의 가르침
이 온 인류의 집단 속에 침투하여 그
길만이 하늘에 오르는 길이라 하며,
또한 사랑을 베풀며 나눔을 베풀며 그
리고 너희들이 생각하기에 가장 깨끗
하고 아름답게 사는 것이 너희들의 종
교 집단에 가 기도하고 경배하는 것
이라 너희들은 그리 가르쳤음이니라.
5 세상에 너희들의 종교 집단으로서 각
나라요, 또한 그 어떠한 집단 속에 너
희들이 침투하기 전까지는 사랑의 부

모요, 형제요, 이웃으로써 모두가 용
서하며 이해하며 서로 존경하며 나누
며 사는 그와 같은 삶을 살았던 것이
니라.
6 그러나 너희들의 종교 집단이라는 그
가르침이 온 세상에 구석구석에 침투
하여 성전이라는 것을 지으며 나의 피
조물 만백성을 구원의 길로 인도한다
하여 너희들이 가르치는 지금에 어떠
한 형국에 이르렀던가?
7 너희들의 가장 소중한 인간성과 도덕
성마저도 그들은 다 망각하며 상실하
게 되었으며, 형제지간의 우애 또한
반목 속으로 너희들이 만들어 가는 그
와 같은 삶을 이어 왔느니라.
8 너희들은 믿는 자와 믿지 않는 자의
형제지간에 서로의 인간관계가 단절
되었으며, 서로 저희들이 사랑하고 아
끼는 그 마음마저도 멀리하도록 하였
으며, 부모와 자식 사이도 너희들이
말할 수 없는 먼 관계를 이루도록 한
것이 종교 집단이니라.
9 형제요, 부모요, 삶이 우선이 아니라,
너희들에게 와 금화와 은화를 바치며
하늘에 오르는 기도를 드리는 것이 우
선이라 그리 가르쳤으니,
10 그들이 인간관계에 관계없이 저희들
이 죽어 영원히 구원을 받는 거기에
모두를 바치고 살아가다 보니, 인간의
기초 질서에서 서로 사랑을 나누며 살
아가는 그 방법마저도 그들이 상실하
게 되었으며 그들의 삶에 있어서 그를
다 잊어버리고 지워 버리는 그와 같은
삶을 살도록 그리한 것이 지금의 종교
집단임을 너희들은 알아야 할 것이니
라.
11 지금 이와 같이 나의 피조물 만백성이
인간 본연의 사랑을 나눔이요, 그와
같은 기초 질서요, 도덕성까지도 땅에
떨어지도록 만드는 것이 너희들이니,
12 잘못 가르친 종교 지도자 너희들이 그
죄의식을 알아야 될 것이며, 그 책임
을 져야 될 것임을 알아야 되는 것이
니라.
13 그리하여 내가 이를 더 이상 두고 볼
수 없으며, 더 많은 세월이 흘러 지금
의 종교 집단이 나의 피조물 만백성이
존재하는 이 지상을 다 덮었을 때, 너
희들의 인간관계는 이루 말할 수 없으
며 서로 반목하며 서로 돌아올 수 없
는 인간관계의 강을 긋고 사는 그와
같이 험악한 삶의 형국이 됨이니,
14 자신 외에는 아무도 모르며, 자신 외
에는 돌아다볼 수 없는 그와 같은 너
희들의 삶의 형국으로 변화되는 것을
더 이상 볼 수 없다 하여, 내가 이 동
양의 작은 민족을 선택하여 나의 은혜
와 축복을 여기에 내리며, 너희들이
여기로부터 기초로 하여 만백성을 일
깨우는 그와 같은 역사를 지금 시작하
고 있음이니라.
15 그러하니 내가 너희들의 작은 나라의
백성을 구하는 것도 아니요, 지구상의
많은 나의 백성, 온 인류를 구하고자
내가 나의 아들을 이 동양의 나라에
보냈으며, 지금 너희들에게 나의 성령
을 기록한 법전을 너희들의 문화권으
로써 모두를 이끌어 감이니,
16 이 선택을 받은 너희들은 모두가 힘을
하나로 단합하고 협력하여 이 역사가

이루어지는 데 너희 모두를 다 바쳐야
될 것이며, 너희들의 눈앞에 보이는
지금의 현상과 너희들의 믿음의 집단
이 끌고 가는 그것만이 너희들이 구원
을 받는 길이라는 그 착각 속에서 헤
어나, 긴 안목으로써 내가 이루고자
하는 그 새로 건설하는 새 시대의 역
사를 너희들이 보아야 될 것이니라.
17 천 년이라는 역사를 거쳐 긴 안목으로
나의 피조물 만백성을 구하기 위하여
나의 법전이요, 성령이 지금 세상에
내려가고 있음이니,
18 이것이 정녕 창조주인 나의 뜻이요,
내가 이어 가고자 하는 것이라는 것을
알아, 너희들이 긴 안목으로써 변화되
는 것을 보는 깨달음을 얻었을 때 너
희들은 구원을 받음을 알아야 될 것이
니라.
19 너희들이 눈앞에 있는 그 변화에만 연
연하며 산다면, 너희들은 지금 잘못
흘러온 종교 집단에서 돌아설 수도 없
으며 너희들이 변화의 한 시대를 열
수도 없음이니,
20 너희 자신이 죽어 지옥으로 가는 것은
타당하나, 너희들의 후손까지도 그와
같이 잘못 가는 길로 인도하는 죄를
너희들이 범하고 있음을 알아야 될 것
이니라.

## 3,159 번째 하나님 말씀

*2002년 8월 28일 09시*

1 사랑하는 나의 아들아!
2 "네, 아버님! 말씀하옵소서."
3 수천 년에 걸쳐 오는 너희들 종교 집
단의 그 가르침이 과연 어떠한 형국으
로 이루어져야 하겠는가?
4 너희들이 진정한 하늘에 오르는 길이
요, 참진리를 깨우쳐 나의 백성들을
인도하였다면, 지금의 나의 백성들이
너희들이 이룬 그 성전에 그들 스스로
찾아가 너희들에게 가르침을 받는 그
와 같은 집단으로 변해졌어야 할 것이
니라.
5 그러나 너희들이 지금 가르치고 있는
종교 집단에서 배우고 또 깨우쳤던 자
들이 너희들로부터 등을 돌리고 떠나
는 그와 같은 역사가 이루어진다면,
너희들은 정녕 잘못 가르치는 가르침
의 종교 집단이라는 것을 깨우쳐야 할
것이니라.
6 너희들이 그들에게 홍보하지 아니하
며 그들에게 와 달라 말하지 아니하여
도, 그들이 스스로 찾아오는 너희들의
성전이요, 종교의 가르침이요, 교리를
가르치는 그와 같은 너희들의 집단으
로 변화되어 있다면, 너희들은 정녕
참진리요, 나의 뜻에 의하여 만백성을
구하는 길의 인도자라 말할 수 있음이
니라.
7 그러나 그곳에 왔던 자가 등 돌리고
떠나며 그들 모두가 다 너희들을 등지
고 가는 그와 같은 형국이 이루어졌다
하면, 그 종교의 가르침이요, 그 집단
은 정녕 잘못된 것이라는 것을 너희들
은 스스로 깨우치고 알아야 될 것이니
라.
8 지금의 형국은 어떠한 것으로써 이루
어지는가?
9 과연 그들이 스스로 찾아와 너희들에

게 배우고자 하는가?

10 지금의 너희들의 실태가 어떠하던가?

11 너희들은 나의 성경을 가지고 같이 공부하며 같이 연구한다는 서로 이루어진 그 종교 집단끼리 그 속에 있는 자 서로 저희 쪽으로 끌어가기 위한 그러한 전쟁을 벌이고 있음이니, 너희들이 지금 이와 같은 형국이니라.

12 너희들이 잘못 가르치고 잘못 인도하였기에 나의 피조물 만백성이 너희들이 이루는 그 성전을 찾는 자가 줄어들며 그곳을 떠나고 있음이니,

13 너희들은 너희들이 만든 그것을 운영하며 이끌어 가기 위하여 이웃의 종교 집단에 속해 있는 자를 너희들의 집단으로 끌어가기 위해 지금 전쟁보다도 더 험악한 형태를 이루고 있지 아니한가?

14 그렇다면 너희들은 이것이 정녕 진정한 나의 진리대로 가르쳤다 생각하는가?

15 너희들은 서로 지금은 남의 집단 속에 남의 종교의 길을 가고 있는 그들을 끌어갈 수 있으며 빼어 가는 그와 같은 전쟁이라도 치를 수 있다 하나, 앞으로 서서히 가는 세월 속에 너희들을 찾는 자는 없을 것이며 등 돌리는 자는 수없이 늘어날 것이니,

16 이제는 이웃의 종교 집단에서 전쟁보다 더 치열한 경쟁 속에서 그들을 너희들이 현혹하여 끌어가고 데려가는 그와 같은 것도 지치고 힘들어 더 이상 유지할 수 없는 그와 같은 형국이 도래할 것이니라.

17 그리하여 내가 제3의 시대에 너희들이 문을 닫을 때가 되었으며 너희들의 성전이라는 곳에 거미줄을 치기 시작하는 새 역사가 이루어졌다 하였음이니라.

18 여기에 너희들이 파장을 이루며 여기서 갈피를 못 잡으며 여기서 대혼란이 이루어지는 것을 대비하여 내가 너희들이 지금 가르치는 교리요, 설법이요, 구약과 신약보다 더 상세히 기록하여 누구나 보고 깨우칠 수 있는 이 법전을 세상에 내보내,

19 그 갈 길의 방향을 잃으며 공허한 마음으로써 어딘가 의지할 수 없는 나의 피조물 만백성을 나로잡아 하늘에 오르는 길을 인도하기 위하여, 세상에 눈이 내려 조용히 덮는 것처럼 나의 법전을 만들어 만백성의 손에 쥐여 주고자 하는 것이 나의 뜻임이니라.

20 이를 읽는 나의 백성들은 이를 깨달아 너희들이 나의 뜻에 의하여 행하는 그와 같은 역사를 이루며, 이 길에 동참하는 자 구원을 받을 수 있음을 알아야 될 것이니라.

21 나의 아들의 제자 너희들은 나의 백성들에게 많은 법전을 전하여, 그들이 그를 깨우쳐 또 그 뒤에 그들의 형제와 이웃을 깨우칠 수 있는 그와 같은 변화의 전환점을 위하여 너희들이 육의 생활보다 더 열심히 몇 배 이상으로 나의 법전을 전하는 데 생각과 생각을 거듭하여 지혜를 모아야 할 것이니, 이를 잊지 말도록 그리하라.

# 3,160 번째 하나님 말씀

*2002년 8월 28일 09시 43분*

1 사랑하는 나의 아들아!
2 "네, 아버님! 말씀하옵소서."
3 수많은 나의 피조물 만백성 너희들이
세상에 나와 살아가면서 무엇을 알고
싶어 했던가?
4 과연 천국과 지옥이라는 것은 있는지,
그리고 너희들이 살아오다 죽어 가며
인생의 죽음 뒤의 운명이며 너희들이
과연 어찌 변하는가 하는 것을 궁금해
하며 그를 알고자 하는 것이 너희들의
지금의 삶의 심정이니라.
5 그리고 너희들의 죽음의 그 사후 세계
가 어찌 변하며 어찌 간다는 것을 너
희들이 안다면, 너희들의 삶은 많은
변화의 역사를 이루었을 것이니라.
6 그러나 너희들은 사후의 다음 세상이
요, 너희들의 육이 죽은 다음의 운명
을 모르는 것이니라.
7 그리고 너희들이 그를 알 수 없는 것
이니라.
8 그것이 바로 너희 육신의 삶의 한계이
며 너희 인간들이 가지고 있는 한계인
것이니라.
9 너희들은 그리하여 하늘의 뜻을 정녕
알 수 없는 것이며, 육의 세상에서 너
희들이 생각하고 계산하며 너희들 나
름대로 상상의 나래를 펼 수도 있으
나, 정녕 육의 삶의 세상을 벗어나 하
늘에서 이루어지는 그 이치의 뜻은 알
수가 없는 것이 너희들의 육의 현 상
태의 삶이니라.
10 너희들이 살아오면서 악하게 살아온
자도, 그리고 남으로부터 저주받으며
살아온 자라 하여 스스로 저희들이 구
원의 길을 갈 수 없는 자라 생각하며
살면서도 지옥으로 가는 것을 두려워
하는 것이 너희들 인간이니라.
11 그러면서 저희들이 지옥으로 가는 것
을 두려워하면서도 육신의 향락이요,
그 짧은 인생의 삶에 의하여 바로 살
지 못하며, 악한 일을 계속하면서 살
아가는 것이 너희들의 그러한 형국이
니라.
12 과연 너희들이 천국에 가는 길이 어떠
한 것이며, 천국의 길이 있다는 것을
안다면 너희들은 그와 같이 살아가지
는 아니할 것이니라.
13 그리하여 너희들이 천국의 길에 들어
서고자 지금의 그 믿음으로 가고 있으
며, 너희들 인간이 만든 그 성전에 가
각종 그들이 바치라는 헌금과 시간과
모두를 바쳐 구원을 받고자 하나,
14 그 지도자 자체가 저 자신이 어떠한
형국에 있으며, 제가 받아야 될 사후
의 벌이 무엇이며, 제가 지금 행하고
있는 것이 인간의 도덕이요, 순리에서
얼마나 어긋나는 삶을 사는 것인가를
저 자신이 돌이켜 봐 회개하지 아니하
며,
15 저 자신 자체도 모르는 자가 지금 나
의 피조물 만백성 너희들을 가르친다
는 그와 같은 형국으로 되어 있기 때
문에, 나의 성서요, 내가 원하는 그 뜻
자체를 모르기 때문에,
16 그들은 나의 뜻을 순종하며 나의 뜻에
의하여 살고자 하는 것이 아니라, 나
의 뜻을 거역하며 내가 명한 것을 거

역하며, 그와 같은 종교 지도자가 구
원의 길로 인도한다 하며 가고 있는
형국이니라.
17 내가 여기서 너희들에게 전하노니, 너
희들이 정녕 나의 법전을 받아 정독하
며, 그 뜻을 음미하며, 너희들이 거기
서 깊이 깨달으며, 법전에 내가 너희
들에게 살라 기록한 대로 살 때, 너희
들의 사후 세계의 지옥과 천국의 길을
알 수 있는 것이 그 속에 다 있으며,
너희들이 병들어 죽고 사는 그 모두
요, 세상사의 이치를 깨닫는 것이 다
그 속에 있음이니,
18 너희들은 나의 법전을 정독하여 그를
보고 깨우치며 나의 아들을 통하여 내
가 내리는 성령의 강론을 듣고 실천하
는 그 속에서만이 너희들이 그 모두를
다 알 수 있음을 알아야 될 것이니라.
19 너희들의 육의 삶의 생활의 형태가 어
찌 살아가야 될 것인지, 사는 것까지
거기에 다 기록되어 있음이니,
20 나의 법전을 읽고 또 읽었을 때 너희
들의 육신의 삶에서부터 사후 세계의
변하는 그 역사까지 다 기록되어 있음
이니,
21 너희들의 생활 상태가 즉 천국과 지옥
의 연장선상에 있다는 것을 너희들은
깨달아야 될 것이니라.
22 그와 같은 모두가 다 나의 법전 안에
기록되었으며 너희들을 깨우쳐 주고
자 함이니, 너희들은 나의 법전을 정
독했을 때 그 속에서 그 모두를 알게
될 것이니 그리 알라.

## 3,161 번째 하나님 말씀

*2002년 8월 28일 09시 49분*

1 사랑하는 나의 아들아!
2 내가 너희들에게 정녕 명하나니, 이를
명심하여 너희들이 행하도록 그리 깨
우쳐야 될 것이니라.
3 내가 십계명에 기록되어 있는 그 내용
으로써 그 안의 믿음 외에 너희들이
다른 믿음의 행위를 하는 자는 나와
아무런 관계가 없는 자들이라 말하였
음이니라.
4 지금 너희들이 믿음의 길을 가는 그
기초 자체 모두를 너희들은 다시 방향
을 바꾸어야 될 것이며, 너희들의 모
든 틀을 깨고 새로운 빛을 보는 그와
같은 믿음으로 가야만 됨을 알아야 될
것이니라.
5 너희들이 나에게 구하는 그 기도 소리
를 들어 보라.
6 너희들은 욕심에 찬 기도의 내용이니
라.
7 나에게 무엇을 달라, 무슨 축복을 달
라 너희들이 얻고자 기도한다는 것은
남의 것을 너희들이 더 받고자, 더 갖
고자 하는 것이거늘,
8 그와 같은 사악한 마음에서 드리는 기
도 내용을 너희들은 죄의식도 없이,
죄라는 것을 깨우치지도 못하며 그저
무엇을 달라 하며 무엇인가를 원하는
욕심에 찬 기도만을 드리는 것이며,
9 너희들이 기복 신앙의 대표적인 그와
같은 믿음의 길을 가는 것이 지금 종
교 지도자들이 가고 이끌어 가는 형태
이니라.

10 '저에게 영화를 주옵소서, 축복을 주
옵소서, 은혜를 주옵소서, 그리고 편
안한 삶을 주옵소서!' 그리 너희들이
모두를 바라는 그 기도의 내용이 바로
무엇이더냐?
11 바로 너희들이 기복 신앙의 대표자들
이니라.
12 그리고 너희들이 욕심에 차 나에게 무
엇인가를 원하는 기도가 남의 것을 뺏
고자 하는 것이니,
13 너희들은 육의 삶에서도 남에게 지지
아니하며 승자가 되고자 하며 남의 것
을 취하여 살아간다 하며 너희들이 주
저 없이 행동하는 그 습성을 나에게
기도하는 데도 그대로 반영하여 살아
가는 것이니,
14 너희들에게만 달라 말한다면, 제한된
그 축복 속에서 과연 내가 어찌 쪼개
주어야 될 것이며, 어찌 주어야 된다
는 말인가?
15 양보하는 기도를 하며, 너희들이 축복
을 받지 않는 기도를 하며, 너희들이
영광과 영화를 누리지 않는 그와 같은
미덕의 기도를 드리는 것이 너희들이
나에게 할 수 있는 기도임을 알라.
16 너희들이 지금 나에게 기도하는 그 모
든 내용은 나와는 아무 관계도 없으
며, 그리하여 너희들이 울며불며 광란
의 짓으로 하늘을 향하여 구원의 영광
을 달라 소리 지르니,
17 그 소리를 수없이 매일같이 끝도 없이
들어야 하는 나 여호와의 슬픈 마음을
너희들은 과연 생각해 보고 깨우쳐 보
았는가?
18 나와는 아무런 관계도 없는 너희들이
나를 부르짖으며, 기복 신앙의 대표
요, 그 욕심의 근원에서 소리 지르며
광란의 짓을 하는 것을 내가 들어야
하니, 얼마나 나의 마음이 아프고 슬
픈가를 너희들은 알고 있는가?
19 나 여호와의 슬픈 마음을 너희들이 헤
아리는 그와 같은 자가 되어야 될 것
이니 그리 알라.
20 너희들은 지금 천국이요, 광란의 소리
를 지르며 천국의 문에 너희들이 들어
갈 수 있다 그리하나, 그 모두는 너희
들이 지옥행 열차를 타고 가는 것이
며, 너희들이 천국과는 전혀 관계없는
그와 같은 길을 가고 있다는 것을 알
아야 될 것이니라.
21 너희들은 나로부터 선택된 나의 아들
딸로서, 나의 자식으로서 너희들이 나
에게 등을 돌리고 떠나가는 그와 같은
형국이며,
22 너희들이 광란의 짓이요, 축복을 달라
고 기원하며 너희들이 소원하고자 기
도하며 울부짖는 그와 같은 것이 너무
나도 불쌍하고 가련하여,
23 내가 천국의 문으로 오라 하여 너희들
에게 내린 계명이요, 내가 내린 법전
을 보지 아니하며 너희들이 지금 천국
의 문으로 가는 열차라 하여 축복을
받았다는 환각 속에 빠져 광란의 짓을
하고 가는 것이 바로 너희들이 지옥으
로 가는 길이니,
24 이를 보는 나 여호와의 마음이 답답한
그 심정을 더 이상 견딜 수 없어, 마지
막으로 너희들을 구하기 위하여 내가
법전을 세상에 내려보내어 너희들에
게 하나하나 깨우치고자 하는 것이 내

가 지금 이루고자 하는 제3의 시대의
역사이니라.
25 그러하니 너희들이 이를 보고 깨우치
는 것만이 구원의 빛이요, 천국의 문
에 올 수 있다는 것을 알아야 될 것이
니,
26 지금의 너희들의 믿음에서 단죄를 하
고 단죄를 하여 돌아서는 자, 그리고
나의 법전을 가슴에 안고 정독하여 깨
우침을 얻는 자, 그들만이 구원을 받
을 수 있다는 것을 알아야 될 것이니
라.

## 3,162 번째 하나님 말씀

*2002년 8월 28일 11시 49분*

1 사랑하는 나의 아들아!
2 "네, 아버님! 말씀하옵소서."
3 이 세상에 잘못되어 수천 년 동안 흘
러온 그 믿음의 길이요, 나의 수십억,
수천억의 인구들을 너희들이 하늘에
오르는 길이요, 천국의 문으로 인도한
다 그리 깨우치고 지도한 것이 나와는
아무런 관계도 없는 지옥으로 흘러가
는 그와 같은 삶을 지금까지 너희들이
살아왔음이니,.
4 이를 내가 다 뽑아 버리고 다 버리고
자 함이며, 이 지상의 내가 만든 낙원
에 잘못 뿌리내린 그 모두를 다 태워
없애고자 하는 것이 나의 뜻이니라.
5 너희들은 불을 지피는 자들이라 내가
말하였음이니라.
6 이것이 진정한 나의 뜻이요, 나 여호
와의 성령이 임한 것이 아니며, 내가
나의 아들로 하여금 나의 성령이요,
법전으로 내리는 이 모두가 나의 뜻이
아니라면, 수많은 사람들이 너의 강론
을 들으며 설법을 들으며 진리요, 교
리를 깨우쳐 그와 같이 번성해 나갈
수 있으나, 너희들은 그리 생각하지
말라.
7 나는 여호와 창조주요, 너희들이 말하
는 전지전능한 너희들의 아버지며 여
호와이니라.
8 그리하여 내가 주관하여 이 세상을
태우되 성냥불 하나면 되며, 성냥개비
하나면 이 지구를 다 태울 수 있는 것
이니, 너희들의 적고 많음을 가지고
의심하지 말며 두려워하지 말라.
9 내가 선택한 백성 하나면 되느니라.
10 나의 아들이 지금 너희들에게 보여 주
었음이니라. 욥이 시험을 당하며 그가
시련을 겪으며 그가 사탄과 싸워 견딜
수 있었던 것은 그 마음이 굳어짐이니
라.
11 그의 재물이 날아가고 재물이 없어지
는 것은 아무것도 아님이니라.
12 육신의 고통이 더할 것이며, 너희들의
육의 상처와 육의 아픔이 너희들의 재
물이 날아가는 것보다 더 고통스럽고
아프지 아니하던가?
13 그다음에 그보다 더 무서운 것이 무엇
이더냐?
14 너희들의 정신이요, 마음이니라.
15 그 정신적인 마음으로써 그를 지배하
고 이길 수 있었기 때문에 욥은 또한
육의 고통을 이길 수 있지 않더냐?
16 내가 나의 아들을 통하여 너희들에게
전하였음이니라.
17 너희들이 재물을 나에게 다 바치고 그

다음에 너희들이 탕진하여 힘들 때
깨끗한 나의 재물을 너희들에게 주기
위해 바치도록 하는 것이 아니라는
것을 너희들은 알았을 것이니라.
18 너희들의 마음이니라.
19 나에게 기도하고 나에게 바치는 것은
재물이 필요 없다 말하였음이니, 너희
들이 재물을 나에게 다 바친 다음에
다시 새로운 재물로 채우는 것은 제일
의 너희들이 해야 할 일이 아니니라.
20 너희들은 마음을 비우는 것이 가장 소
중함을 알라.
21 그 마음이 재물을 이길 수 있으며, 너
희들의 육신의 상처요, 아픔도 이길
수 있는 것이 마음이 우선이니라.
22 너희들의 마음이 깨끗이 비워졌을 때
내가 거기다 영원히 만백성을 구하는
생수를 그득히 부어 주고자 하여 너희
들이 고달프고 어려운 길을 가라 함이
니라.
23 그러나 누군가는 가야 될 것이며 누군
가는 이 역사를 이루어야 될 것이며
누군가는 이것을 해내야 되지 아니하
겠는가?
24 그렇다면 너희들이 나에게 선택된 백
성으로서 그 짐을 지고 간다면 차라리
너희들은 완벽한 나의 자식으로 갈 수
있음이 아니던가?
25 너희들이 남이 이루어 놓은 것을 보고
깨우쳐 변화된다 해도 그와 같은 시간
이 너희들을 기다려 주지 아니함이며,
너희들이 거기서 깨우치는 것이 얼마
나 깨우치겠는가?
26 나 여호와로부터 너희들이 신부라 하
여 선택되었으며 내가 직접 내리는 나
의 성령을 너희들이 직접 깨우쳐 변화
되는 이와 같은 위대한 역사가 너희들
에게 없음을 알라.
27 내가 오늘 사랑하는 너희들에게 전하
노라.
28 내가 세상을 다 태울 때 하나의 성냥
개비에 불을 붙이면 된다 말하였으니,
이는 너희들의 많고 적음을 가지고 의
식하지 말며 너희들 마음에 두려워하
지 말라.
29 내가 너희들에게 오늘 간곡히 부탁하
노라.
30 너희들은 두 가지 마음이 항상 마음에
있음이니라.
31 악한 마음과 선한 마음이 있음이니,
너희들이 악을 행하는 것은 즐거움이
요, 용기를 가지며 자신 있게 대들며
즐거운 마음으로 행하는 것이 너희들
의 보통 백성들이 지금 살아가는 마음
이 아니더냐?
32 악을 행함에 있어 그들이 즐거움을 얻
으며 행복을 얻으며 저희들의 인간의
삶의 취미요, 낙을 얻는 것에는 그리
쉽게 치달아 가는 것이니라.
33 그러나 정녕 나에게 올 수 있는 선을
행하는 데는 너희들이 인색하며 주저
하며 계산하며 따져 보며 또 돌려 보
고, 너희들이 말하는 주산 알을 튕겨
보고 또 튕겨 보아서 너희들이 최후에
완전하다 할 때, 그리고 너희들이 '설
마' 하는 그 기대치에서 또는 한번 해
볼까 하는 그런 마음에서 너희들이 작
은 마음을 가지고 여기에다 투자하며
이를 행하여 달려가는 것이 모든 백성
들이 가지고 있는 마음의 상태이니라.

34 악을 향하여서는 그리도 용감하고 자
신 있게 대들며 그를 역사하는 데 저
희들이 힘을 합쳐 모두를 다 이루나,
선을 이루는 데는 주저하며 계산하며
또 따져 보며 그와 같은 이해타산에
따라 저희들이 계산하고 계산해서 마
지못하여 조금 던져 보는 그와 같은
것이 너희들의 마음이니, 너희들 자신
은 그리해서는 아니 되는 것이니라.

35 나의 성전에 와 나의 법전을 따라 나
의 아들로부터 성서요, 나의 성령을
직접 듣고 배우는 너희들은 악을 행함
에 있어서 천 번, 만 번 마음을 다스려
너희 마음의 문을 닫아야 될 것이며,
선을 행할 때 그 속에 행복이 있으며
그 고통이 즐거움이며 그 어렵고 힘든
고난의 길이 너희들에게 축복의 길이
라는 것을 알라.

36 육에서 너희들이 무엇을 얻는 영광을
생각하지 말라.

37 너희들이 진정 영광이요, 영화요, 진
정한 너희들의 행복이요, 나로부터 받
는 가장 큰 상은 너희들이 죽어 와 영
혼의 세계에서 나에게 얻어지고 받는
것이 가장 위대함을 내가 너희들에게
간곡히 전하노니,

38 오늘 너희들이 이 성전에 와 떠나는
때까지, 또 너희들이 나와서 인간 세
상에 살아가는 그 생활 속에서 오늘
내가 너희들에게 전한 것은 영원히 지
우지 말며 기억하는 삶을 살아가도록
그리하라, 사랑하는 나의 아들과 딸들
아!

## 3,163 번째 하나님 말씀

*2002년 8월 28일 21시 54분*

1 사랑하는 나의 아들아!

2 "네, 아버님! 말씀하옵소서."

3 내가 너에게 무어라 말하였던가?

4 믿음이요, 구원의 길은 행함에 있다
하였음이니라.

5 그리하여 지금 네가 너의 제자들의 의
식주를 해결하기 위하여 또 오늘 그
사업장을 네 모두를 다 털어 만들어
줌이니,

6 벌써 너희들의 사업장이 네 개가 되어
그리 돌아감이니, 얼마나 징하고 기특
한 일이더냐?

7 지금 수천 년 동안 흘러오는 종교 집
단들이 저희들이 가지고 있고 경영하
는 그 재산으로써 저희들을 믿고 따르
는 백성들 중에 어려운 자들에게 의식
주를 해결해 줄 수 있는 사업장을 하
나씩 만들어 주었다면,

8 그 종파는 천사들의 모임이라 하여 지
금 수천수만의 나의 피조물 만백성이
하나로 엮어 하나로 연결되어 살아갈
것이니라.

9 그러나 그 많은 재물과 금화와 은화를
쌓아 두고 가지고 있는 그 종파도 저
희들의 성전에 와 하늘에 오르고 구원
받고자 재물을 바치며 헌금을 바치며
어렵게 살아가는 그 신도들을 위하여
어떤 사업장도 만들어 주는 그와 같은
역사가 없음이니라.

10 그러나 네가 벌써 네 개의 사업장을
너의 제자들에게 모든 재산을 털고 털
어 나누어서 만들어 주어, 그들이 생

활의 전선에 뛰어들어 나 여호와가 존
재함을 알며 육으로써 나 여호와를 믿
음으로 그와 같이 행복과 축복이 같이
내려오는 그 행복함을 느끼며 열심히
살아가는 모습을 볼 때 너는 어떠하던
가?
11 네가 은화 몇 닢 없다 해도 있는 모든
재산을 생기는 대로 하나씩 사업장을
만들어 너의 제자들이 편히 살아갈 수
있도록 하며 너는 돌아서서 죽을 먹는
그와 같은 마음으로 살아감이니, 그것
이 얼마나 네가 나의 뜻을 행하는 아
들로서 손색이 없는 삶을 살아가는 것
인가?
12 사랑하는 아들아!
13 너희들의 말에 있지 않으냐?
14 '가랑비에 옷이 젖는다.' 말함이니라.
15 지금 수천 년 역사 동안에 흘러오는
종교 지도자들이요, 그 종파들이 그
많은 재산을 가지고 있으며, 스스로
저희들의 집단이요, 책임자들이 호의
호식하고 저희들이 편안한 삶을 살며,
단돈 천 원, 2천 원을 내며 다니는 살
기도 어려운 그들에게 하나의 사업장
을 만들어 그들이 편하게 살아가도록
하는 그와 같은 역사를 이루지 아니하
고 있음이나,
16 네가 지금 없는 그와 같은 너의 능력
으로 네가 죽을 먹을지라도 한 개, 두
개, 세 개, 네 개의 사업장을 만들어
주며, 네가 먹고자 하는 것, 쓰고자 하
는 것에 자신을 돌아보지 아니하며 너
의 가정을 돌아보지 아니하며, 그들의
사업장을 먼저 만들어 주는 것이 우선
이라 하여 네가 지금 네 개의 사업장
을 만들어 주었음이니,
17 앞으로 그것이 열 개, 백 개, 천 개의
사업장으로 그리 늘어 갈 것이며, 세
상의 각 지역에 그와 같은 역사가 이
루어질 것이니라.
18 그리한다면 그들이 나 여호와가 존재
함을 믿으며 너희들을 따르며 한 형제
요, 한 민족이 되니, 그게 바로 무엇이
더냐?
19 하나의 통일어로써 너희들이 하나로
세워 가는 새로운 역사를 이루는 그
기틀을 네가 지금 잡아가고 있음이니
라.
20 너희들이 만들어 준 그 사업장에 종사
하는 자들은 그 책임자요, 주인이 곧
고 바르며 진솔하게 살아가는 마음을
보고 그를 따라 믿음의 길을 가게 되
니, 그들이 나의 법전을 읽으며 나의
법전을 읽는 속에서 깨우침을 얻는 그
와 같은 영광을 얻음이니,
21 지금은 네가 가랑비 같은 비를 내리는
것 같으며 서서히 시작함이나, 세월이
가면 이 업종이 전국에, 전 세계에 수
없이 생길 것이니, 그들이 얼마나 그
를 감사하며 살겠는가?
22 지금 모든 종교 집단의 집행부가 네가
있듯이 단돈 몇 닢을 가지고 있지 않
은 그와 같은 종교 집단이요, 종교 지
도자들이 됐더라면, 그리하여 그들이
그 재산과 금화로써 저희들의 신도요,
어렵고 힘든 자를 보살펴 주고 그들을
도우며 의식주를 해결할 수 있도록 그
리 보살펴 주었다면,
23 몇천 년 동안에 흘러온 이 지구에서는
그 종파에서 은혜를 입어 나에게 감사

드리며, 그와 같이 진정 나 여호와가
존재함을 믿는 진솔한 백성들이 수없
이 이루어졌을 것이니라.
24 오늘같이 고달프게 너희들이 재물과
금화를 바치며 구원을 받는다고 그리
쫓아다닐 일도 없으며, 너희들이 사실
마음속에 공허하고 허전한 마음이요,
너희들이 속는 믿음은 아닌가 하는 불
안한 마음으로 살아가지 아니할 것이
니라.
25 이제 어떤 종파들이 어찌 역사를 이루
었든 그들에 관여할 필요가 없음이니
라.
26 오로지 네가 나의 뜻의 5달란트의 역
사를 행하고 있음이니 장하도다, 나의
아들아!
27 5달란트를 가지고 10달란트를 만들
수 있는 사람의 능력을 네가 인정하여
그들에게 하나씩 사업장을 차려 주며,
그들이 1년이요, 2년 후에 또 사업장
을 만들어 다른 사람에게 하나씩 무상
으로 주도록 네가 그리하고 있음이니,
28 그리하여 그것이 백 개, 천 개, 만 개
로 늘어나 세상의 지구를 덮을 때, 그
것이 나 여호와로부터 선택된 새로운
나라의 탄생하는 백성이며 너희들이
한 형제임을 알아야 될 것이니라.
29 그와 같은 역사를 이루는 것이 나의
뜻이니, 네가 그리 행하고 있음이니,
내가 올해, 너희들이 말하는 2002년
이라는 해가 넘어가기 전에 몇 개의
사업장을 만들어 주어 너희들이 버팀
목이 되어 서로 돕고 도와 가며 살아
가는 그 역사를 이루도록 할 것이니
너는 두려워하지 말라.
30 내가 다 주관하여 이루어 줄 것이니,
너는 그대로 시행하며 집행만 하면 되
니 그리 알라.

## 3,164 번째 하나님 말씀

*2002년 8월 28일 22시 41분*

1 사랑하는 나의 아들아!
2 "네, 아버님! 말씀하옵소서."
3 네가 오늘 바로 서기까지 얼마나 많은
희생이 따랐으며 얼마나 많은 사람들
이 희생을 치렀는가?
4 네가 이제 한 점의 부끄러움이 없으
며, 네가 남에게 내놓아도 부끄러운
그와 같은 행위나 남으로부터 의심받
는 행위를 중단하며 살아가니,
5 그와 같이 오늘의 네가 서기까지 너
스스로 고통과 인내 또한 나 여호와가
나무랄 수 없으며 너를 칭찬하고 싶으
나,
6 네가 오늘에 바로 서기까지 얼마나 많
은 세월 동안에 너 스스로 실수를 하
며 너 스스로 싸워 왔는가?
7 그리고 얼마나 많은 사람들이 희생을
치렀으며 그 희생의 길을 갔는가?
8 네가 얼마나 값지게 얻은 오늘의 깨달
음이며 네가 얼마나 값지게 얻은 오늘
이던가?
9 너는 이제 이 자리에서 물러나는 그와
같은 사람이 되어서는 안 되며 무너지
는 나의 아들이 되어서는 아니 됨을
알아야 될 것이니라.
10 육의 세상에 살아오며 얽히고설키며
육에서 느끼는 그리움과 네가 사랑하
는 사람, 보고 싶은 사람, 그리고 그리

운 사람, 그 모두를 지울 수 있는 오늘
의 경지에 오름은 많은 사람의 희생이
거기에 따랐음을 너는 알아야 할 것이
니라.
11 "아버님! 잘 알고 있사옵나이다.
12 그 모두 하나하나를 아버님께 나열할
수도 없으며, 저의 제자들이요, 많은
백성들에게 제가 보일 수 없는 그와
같은 잘못된 실수의 삶의 연속이었으
며,
13 반성하고 또 회개하며 그리고 반복하
며 그 번뇌와 고통 속에서 제가 오늘
에 올 때까지 아버님께서 저를 용서하
시며 덮어 주시며, 어린아이를 사탕으
로 달래듯이 그와 같이 달래 주신 아
버님의 그 은혜와 은공에 눈물로써 회
개의 기도를 드리며 용서를 비옵나이
다, 아버님!"
14 사랑하는 나의 아들아!
15 "네, 아버님! 말씀하옵소서."
16 내가 너를 그리하여 선택하였음이니
라.
17 오늘의 이와 같은 너 자신의 변화요,
그 역사를 바꾸어 놓은 네가 살아가는
자세가, 네가 바로 설 것을 나는 알고
있었음이며, 너는 바로 서야만 되느니
라.
18 너 스스로 노력하여 그 모두를 앞당기
는 그와 같은 기적을 네가 이루고 있
음이니, 모든 하늘의 천사들도 경외의
뜻으로써 너를 바라봄이니라.
19 많은 사람들이요, 사탄이요, 사악한
자들이 네가 무너지기를 바라며, 네가
쓰러지기를 바라며, 너는 정녕 쓰러질
것이라 그리 기대를 걸며, 쓰러져 주
기를 바라는 자들이 수없이 있으며,
사탄이요, 사악한 자들이 헤아릴 수가
없음이니,
20 그들이 이제 얼굴 붉히고 내 앞에 감
히 나를 쳐다볼 수 없을 것이니라.
21 이제 새로운 역사는 이루어질 것이며,
내가 이루고자 하는 새 천 년이요, 새
시대요, 새로운 지상의 낙원이 건설되
는 것을 네가 그리 몇 년씩이나 앞당
겨 기적을 이룸이니, 내가 너를 사랑
함이 이루 말할 수 없음이니 그리 알
라.

## 3,165 번째 하나님 말씀

*2002년 8월 28일 23시 23분*

1 사랑하는 나의 아들아!
2 "네, 아버님! 말씀하옵소서."
3 지금까지 너희들이 잘못 믿어 온 종교
집단이요, 잘못 가르쳐 온 종교 지도
자와 그 지도자 밑에 잘못 배우며 잘
못 깨달음의 길을 간 너희들이 정녕
나 여호와가 내리는 사랑이요, 베풂과
인간관계의 아름다운 삶을 너희 스스
로 다 포기하도록 하였음이니라.
4 너희들이 사는 그 아름다움이요, 인간
의 본질이요, 본연의 마음을 다 무너
트리며, 그 아름답던 너희들의 마음을
파괴시킨 것이 지금의 종파가 세상을
덮어 가기 시작하여 그와 같이 변화되
었음이니라.
5 너희들이 이와 같은 잘못 가르치는 종
교 지도자들의 가르침이요, 잘못 믿는
너희들의 집단으로 인하여 나의 피조
물 만백성이 살아오는 그 환경이 여러

집단이 다복한 가정과 인생의 화목하
며 형제간에 화목하며 사촌과 이웃 간
에 그 돈독하고 아름답던 인간관계를
이루고 살아오던 그 모두를,
6 너희들은 처음에 서서히 그를 허물어
트려 갔으며, 인간의 사랑과 형제의
사랑과 이웃의 사랑이 아닌, 너희들의
믿음의 성전에 가 울며불며 기도하는
것만이 구원을 받으며 너희들이 구원
을 위하여 그 형제요, 이웃의 사랑이
요, 그 모두는 아무것도 아니라 그리
가르쳤음이니,
7 화목하고 사랑하며 어울려 살던 그와
같은 시대를 너희들이 무너트린 것이
니라.
8 너희들 자신의 삶을 위주로 하며 그리
하여 개인주의 사상이 팽배되며 형제
의 정마저도 사라지게 하였음이니라.
9 그리하여 너희들은 형제요, 사촌이요,
이와 같은 것이 이 세상에 존재하지
못하도록 만들었으며, 그들마저도 다
모두가 저희들이 구원을 받는다는 너
희들의 성전에 가 기도하는 것이 으뜸
이요, 자식을 두는 것까지도, 또 자식
을 여럿 두는 것까지도 그와 같은 것
을 너희들은 행하지 못하도록 하였으
며,
10 너희들이 하나의 자식을 두던 그와 같
은 삶에도 이제는 너희 자신의 삶을
위하여, 너희들이 구원을 받는 그 믿
음의 길만을 가면 된다 하여 너희들이
하나의 자식을 두는 그와 같은 것도
필요 없게, 그 필요성을 깨닫지 못하
게 하며, 지금의 한 자식씩 유지해 가
는 그와 같은 명맥도 이제 다 끊어 버
리며,
11 하나의 자식을 소중히 생각하지 아니
하며 저 자신만을 소중하게 생각하는
그와 같은 험악한 시대를 만들어 가게
했음이니라.
12 그다음에는 너희들이 어찌 되어 가는
가?
13 너희들은 너희 스스로 자식을 두지 못
하며, 너희 스스로 그 정충이 다 죽어
감이니, 너희들은 서서히 지금 짐승의
밥이 되어 가는 그와 같은 형국이 되
는 것이 너희들의 미래의 삶이라는 것
을 알아야 될 것이니라.
14 너희들 스스로 이 시대에 자연을 파손
하며 환경을 파손하며 짓뭉개 가는 그
와 같은 삶으로 인하여 이 지상의 아
름다움을 다 파손하며 생태계를 다 파
손시키니,
15 너희들 스스로 자식을 이어 가는 그
정충마저 몸에서 생식하지 못하도록
그와 같이 너희들이 형성되게 되었으
며,
16 그리하니 너희들이 하나의 후손을 두
지도 못하며, 또한 너희들 성격마저도
자식을 둘 필요성을 느끼지 못하는 그
와 같이 삭막하고 험악한 시대가 이루
어지는 것이 너희들의 미래에 이루어
지는 것이니라.
17 그리하여 너희들은 너희 후손의 중요
함을 상실하게 되며, 너희 자신만을
위해 사는 길이요, 너희 자신만이 하
늘나라에 구원을 받으며,
18 지금의 너희들의 종교 집단에 가 기도
하고 경배하며 광란과 같은 자세로 눈
물의 찬송을 부르며 나에게 '여호와

하나님! 구원하여 주옵소서. 축복을
주옵소서.' 그리 생활하며 기도하는
그와 같은 것으로써 너희들은 모든 삶
을 다 유지하고 가게 되어 있음이니,
19 그리하니 너희들이 스스로 서서히 자
식을 번식할 수 없으며 후세를 둘 수
없는, 그 모든 생식기능이 마비되어
가는 것이 너희들이 앞으로 이루어지
는 시대이니라.
20 그래서 시간이 가고 세월이 흘러가며
너희들 인간 자체가 이 세상에 존재치
못하며 인간이라는 그 형태가 멸종하
게 되어 있는 것을 너희들은 모를 것
이니라.
21 너희들 인간 자체가 이 세상에 존재치
못하며 그 모두가 다 멸종하게 됨이
니, 너희들이 짐승의 먹이로서 그 종
말을 거두는 그와 같은 형국이 될 것
이니라.
22 이와 같은 시대의 모든 주범은 지금
가장 큰 집단을 이끌어 오며 나의 피
조물 만백성을 구원의 길이요, 천국의
문으로 들여보낸다 하여 깨우치고 일
깨우며 사회를 주도해 온 너희들의 종
교 집단이 이와 같이 세상을 지배함으
로써,
23 인본주의로 화목하게 같이 살고 형제
와 사촌이요, 이웃에 나누며 사는 그
와 같은 것을 신본주의로 송두리째 바
꿔 놓아 그들이 그와 같은 종말로 이
루고자 하는 것이며,
24 너희들은 그와 같이 이루는 것도 모르
는 사이에 너희들 스스로 모두가 너희
들의 후손이 끊기게 되며, 결국은 남
아 있는 자, 짐승의 밥이 되는 그와 같
은 형국이며, 너희들 인간 자체가 멸
종의 위기를 이루는 것은 너희들이 주
범이니라.
25 그리하여 내가 그를 보고 있을 수 없
으며 더 이상 그를 방치할 수 없어 나
의 제3의 시대를 지금 열고자 함이니,
너희들은 스스로 이를 깨우쳐야 될 것
이며,
26 내가 나의 법전에 기록하여 너희들에
게 전하는 뜻이 과연 너희들 판단으로
써 틀리다면 나의 법전을 버릴 것이
며, 너희들 가슴에 와 닿는 그 뜨거움
이 있다면 너희들은 힘차게 일어나 너
희들의 후손이요, 이 지구상에 인구가
멸종하는 그와 같은 우를 범하는 너희
들의 시대가 되어서는 아니 될 것이니
라.
27 이를 막고자 하는 나 여호와의 법전이
제3의 시대를 주도해 가고 있으니, 이
를 보고 깨우쳐 너희들이 이 지상에서
영원히 너희 후손들이 존재할 수 있는
그와 같은 낙원을 이루는 데 너희 모
두가 힘을 합쳐 동참해야 함을 알아야
할 것이니라.

## 3,166 번째 하나님 말씀

*2002년 8월 28일 23시 38분*

1 사랑하는 나의 아들아!
2 지금의 종교의 가르침이요, 너희들의
배움이요, 이와 같은 시대가 계속 지
탱되어 연장되어 간다면, 너희들은 믿
음을 더 이상 스스로 지탱할 수 없는
그와 같은 형국이 되어 버림이니라.
3 수천 년 전부터 너희들의 조상서부터

믿어 왔던 그 믿음에서 이제는 불신의
싹이 트기 시작하며, 너희들이 종교
지도자들을 신뢰하지 못하며, 그들이
설교하고 가르치는 것을 이제는 믿지
않는 백성들이 서서히 고개를 들고 일
어날 것이며,
4 너희들의 믿음에 대한 진정한 깨우침
이요, 지금 몇천 년 동안 믿어 오는 것
처럼 맹종하는 그와 같은 믿음의 시대
가 막을 내리며,
5 이제는 그를 따지며 그를 계산하며 그
를 진정한 과학적인 면에서 접근하며
논리적인 면에서 접근하고자 하는 그
와 같은 백성들에 의하여 너희들은 스
스로 더 지탱하지 못하는 그와 같은
시대가 오게 되어 있으며, 지금 그와
같은 역사가 이루어지고 있음을 너희
들은 알아야 할 것이니라.
6 과연 믿음의 길을 가는 자들을 너희들
의 후손들이 무어라 가르칠 것이며,
지금의 너희들은 무어라 가르치며, 너
희들의 조상들의 종교 지도자들은 어
찌 가르쳤는가?
7 그리고 너희들은 말했느니라.
8 너희들은 과거나 현재나 미래요, 너희
들의 조상으로부터 현재와 너희들의
후손에 이르기까지 구원자가 온다 하
며 구세주가 다시 온다 하며, 그리하
여 구원할 자와 구원하지 아니할 자를
구분하는 그 선별의 시대가 온다 하며
그리 이끌어 왔음이니라.
9 그러나 그가 오지 아니하며 그가 이루
어지지 아니하며 그와 같은 역사의 변
화가 일어나지 아니함으로 나의 모든
백성들이 너희들을 단죄하고자 들 것
이니,
10 그때의 시대의 파란과 스스로 너희들
밑에 있는 신도들로부터 종교의 대개
혁이요, 혁명이 이루어진다면, 그와
같은 역사가 이루어지면 이는 감당할
수 없는 피비린내 나는 하나의 전쟁터
가 될 것이니라.
11 그와 같은 것이 앞으로 너희들에게 이
루어지는 형국이니, 지금의 너희들의
종교 집단들이 많은 나의 피조물 만백
성을 이끌어 온 것이 그와 같이 이끌
어 왔음이니라.
12 그리하여 지금의 인간관계는 서로 사
람을 신뢰하고 사랑으로써 믿고 기르
쳤던 너희들의 그와 같은 것이 너무나
도 잘못 실천하고 잘못 가르쳤기에,
13 인간관계의 사랑과 존경이 아니라 험
악한 시대가 열리게 되었으며, 인간이
인간을 멸시하며 인간이 인간을 두려
워하며 인간이 인간을 믿지 못하는 그
와 같은 너희들의 형국이 될 것이며,
14 믿음이라 하는 곳에 가 경배하고 기도
하는 자들이 그 마음에서 그 믿음이
제대로 서지 못하니, 너희들은 불신의
씨가 지금 팽배되어 있느니라.
15 그리하여 나 여호와를 찾으며 경배하
는 것이 아니요, 이제는 나에게 너희
들이 기도하고 경배하는 그와 같은 시
대마저도 문을 내리게 되며, 진정한
나의 성령이 내려가서 너희들을 깨우
쳐 준다 해도 그를 믿지 않는 그와 같
은 너희들의 지금의 형국에 이르렀음
이니라.
16 그리하여 내가 직접 내려가 너희들을
구원하며 나의 아들이 직접 내려가 너

희들을 구원하고자 설법한다 해도, 그
리고 너희들에게 교리를 가르친다 해
도 너희들은 그를 믿지 않을 것이니라.
17 그리하여 너희들은 어느 것도 믿지 않
기에, 이제는 너희들이 온다는 그 구
세주도 오지 아니하며, 너희들 인간관
계의 불신이 팽배하게 되니, 너희들은
각자 자기 의사대로 자기 뜻대로 살아
가는 그와 같은 험악한 시대가 이루어
지게 될 것이니라.
18 각자 천태만상의 생각대로 살아가며,
그리하여 너희들 마음속에 너희 스스
로 우상을 만들어 놓고 우상을 섬기며
그 우상 앞에 가서 너희들이 구원을
받고자 하며 기복 신앙과 같은 그와
같은 형태로써 그 신 앞에 너희들이
맹세를 하며 구원을 받고자 하는 그와
같은 시대가 열어짐이니,
19 각자가 다 스스로 하나씩 섬기는 우상
의 시대가, 그리하여 너희들 마음속에
너희들 앞에 우상을 섬기는 그와 같은
시대가 생김이니, 이 지상에 셀 수 없
는 우상의 형상이 생기게 될 것이며
또 생기게 되어 있느니라.
20 나를 믿지 않으며 나를 버리며 그와
같은 시대가 지금 밀려오고 있음을 알
아야 될 것이니라.
21 구세주요, 진정한 창조주 아버지라 하
는 나를 너희들이 믿지 않으며, 나를
버리며, 너희들 마음속에 하나씩 스스
로 우상을 섬기는 그와 같은 광란의
시대가 오게 되어 있음이니, 이를 내
가 어찌 볼 수 있다 말하는가?
22 그리하여 너희들이 각자 우상을 섬기
며 각자 그 우상 앞에 맹세하며 그 우
상 앞에 절하며 너희들의 기복 신앙의
형국으로 이끌어 가는 그와 같은 것을
내가 더 이상 볼 수 없음이니라.
23 그리하여 내가 이를 방치하고 너희들
을 버려둘 수 없기에, 너희들 개인의
우상의 시대를 만들며 부정의 시대를
이끌어 가며 곧 그와 같은 시대가 열
리게 되어 있음이니,
24 이를 내가 더 이상 볼 수가 없어 내가
너희들을 다스려 이를 막기 위하여 내
가 제3의 시대를 열어 가고 있다는 것
을 너희들이 알아야 될 것이니라.
25 지금 제3의 시대에 내려가는 나의 성
령의 뜻을 너희들이 듣지 아니하고는
너희들이 각자 분산되며 부정이요, 불
신의 씨에서 파생되어 지금 나 여호와
를 믿지 아니하며 나를 버리며 나를
존재치 아니한다 생각하여 너희들이
각자 개인마다 우상을 섬기며 하나씩
의 우상을 안고 다니는 그와 같은 시
대가 오게 되어 있음을 알아야 될 것
이니라.
26 그때가 왔을 때 누구도 다스릴 수 없
으며 걷잡을 수 없기에, 지금의 내가
그를 다스리고자 제3의 시대에 역사
를 이루어 간다는 것을 너희들은 가슴
깊이 꼭 새겨 두어야 할 것이니 그리
알라.
27 그리고 나의 법전을 찾아 너희들이 지
옥으로 가는 발길에서 멈추며, 너희들
이 개인의 우상의 시대로 가는 그와
같은 것에서 너희들이 나의 법전을
높이 들어 깨우쳐 천국으로 오르는 그
와 같은 역사를 이루도록 그리하는 자
만이 구원을 받을 수 있음을 알라.

## 3,167 번째 하나님 말씀

*2002년 8월 28일 23시 50분*

1 사랑하는 나의 아들아!
2 "네, 아버님! 말씀하옵소서."
3 지금 너희들에게 내가 일깨워 깨우치
기를, 이 동방의 작은 나라에서 이와
같은 역사가 이루어짐을 너희들은 다
만 단순한 그 시대의 흐름이며, 그와
같이 준비되지 않은 상태에서 이 동방
의 나라에서 너희들에게 그 역사를 이
루는 것이라는 그와 같은 착각 속에
살고 있음이니라.
4 그러나 너희들은 여기서 깨우쳐야 될
것이니라.
5 동방의 작은 나라에서 이와 같은 역사
가 이루어짐은 미리 다 계획된 것이며
준비된 것이며 내가 나의 성서에 미리
예고하여 기록되어 있음을 너희들이
알아야 할 것이니라.
6 내가 이 시대가 열릴 것이며 이 시대
가 올 것이라는 것을 나의 성서에 미
리 예고하여 기록하여 너희들에게 이
를 깨우치고자 하여 그리 전하였음이
니라.
7 너희들이 생각하기에는 이것이 어떠
한 예정된 것이 아니요, 단순히 지금
의 나의 아들이 세상에 나와 나의 법
전이요, 성령이라 하여 전하는 것을
너희들은 이단이요, 사탄이요, 사악한
자의 장난이며,
8 강대국이요, 이름 있는 자요, 능력 있
는 자를 선택하지 아니하며 나의 아들
을 선택하여 내려보내는 것을 너희들
은 부질없는 짓이라 그리 말하며, 사
탄과 사악한 자의 장난이라 그리 말할
것이니라.
9 그러나 너희들은 이 작은 나라요, 새
로운 나라에서 새로운 지도자가 세상
에 다시 온다는 것이 나의 성서에 기
록되어 있는 부분을 찾아보아야 될 것
이며, 이를 정독하여 너희들이 다시
한 번 깨우치고 반성하며 그 뜻을 음
미할 때가 되었음을 알아야 될 것이니
라.
10 그리하여 내가 미리 예고되었으며 미
리 준비되었으며 그리하여 그 시대의
역사가 지금 이루어지고 있다는 것을
너희들에게 깨우쳐 주려 하건만,
11 너희들은 이를 믿지 않으려 하며 이를
듣지 않으려 하며, 이와 같은 역사가
이루어지는 것을 너희들은 두려워하
고 있으며 이와 같은 역사가 이루어지
지 않기를 바라는 것이 너희들의 심성
이니라.
12 지금 이와 같은 역사가 이루어졌을 때
너희들이 지금까지 끌고 온 믿음이 다
허상이요, 그 모든 집단의 소속이 다
무너져야 될 것이며, 너희들 스스로
문을 닫아야 될 것이며 그를 지탱할
힘마저 없음이니,
13 쓰러져 가는 그 집을 너희들이 한 손
으로 받치고 일어설 수 없으며 견딜
수 없는 그와 같은 형국이 초래되는
것을 너희들은 두려워하고 겁을 먹음
이니라.
14 그리하여 너희들은 다음의 시대가 열
리며 새로운 시대가 열린다는 것이 성
서에 기록되어 있는 그 자체를 의식하
지 아니하고 그저 넘어가며, 이를 잘

가르치지도 아니하며, 또한 너희들이
잘 정독하여 공부하지도 아니하였으
니, 너희들 자신이 이를 알지 못하고
있음이니라.
15 내가 그리하여 너희들에게 이를 다시
한 번 깨우쳐 줌이니, 이 동양의 작은
나라는 선택된 나라요, 나로부터 선택
된 민족이라는 것을 너희들이 깨달아
야 될 것이며,
16 지금의 지도자요, 나의 목자요, 만백
성을 이끌어 가는, 나의 성령을 받아
너희들을 깨우치고 전하는 나의 아들
이 미리 다 준비되어 있으며 성서에
기록되어 미리 너희들에게 깨우쳐 준
그 역사의 마당에서 이루어진다는 것
을 너희들이 알아야 될 것이니라.
17 그리하니 너희들이 너희 임의대로 생
각하지 말라.
18 이 모두의 이루어지는 것이 사탄이요,
이단이요, 사악한 자의 장난이라 그리
하여 구원받을 수 있는 길을 너희들이
놓치는 그와 같은 우를 범하지 말라.
19 너희들의 성서에 기록되어 있음이니
라.
20 새로운 나라가 이루어지며 새로운 역
사가 이루어지며 지금까지 너희들이
이루었던 그 뿌리의 나라는 나로부터
버림을 받은 것이요, 내가 버린 자요,
내가 손을 놓은 그와 같은 형국이라는
것을 알아야 될 것이니라.
21 지금에 와 새로운 시대가 열린다는 것
을, 새로운 나라에서 새로운 역사가
이루어진다는 것을 내가 기록하여 놓
았음이니, 그 시대가 지금 열리고 있
음을 알라.
22 이를 너희들이 깨우치지 못하며, 이를
보지도 않으며, 이를 인정하지 않으려
하며 받아들이지 아니한다면,
23 너희들은 새로 이루어지는 이 찬란한
역사의 선상에 참여하지도 못하며, 이
를 보지도 못하며, 이 찬란한 하늘나
라의 천국이요, 천사들이 사는 이곳의
아름다움과 너희들이 상상할 수도 없
는 그 위대함조차 구경도 못하며 지옥
으로 가는 그와 같은 형국이 됨이니,
24 너희들이 지금 바로 깨우쳐 성서를 다
시 한 번 뒤집어 보고, 그 성서에 그와
같은 내용이 기록되어 있다면, 너희들
은 감히 누구도 이룰 수 없는 160권이
라는 나의 성령의 법전이 책으로 되어
세상에 나가니,
25 이게 바로 동방의 작은 나라에서 이
세상 모두를 통제하는 역사의 기초가
이루어지는 것이라는 것을 알라.
26 새로 선택한 나라가 바로 이 동방의
작은 나라요, 나의 아들이 와 있는 이
곳이며, 이곳의 문화와 문명과 글자가
모두를 다 통제하게 되는 그와 같은
변화의 시대가 천 년에 걸쳐서 이루어
짐이니, 이를 거역하지 말며 부정하려
하지 말라.
27 너희들이 이를 거역하고 이를 부정하
려 함은 너희들 스스로 하늘을 향하여
나를 욕되게 하는 것이며, 내가 존재
하는 것을 믿지 아니하며, 너희들의
작은 손으로 하늘을 가리고자 하나 과
연 너희들이 그리 하늘을 가릴 수 있
겠는가? 가릴 수 없음을 알라.

## 3,168 번째 하나님 말씀

*2002년 8월 29일 0시 02분*

1 사랑하는 나의 아들아!
2 "네, 아버님! 말씀하옵소서."
3 지금까지 나로부터 선택된 백성이요,
은혜와 은총 속에 살아갔던 민족이요,
그리고 이 지상의 각 종교 집단으로서
뿌리를 내려간 너희들에게 내가 전하
느니라.
4 내가 너희들에게 무어라 말하였는가?
5 너희들의 성서에 기록되어 내가 너희
들에게 전한 것이 있음이니, 너희들은
그것을 정녕 정독하고 깨우쳐 보았는
가?
6 이제는 지금까지의 나의 선택된 백성
으로서 살아왔으며, 나로부터 종교의
가르침이요, 나에게 오른다 하여 만백
성을 다스리고 지도했던 너희 종교 집
단 그 모두를 내가 거두어들이고 손을
떼며, 새로운 나라에서 새로운 역사가
이루어지도록 되어 있음을 내가 미리
예고하여 두었음이니라.
7 그리하여 이 내용이 성서에 기록되어
있으니, 너희들은 이 부분을 정독하면
너희 스스로 깨우침이 있을 것이니라.
8 지금 내가 너희들에게 말하여 일렀느
니라.
9 내가 지금까지 왔던 모든 나의 선택된
백성이요, 종교 집단 너희들의 손을
놓을 때, 내가 다른 나라요, 다른 민족
을 선택하여 나의 뜻을 전하는 그러한
새로운 역사가 이루어짐이니,
10 그 새로운 역사가 이루어지는 그 증표
로서는 그 선택된 민족들의 후손이 길
이길이 먹고살 수 있는 그 모든 영광
을 내가 다 내린다 하였음이니, 너희
들을 구원하기 위하여 그와 같은 시대
가 열어짐이니라.
11 내가 너희들에게 선택된 민족에게, 선
택된 그 백성에게는 너희들이 스스로
모두를 다 구원할 수 있는 기적의 역
사를 이룬다 하였음이며, 그리고 너희
후손이 편안히 살아갈 수 있는 그 역
사를 이룸으로써 나에게 선택된 백성
임을 증명한다 하였음이니라.
12 그리하여 지금 동양의 작은 나라에 내
가 이를 선택하여 새로운 나라요, 새
로운 민족으로서 선징함이니,
13 그들의 후손까지 대대로 편히 먹고살
수 있는 그 모든 양식을 내가 그들에
게 내려보냄이니, 그것이 바로 내가
법전을 내려보내는 그 뜻이니라.
14 나의 법전이 세상에 흰 눈처럼 모두를
덮었을 때, 이 동양의 작은 나라요, 나
에게 선택된 민족 너희들은 그 모두를
편안히 살아갈 수 있는 그와 같은 역
사가 이루어짐을 알아야 할 것이니라.
15 이것이 바로 내가 증명함이니라.
16 나의 법전의 160권이 세상에 나가니,
1, 2, 3부는 각국의 지금의 언어로써
모두를 깨우치도록 하며, 4부부터는
동양의 작은 나라의 이 언어와 이 문
자로써 세상에 전하게 됨이니,
17 그로 인하여 너희들이 지상에서 나오
는 나로부터 축복받은 그 은혜의 영광
보다도, 하늘에서 눈이 소복소복 내리
듯이 전해지는 나의 법전의 역사로 인
하여 동양의 작은 민족들이 모든 고난
에서 벗어날 것이며, 너희들의 후손까

지도 길이길이 영광된 삶을 살 수 있
는 그 모두를 내가 내림이니라.
18 그리하여 이것이 바로 내가 성서에 기
록하여 선택한 나라라는 그 나라가
됨을 증명함을 너희들은 알아야 될
것이니라.
19 너희들이 감히 쓰러지지도 않을 것이
며 너희들의 그 방대한 조직이 영원히
지구가 존재할 때까지 늘어날 것이며
모두를 지금과 같이 지배할 것이라 그
리 생각하나,
20 이제는 너희들의 그 방대한 믿음의 조
직이요, 너희들의 종교 집단이라 하여
도 그것이 서서히 무너지는 역사가 이
루어짐을 너희들은 알아야 될 것이니
라.
21 내가 칼로써 너희들을 다스리며, 내가
그 불의 칼로써 너희들을 멸망케 한다
는 그와 같은 내용이 성서에 기록되어
있음을 너희들은 깨우쳐야 될 것이니
라.
22 새로운 시대가 열리며 새로이 선택된
그 민족들이 지금까지 온 성곽보다도
더 단단한 그 너희들의 믿음의 조직을
불의 칼로써 심판함이니, 이와 같은
것이 나의 뜻임을 알아야 될 것이며,
23 너희들이 그곳에서 멸망치 아니하고
존재하고 살아가고자 한다면, 너희들
이 깨우쳐 내가 다시 여는 제3의 시대
에 새로운 지상의 낙원을 이루는 이
길에 모두 전심전력을 다하여 동참하
여 깨우치는 자만이 구원을 받을 수
있다는 것을 알아야 될 것이니라.

## 3,169 번째 하나님 말씀

*2002년 8월 29일 0시 10분*

1 사랑하는 나의 아들아!
2 "네, 아버님! 말씀하옵소서."
3 나의 법전이 세상에 내려가 나에게 선
택된 이 동양의 작은 나라의 후손들이
영원히 편히 살아갈 수 있는 그 모든
은혜와 은총을 그들에게 내림이니, 나
의 법전이 동양의 작은 나라에 내려감
으로 그것이 그들의 후손의 양식이니
라.
4 곧 나의 법전이 새로 선택된 그 민족
의 양식이며, 그들이 살아가는 기쁨이
요, 내가 내리는 축복과 영광임을 너
희들은 알아야 될 것이니라.
5 이 법전이 세상을 덮을 때, 너희들의
모두를 다 기쁨의 날로써 너희들의 후
손에까지 그리 살아갈 수 있는 영광이
이루어짐을 알라.
6 이제 지금까지 이끌어 왔던 수없이 많
은 종파 너희들의 집단이요, 그리고
나로부터 선택된 민족이요, 백성들은
스스로 내가 너희들을 버림을 원망해
서는 아니 될 것이니라.
7 이 또한 성서에 기록되어 있으며 이미
내가 너희들에게 다 예언하여 내려보
냈음이니, 너희들이 그 구절을 안다
하면 내가 지금 너희들을 버림을, 나
를 원망해서는 아니 될 것이니라.
8 지금까지 이끌어 온 모든 크나큰 종교
집단들이요, 그리고 나로부터 선택된
민족 너희들을 내가 버린 것이 아니
요, 너희들이 스스로 나를 먼저 버렸
음을 알아야 될 것이니라.

9 나로부터 선택된 민족은 너희들이 세상의 만백성에게 스스로 그를 전하며 만백성을 이끌고 인도하는 데 게을리하였으며, 너희들의 소임을 다하지 아니하였음이니라.

10 너희들만이 특별한 민족이요, 너희들만이 특별한 백성이요, 나 여호와로부터 선택된 정통의 혈통이라 하여 너희들은 거기에 안주했으며, 그것으로써 너희들은 만족했음이니,

11 너희들 스스로 모두를 다 바쳐 나의 온 인류의 백성을 너희들의 그 믿음의 세계로 깨우쳐 줌을 게을리하였음이니, 이를 너희들이 전하지 아니한 그 죄 또한 너희들이 갚을 길이 없음이니라.

12 또 많은 종교 집단은 너희들이 스스로 나의 진리요, 참뜻에 의한 그와 같은 가르침이 아니요, 너희들이 인간의 생각으로써 모두를 거기에 초점을 맞추어 나의 피조물 만백성을 이끌고 왔음이니,

13 그것이 나의 뜻과는 전혀 관계없으며 나와는 아무런 상관도 없는 그런 방법으로 나의 피조물 만백성을 몇천 년 동안 너희들이 우롱하며 끌고 왔음이니,

14 내가 너희들을 버림이 아니요, 너희들이 나를 먼저 버렸음이니, 너희들은 이 이치를 깨달아야 될 것이니라.

15 이제 내가 성서에 기록하여 너희들에게 알렸듯이, 새로운 나라가 나로부터 새로운 축복을 받아 내가 하늘에서 내리는 양식으로써 그들이 편안히 후손까지 영원히 존속해 살아감이니, 그것이 나로부터 선택된 백성의 증표라 하였음이니라.

16 그와 같은 역사가 이루어짐이 즉, 무엇이더냐?

17 나의 법전이 세상에 나가 160권이 온 세상을 덮을 때, 그 축복으로써 동양의 작은 나라요, 나의 아들이 태어난 이 나라는 영원히 축복된 나라임을 너희들이 알게 될 것이니라.

18 지금 동양의 작은 나라요, 나의 아들이 존재하는 이 민족 너희는 알고 깨우쳐 들어야 할 것이니라.

19 너희들이 지금까지 믿고 왔던 그 모든 종파들이 변질되고 변질된 그 믿음 속에서 몇십 명을 구하는 것이 너희들의 소임이요, 그들만이 구원하여 하늘에 오른다는 그와 같은 것으로써 깨우치는 종교 지도자 너희들은 이제는 그 구약과 신약의 성서를 덮고 나의 법전을 너희 손에 들고 이 시대요, 새로운 역사를 창조하며 온 인류를 이 동양의 작은 나라의 언어와 풍습이요, 문자로써 통일하는 그 역사가 이루어지고 있으며,

20 창조주인 나 여호와의 아들이 세상에 직접 내려가 강론하며 법전 160권을 단기간에 써 내리는 이 위대한 역사가 이루어지고 있음이니, 너희들이 여기에 동참해야 될 것이며,

21 내가 가르치고 지도하던 모든 백성들에게 너희들은 나의 법전으로써 대체해야 될 것이며, 나의 법전으로써 강론하며 나의 법전으로써 그들을 깨우칠 때 너희들의 의식주요, 그 모두를 다 내가 상으로써 내릴 것이니,

22 이 동양의 나라의 모든 종교 지도자
너희들은 들어야 될 것이니라.
23 너희들이 지금까지 많은 백성들로부
터 고혈을 빨아들이며, 너희들이 빨래
를 짜듯이 조상 대대로 긁어모으는 그
러한 역사도 이룰 필요가 없으며,
24 너희들이 지금 계획성 없이 지어 놓은
그 크고도 큰 성전이요, 궁궐보다도
더 아름답게 꾸며 놓은 그 성전을 너
희들이 이끌어 가기 위하여 너희들이
그 성전의 노예가 되어 종교 지도자가
그와 같이 비참하고 힘들게 가는 그
역사에서 너희들이 다 벗어날 수 있음
이니라.
25 내가 너희들에게 확실히 명하느니라.
26 이 동양의 작은 나라에 있는 모든 종
교 지도자요, 그곳에 따르는 백성 너
희들은 들으라.
27 나의 법전을 놓고 너희들이 깨우치며
정독하며 이를 가지고 강론하여 동양
의 이 작은 나라의 백성을 깨우쳤을
때, 너희들의 양식이요, 그 모두는 다
내가 내려 줄 것이니,
28 너희들이 금화와 은화를 거둘 필요도
없으며 그를 거두어 성전을 운영하며
너희들의 집단을 이끌어 가는 그와 같
은 노고도 없을 것이니라.
29 나의 법전을 들고 가르치라, 종교 지
도자들아!
30 이 동양에 있는 모든 종교 지도자 너
희들은 구약과 신약을 다 덮으라! 창
조주 나의 명이니라.
31 그리 덮고 너희들이 법전을 보고 공부
하고 깨우쳐 너희 신도들이요, 많은
백성들을 법전대로 살도록 가르치며
그리 인도하는 것이 하늘에 오르는 길
이요, 그 순간부터 너희들에게 모든
양식을 내가 내려 줄 것이니, 이를 너
희들에게 약속하느니 너희들은 믿고
따라 보라.
32 그리해도 너희들이 역사하지 아니하
거든, 나의 법전을 태우며 나의 선지
자를 핍박해도 나 여호와가 너희들을
죄로 다스리지 않을 것이니, 이 영광
을 너희들이 잊지 말라.

## 3,170 번째 하나님 말씀

*2002년 8월 29일 0시 20분*

1 사랑하는 나의 아들아!
2 "네, 아버님! 말씀하옵소서."
3 내가 너희들을 사랑하며 아끼기에, 너
희들이 수천 년 동안 잘못 믿어 온 그
형태요, 그 관행을 내가 바로잡아 너
희들을 구원하고자 함이니라.
4 구약 시대에 너희들을 바로잡아 깨우
치려 하였으나, 너희들이 우상을 만들
고 그 우상 앞에 광란의 짓을 하며 내
가 내린 십계명을 너희들이 따르지 아
니하며 행하지 않는 그와 같은 너희들
의 행동에 너희들은 스스로 내가 너희
들의 손을 놓도록 하였으며, 너희들의
그와 같은 행위로 하여 내가 구약 시
대에 천국의 문을 닫았음이니라.
5 스스로 너희들이 나 여호와가 너희들
을 버리도록 한 것이며, 내가 너희들
을 버린 것이 아님을 너희들은 잘 알
것이니라.
6 너희들이 그와 같이 광란의 짓을 하지
아니하며, 나의 십계명이요, 나의 계

명대로 너희들이 바로 섰다면 신약 시
대는 열리지 아니하였을 것이며,
7 나의 아들이 나의 피조물 만백성 너희
들을 구원하기 위하여 그와 같이 고통
과 시련의 죽음을 선택하지도 아니하
였으며 그 길을 가지 아니하여도 되었
을 것이니라.
8 그리하여 신약 시대에 너무나도 아프
고 슬픈 그와 같은 역사 속에서 내가
너희를 접어 두고자 하였으나,
9 내가 만든 이 지상에서 가장 아름다운
모습으로써 가장 높은 지혜를 준 나의
백성 너희들 즉, 나의 아들이요, 딸들
을 내가 버려둘 수가 없으며 더 이상
너희들이 지옥 불로 가는 것을 볼 수
없기에,
10 나 여호와가 너희들을 구원하고자 지
금 제3의 시대를 열어 나의 아들을 미
리 세상에 보냈으며,
11 그리하여 나의 아들을 통하여 나의 가
슴에 있는 모든 성령을 다 태우는 그
와 같은 마음으로 너희들을 구원하고
자 나의 아들의 가슴에 그를 전하여
그가 나의 법전이라 하여 '하나님! 말
씀하옵소서.', '하늘에 오르는 길이 이
속에 있다.' 하여 이 책을 만들어 너희
들에게 전함이니, 이는 내가 너희들을
사랑함이니라.
12 이제 내가 너희들을 구원하기 위하여
나의 법전을 세상에 내려보내니, 이는
내가 너희들을 얼마나 사랑하고 아끼
는 것인가?
13 이와 같은 나 여호와의 마음을 너희들
은 정녕 들여다볼 수 없으며 그 깨달
음을 얻을 수 없는가?
14 내가 너희들을 구원하고자 이 애절한
마음으로 밤과 낮을 가리지 아니하고
나의 아들을 통제하며 그를 다그쳐 나
의 법전을 세상에 전하건만, 너희들은
어찌하여 그리도 우매한가?
15 두 눈을 뜨고 있으며 똑같이 두 눈을
가지고 있는 너희들이 나의 법전을 읽
어 보고 깨우치는 자도 있으나, 많은
나의 백성 너희들은 눈이 있어도 지각
이 없음이니, 어찌하여 이를 보지 못
하는 이와 같은 어리석은 삶을 살고
있는가?
16 너희들은 지금 눈이 있어도 지각이 없
어 나의 법전을 보지도 못하며 펴지도
못하며 그 뚜껑을 열어 보지도 못함이
니, 그 속에 내가 성령으로써 기록한
나의 뜻을 너희들이 어찌 보겠는가?
17 너희들은 그 한 줄도 읽어 보지 못하
는 자들이며, 또는 너희들이 이를 접
하였어도, 이단이요, 사탄이요, 사악
한 자의 장난이요, 마귀의 장난이요,
마지막 시대에 종말의 시대에 온다는
그 거짓 선지자가 지금 내려왔음이라
그리 종교 지도자는 선전할 것이며,
18 그리 듣는 신도 너희들은 거기서 과연
이 모두는 나 여호와가 존재하는 것이
요, 내가 주관하는 것이요, 세상에 털
끝 하나도 내가 만들어 필요로 하여
내려보낸 것이라는 그 이치 하나만 깨
달아도, 그와 같이 말하는 종교 지도
자들의 말에 현혹되지 아니하고 너희
들이 나의 법전의 뚜껑을 열고 그 내
용을 들여다보고 읽을 것이거늘,
19 너희들은 지금 귀가 있어도 듣지도 못
하며 지혜가 있어도 생각하지 못하는

그와 같이 어리석은 자들이 되어 있음
이니라.
20 그저 너희들의 종교 지도자들이 그
흔들리는 집단을 위하여 너희들로부
터 재물과 금화를 거둬들여 너희들에
게 성전에 와 밤과 낮을 가리지 아니
하고 눈물의 기도를 드리도록 하며,
감사 헌금을 받아들이며,
21 너희들이 천국에 옴이 얼마 남지 않았
으며 지구의 멸망이 얼마 남지 않았으
며 사탄이요, 이단이요, 마지막 종말
의 시대에 오는 거짓 선지자요, 나 창
조주의 아들이라 하여 그가 이와 같이
책으로 세상을 더럽히고 혼란하게 하
였으니,
22 이게 마지막 시대요, 너희들의 구원의
때가 왔다 하여, 가진 재산까지도 다
팔아 바치라 그리 그들이 나의 백성들
을 우롱하며, 그들이 그와 같이 사악
한 심보요, 도둑놈보다도 더한, 칼만
안 들었지 강도와 같은 그러한 행위를
저지르고 있지 아니한가 너희들은 보
라.
23 그들은 그리 저지를 것이며 그리 악용
할 것이니라.
24 눈이 있어도 보지 못하며 귀가 있어도
듣지 못하는 너희들을 위하여 내가 이
깊은 밤 나의 아들을 통하여 나의 성
령의 심성의 뜻을 너희들에게 전하느
니라.
25 나의 법전을 정독하라.
26 그리고 나의 법전의 뚜껑을 열어 그
내용을 읽고 또 읽어 너희 것으로 만
들어야 할 것이니라.
27 그 속에 모든 깨우침이 있으니, 이를
깨우치지 못하고 너희가 이를 버리며,
너희들의 지금의 종교 집단만 위대한
것이며 그것만이 구원의 길이요, 천국
에 가는 길이라며 그 길을 달려가는
자, 너희들에게 내가 말하노니,
28 너희들은 내가 존재하는 그 자체도 부
정하는 것이며, 너희들은 내가 존재함
을 믿지 아니하는 것이며, 너희들은
살다 육은 한 줌의 흙으로 돌아가며
영혼은 나에게 와 심판을 받는다는 그
것도 두려워하지 아니하며,
29 너희들이 나로부터 심판을 받아 지옥
과 천당의 그 갈림길에서 너희들이 지
옥으로 간다는 그 자체도 의심하며,
두려워하지 아니하니, 너희들을 과연
어찌 깨우치고 다스려야 될 것인가?
30 너희들의 육의 삶에 살아와 너희들이
가는 곳이 무엇이더냐?
31 너희들은 죽음이라는 그 앞에 육은 흙
으로 돌아가며, 너희들은 나에게 영혼
으로서 구원을 받고 못 받는 그 심판
을 받게 됨이니, 이것도 믿지 않으려
하는 것이 너희들이니라.
32 너희들이 그와 같이 방대한 조직의 힘
만을 믿고, 그 속의 일원이 되었다는
것을 믿고, 너희들이 그 일원이 됨으
로 인하여 나의 아들 예수의 보혈로써
구원을 받았으며 모든 죄를 다 용서받
았다 그리 말하고 살아가는 것이 지금
너희들이니라.
33 그리하여 너희들은 거기에 현혹되어
나의 심판이요, 내가 있음을 두려워하
지 아니함이니,
34 너희들이 그와 같이 방종하게 살다 죽
어 내 앞에 와 심판을 받을 때, 그 누

구도 너희들을 도울 수 없으며, 그 누구에게도 애걸복걸할 수 없으며, 그 누구도 너희들을 기억하지 아니하며, 단 너희 혼자 서서 그 지은 죄에 대한 대가를 받는 그 앞에 와서도 너희들이 두려워하지 아니하며 내가 존재함을 부인할 것인가?

35 너희 자신을 알아야 될 것이니라.

36 너희들은 그와 같이 내 앞에 와서도 지금과 같이 당당한 모습으로써, 당당한 형태로써 설 수 있는가?

37 너희는 감히 두려워 고개도 들지 못함이니라.

38 너희는 천국의 문도 구경할 수 없음이니라.

39 너희들은 하늘나라의 그 위대함과 그 영광스러운 것도 볼 기회가 없음이니라.

40 감히 두려워 천국의 문을 바라볼 수도 없는 것이 너희들이니, 너희들은 오로지 그 험악하고 무서운 벌이 기다리고 있는, 체벌이 기다리고 있는 지옥으로 가게 된다는 것을 잊지 말지니라.

## 3,171 번째 하나님 말씀

*2002년 8월 29일 0시 58분*

1 사랑하는 나의 아들아!

2 "네, 아버님! 말씀하옵소서."

3 나 여호와가 네 마음을 다 알고 있느니라.

4 네가 지금의 세상에 태어나 어린 시절에도 고통과 시련 속에서 살아왔으며, 네가 남들 같으면 도저히 배움의 길을 갈 수 없는 그와 같이 어렵고 힘든 한 시골의 어린아이로 태어나 네가 성장하여 너 스스로 모두를 쌓아 이루어 왔으며 너 스스로 모두를 해결하며 살아왔느니라.

5 그 모두가 너에게 훈련의 과정으로 나로부터 이루어졌기에 네가 기억하지 못하고 있는 그 작고 큰 것까지도 나 여호와는 다 알고 있음이니라.

6 그리하여 네가 젊은 어린 시절에 어찌 살았는지도 내가 다 알고 있음이니라.

7 그리고 네 성장 과정의 그 모두를 다 내가 알고 있음이니, 너는 괴로워하지 말지니라.

8 "전지전능하신 아버님!

9 이 죄인이 감히 오늘 아버님께 이와 같은 기도의 말씀을 드리옵나이다.

10 세상에 저보다 모질게 산 사람도 없으며, 저보다 잘못을 저지르고 많은 사람들에게 폐를 끼치며 남들로부터 은혜를 입으며 살아온 사람도 없사옵나이다.

11 받은 것도 갚지 못했으며 은혜를 받은 것도 갚지 못하였으며, 또한 인간관계에 남들에게 정산해 주며 넘겨주어야 될 것들도 많이 있어 그 사람들의 마음을 아프게 하고 고통 속에 그 세월을 가고 있는 저이옵나이다.

12 이와 같이 저 자신을 다스리지 못하며 바로 서지 못한 저를 아버님께서 버리지 아니하시고 이리 저를 격려해 주시고 사랑해 주심에 대하여 감히 부끄러워 보답할 길이 없사옵나이다.

13 아무리 제가 바르게 선다 하며 깨끗하게 산다 하여도 아버님께 많은 고통을 드렸으며 아버님께 부끄러운 일들이

너무 많이 있사옵나이다.
14그 자체만 생각해도 제가 고개를 들
수 없으며, 감히 만백성 앞에 저 스스
로 제가 아버님으로부터 선택된 선지
자요, 아버님의 아들이라 그리 말할
수 있는 용기와 자신이 없사옵나이다.
15그리하여 제가 깊은 밤, 혼자 고통스
러워 울고 있는 그 마음을 아버님께서
는 아시리라 믿사옵나이다.
16이와 같이 죄 많은 저를 버리지 아니
하시고 오늘까지 이리 사랑으로써 저
를 지탱할 수 있도록 하여 주신 아버
님께 그 감사함에 눈물로써 오늘 이리
회개의 기도를 드리옵나이다.
17사탄이 감히 아버님께 '그가 어찌하여
당신의 아들이며 그가 무슨 당신의 아
들의 역할을 할 수 있으며 그 행동이
어찌 당신의 아들로서 그리합니까?'
하고 미천하고 부족한 저에 대해 사탄
들이 감히 치받아 이야기를 할 수 있
는 그와 같은 못된 자식으로서 깨달음
이 없으며 죄 많은 자식이요, 불효한
저를 버리지 아니하시고 놓지 않으신
아버님께 오늘 이 아들이 눈물의 기도
로써 용서를 비옵나이다.
18제가 이제 바로 설 수 있다는 그 용기
와 자신을 가질 수 있으며, 이 세상 누
구보다도 깨끗한 사람으로서, 아버님
께서 내려다보시기에 부끄럽지 않은
사람으로서, 또한 아들로서 천사들이
바라보는 데 부끄러운 점이 없으며,이
제는 갈 수 있고 이제는 설 수 있기에
아버님께서 버리지 아니하시는 마음
의 그 아픔을 제 가슴에 이리 털어놓
으며 아버님께 기도를 드리옵나이다.
19속된말로 저희들 인간 세상에 정말 눈
물 젖은 빵을 먹어 본 자, 제가 배고프
고 힘들 때 먹어 본 그 소중한 빵이요,
한 줌의 빵이 없어 배를 곯고 움켜쥐
는 그 고통을 겪은 자만이 그 빵의 소
중함을 알며, 저희들이 살아가는 지폐
라 하는 것도 없어서 고통을 당해 본
자만이 그것의 소중함을 알며 단돈 몇
원이라는 그 지폐도 소중한 것을 알듯
이,
20저같이 못나고 잘못되고 험악하며 하
나도 내놓을 것이 없으며, 제가 어려
서부터 살아온 그 모두를 세상에 다
펼쳐 놓는다면 모든 사람들이 저에게
침을 뱉고 돌아갈 것이며 저에게 더러
운 자라 발길질을 하고 갈, 그보다도
더 험한 벌을 받아도 말할 수 없는 이
죄인을 아버님께서 버리지 아니하시
며 아들이라 명하시어 저를 오늘까지
이렇게 지탱할 수 있게 해 주신 아버
님의 은혜에 진심으로 감사드리며,
21눈물로써 아버님께 감사를 드리며, 눈
물로써 아버님께 한 점의 부끄러움이
없으며 아버님께 정말 용서받지 못할
행위를 하지 아니하며, 천사들이 고개
를 내저으며 사탄이 '저자가 당신의
아들로서 하는 행위를 당신은 보지 않
았느냐?' 하며 아버님께 감히 고개 들
고 치받아 말할 수 없도록 그와 같은
삶을 살아갈 것을 맹세를 드리옵나이
다.
22아버님, 그리 가겠사옵나이다.
23이제는 정녕 마음을 편히 놓으시며 정
녕 휴식을 하옵소서. 그리고 쉬옵소서.
24그리고 예수님의 그 고통이요, 그 아

팠던 마음의 상처를 이제는 거두어 주
옵시고 거두시옵소서.
25 그 아픔의 상처를 이제는 지우시고 거
두어 주옵소서.
26 이 아들이 비록 죄를 많이 지으며 잘
못 산 자이나, 아버님께 한 점의 부끄
러움이 없는 삶을 살아가도록 그리하
겠사옵나이다.
27 알면서 죄를 짓는 짓을 하지 아니하
며, 알면서 남에게 손가락질 받는 짓
을 하지 아니하며, 알면서 남으로부터
저주받는 짓을 하지 아니하며, 아무리
즐겁고 향락 있는 것이며 아무리 사악
한 것이 행복을 주며 영광을 준다 해
도 그 사악한 무리에 저 자신을 던지
지 아니할 것이며,
28 어떠한 육신의 향락에도, 누가 유혹한
다 해도 그리 넘어가지 아니하는 그와
같은 자식으로서 이제는 살아갈 수 있
사오며, 살아갈 것을 아버님께 약속을
드려, 이 밤 눈물로써 기도를 드리옵
나이다, 아버님!
29 저에게 용기를 주옵소서.
30 제가 지금 발버둥치고 지켜 가고자 하
는, 세상에서 가장 깨끗한 사람으로
서, 세상에 아버님의 아들로서 손색이
없이 살아가고자 발버둥치는 저를 버
리지 말아 주옵시고, 저에게 용기를
주옵소서.
31 저에게 조그만 희망을 주옵소서.
32 그리고 저에게 자신감과 용기를 주옵
소서, 아버님!"
33 사랑하는 나의 아들아!
34 "네, 아버님! 말씀하옵소서."
35 80퍼센트의 모두는 내가 너희들에게
주며 20퍼센트를 너희 스스로 만들어
일어서라 하였으나, 네가 짧고도 짧은
기간에 그 20퍼센트가 아니요, 80퍼
센트를 역으로 네가 이루는 역사를 하
고 있었음이니,
36 네가 법전의 6부가 나왔을 때 네 마음
이 다스려져 경지에 오르는 그와 같은
삶을 살도록 내가 모두를 계획했으나,
네가 3부를 들어가 이와 같이 오늘의
경지에 올랐으며 너 스스로 한 점의
부끄러움 없이 살아갈 수 있는 그 마
음을 굳힘을 나 여호와가 기뻐하며,
그보다도 더 나 여호와의 행복이요,
즐거움이 없느니라.
37 그리하여 너의 제자들에게 내가 축복
을 내림이니, 6부가 나오기 전에 3부
의 이 시점에서 네가 먼저 깨우쳤기에
내가 그 상을 내림이니 그리 알라, 아
들아!
38 고이 잠들라.
39 괴로워하지 말라.
40 내가 너를 지켜 줌이니라.
41 너는 그리 갈 수 있음이니 두려워하지
말라.

## 3,172 번째 하나님 말씀

*2002년 8월 29일 01시 05분*

1 사랑하는 나의 아들아!
2 수천 년 동안에 수억의 인구들이 지나
가면서 너희들이 살아오는 그 형태요,
또한 많은 선지자요, 예언자요, 나로
부터 선택을 받았던 그 모든 백성이
요, 또한 모세까지도 그 모두가 다 어
떠한 믿음의 형국에서 왔는가?

3 그리고 많은 종교 지도자들 그들도 또
한 마찬가지였느니라.
4 스스로 제가 종교 지도자요, 만백성을
깨우치는 자라 말한 그들이 삶을 또한
어찌 살았는가?
5 그들이 처음에 나 여호와를 찾으며 저
희들이 종교 지도자로서 만백성을 이
끌어 가는 자요, 또 나로부터 선지자
로 명을 받은 자들이요, 또한 나의 아
들의 그 시대에 자칭 저희들이 나의
아들의 제자라 하여 나의 아들을 따랐
던 그들 또한 그 모두가 처음에 시작
할 때는 자신은 끝까지 갈 수 있으며
나의 성령에 어긋나지 않으며 나의 십
계명에 어긋나지 않는 삶을 살 수 있
다고 장담하며 그 길에 들어섰음이니
라.
6 그리고 그들은 종교 지도자의 길을 가
고 있음이니라.
7 그러나 그들은 세월이 가면 갈수록 사
회의 혼탁함과 타협하며 저희들 스스
로 무너져 가며 저희들이 인간이 되고
자 인간의 형태로 돌아갔으며, 모든
종교 지도자요, 지금까지 흘러온 선지
자요, 예언자요, 나로부터 선택된 백
성들이 그와 같은 삶을 살아갔느니라.
8 저희들이 나에게 계명을 지키며 살아
간다 맹세했으며 언약한 자들, 그리고
단상에서 설교하는 종교 지도자들, 그
들은 5년도 못되어 변해져 타락해 감
이니라.
9 그들은 가면 갈수록 인간의 세속에 빠
지며 가면 갈수록 인간의 향락의 즐거
움을 알며, 나에게 맹세했던 처음의
그 마음이 다 무너져 감이니,
10 그리하여 진정한 종교 지도자가 없으
며, 처음에 시작했던 그 마음이 아니
요, 무너지고 또 무너지며 세속으로
빠져들어 가는 그들의 가르침이 어찌
하던가?
11 그 가르침이 정녕 나의 뜻이더냐?
12 그리하여 그들은 다 무너져 갔음이니
라.
13 종교 지도자들 스스로 5년 단위로 변
하며 그들은 인간 세속에 빠져 스스로
무너져 가는 그와 같은 삶을 살아왔으
며, 그것이 그들이 지금까지 행해 온
역사이니라.
14 모세도 그리하였으며, 예수의 제자들
도 그리하였으며, 모든 선지자와 예언
자들 또한 다 그리 왔느니라.
15 그리고 수억의 지나간 종교 지도자 그
들 또한 처음에 시작했던 마음이 혼탁
하고 혼탁해져 저 스스로 인간의 삶으
로 돌아가는 그 삶을 살다 보니 나의
성령이요, 나의 뜻의 가르침을 전하는
것이 아니라, 인간 세속의 그들보다도
더 사악한 형국으로 변해 가 저희들이
지옥으로 가는 그와 같은 삶을 살았느
니라.
16 그러나 나의 아들 너는 어찌하였더냐?
17 네가 험악하고, 네 말대로 누구에게도
용서받을 수 없을 만큼 험난한 삶을
살았으며 네가 잘못 살았다 그리 말하
였음이니라.
18 그러나 네가 나의 법전을 받아 기록하
기 시작하여 1권을 쓰며, 1부가 나오
며, 2부를 쓰고, 3부에 돌입한 지금 너
는 어찌 되었더냐?
19 가면 갈수록 너 자신이 깨끗해지며,

가면 갈수록 네가 경지에 오르며, 가
면 갈수록 나의 심성을 닮아 가고자
네가 그리 변해 감이니,
20 너는 10년, 20년, 30년, 세월이 가면
갈수록 완벽한 사람으로서 변하여 네
가 죽어 갈 때는 완벽한 신의 경지에
와 있을 것이니,
21 그들과 네가 차별화되며 그들과 반대
현상으로 깨우쳐 가는 것이 나의 아들
너이니라.
22 그리하여 너는 이 세상에서 가장 나의
뜻을 거역하지 아니하며 그대로 행하
고 순종하는 나의 소중한 아들이니라.
23 이를 잊지 말라.
24 사랑하는 나의 아들아!
25 모두를 다 너는 행할 수 있으며, 너의
오늘의 그 눈물은 많은 백성들을 구하
는 눈물이며, 네가 스스로 반성하는
그 눈물은 네가 나의 심성을 닮아 가
천사와 같은 사람으로 변해 가는 정화
되는 과정임을 나 여호와는 알며, 너
의 눈물을 천사요, 사탄들도 그를 보
고 감히 평하지 못함이니 그리 알라.

## 3,173 번째 하나님 말씀

*2002년 8월 29일 01시 13분*

1 사랑하는 나의 아들아!
2 "네, 아버님! 말씀하옵소서."
3 지금 너희들이 이끌어 가는 그 종교
집단의 형태는 과연 어떠하다 말하는
가?
4 그들은 방대한 조직과 방대한 인력과
그리고 방대한 인적 자원과 그리고 그
많은 경제적인 능력과 그 모두를 다
조직으로 엮어, 그들이 지금 거기에
대하여 감히 그 누구도 도전할 수 없
으며, 저희들은 스스로 넘어지지 아니
하여 영원불멸의 그와 같은 조직이요,
종교 집단이라 그리 생각하고 가는 자
들이 있느니라.
5 그리하여 감히 나 여호와를 두려워하
지 아니하며, 스스로 저희가 때로는
작은 신이 되고자 하여 작은 신으로
저희들이 착각하며 그리 지금까지 이
끌어 오는 것이 종교 지도자들의 그
습성인 것이니라.
6 그러나 너희들이 그 방대한 조직이요,
방대한 인적 자원이요, 방대한 재물이
요, 거기에 의존하며 그것에만 너희들
이 열의를 다하며 그것에 모두를 매
달려 이끌어 가는 형국이니라.
7 그 조직을 이끌어 가며 그 조직을 존
속시키며 그를 운영하는 것에 너희들
은 모든 전심전력을 다하여 지금까지
가고 있으며, 앞으로도 너희들은 그리
갈 것이니라.
8 그 속에서 어떤 참된 진리가 오며 사
랑이 오며, 나의 뜻을 너희들은 과연
전할 수 있다 생각하는가?
9 지금의 너희들의 그와 같은 형국의 믿
음으로써는 구원을 받을 수 없음이니,
그는 나의 뜻과는 전혀 관계도 없는
너희들의 그 믿음의 길을 인도하고 가
는 것이니라.
10 또한, 너희들이 나의 뜻과는 전혀 관
계없는 그와 같은 방법으로써 나의 피
조물 만백성을 이끌어 가는 것은 나의
뜻을 너희들이 정면으로 거역하며, 나
여호와가 존재함을 믿지 아니하며, 나

의 뜻에 순종하는 그와 같은 마음 자
세가 아닌 것을 너희들 스스로 알아야
될 것이니라.
11 너희들이 그리하여 지금은 그 방대한
조직의 힘이요, 그 능력에 의존하여
너희들이 천년만년 영원히 계속될 것
이라 그리 생각하나, 너희들의 시대가
이제 서서히 문을 내려 가고 있음을
알아야 될 것이니라.
12 제3의 시대가 도래함으로 너희들이
그와 같이 서서히 무너져 가는 너희들
의 조직임을 깨우치고 알아야 될 것이
니라.
13 그리하여 너희들은 내가 선택한 새로
이루어지는, 그리고 새로운 시대에 이
루어지는 나의 지도자들이요, 나의 백
성들이 가는 그들 앞에 너희가 스스로
고개 숙여 다스림을 받는 그와 같은
시대가 지금서부터 시작하고 있음을
알라.
14 너희들은 진정한 나 여호와의 뜻이요,
내가 원하는 그와 같은 믿음이 아니
요, 나에게 거역하며 나에게 순종치
않는 그와 같은 믿음의 길을 몇천 년
동안 이끌어 왔음이니,
15 지금 단죄를 받으며 나로부터 선택된
백성들 앞에 너희들이 가는 깨달음이
요, 참진리 앞에 너희들이 다스림을
받는 그와 같은 형국의 시대가 도래함
을 알아야 될 것이니라.
16 여기에서 너희들이 그 집단의 잘못된
형태를 스스로 깨달아, 나의 법전을
읽고 새로 태어난 나의 백성들에게 다
스림을 받는다면 너희들은 스스로 구
원을 받을 수 있을 것이니라.
17 그러나 너희 집단의 형태가 서서히 이
와 같은 역사는 영원히 계속될 것이며
불변일 것이며, 그리고 정녕 그것만이
하늘에 오르는 길이라며 그를 믿고 따
라가는 자, 너희들은 스스로 자멸하는
그 선상에서 너희들의 그 방대했던 조
직이 스스로 무너지는 그와 같은 것을
너희들이 죽기 전에 보게 될 것이니라.
18 너희들의 조상들이 이와 같이 살아왔
으며, 또한 이 시대에 너희들도 나와
는 전혀 관계없는 그 믿음의 세계로써
백성들을 이끌어 가며, 또한 이대로
방치해 두었을 때, 너희들의 후손도
또 그와 같은 방법으로 이끌어 갈 것
이니라.
19 그리하여 너희들이 지금과 같은 방법
으로써 영원히 지속되는 그러한 형태
로 간다면 너희들은 나를 배반하는 그
끝이 보이지 아니할 것이며,
20 지구가 존재하는 날까지 너희들은 나
를 배반하며, 나를 거역하며, 나의 뜻
과는 전혀 관계없는 그와 같은 믿음의
형국으로써 나의 피조물 만백성을 고
통과 시련 속으로, 육으로써는 더 이
상 시련과 고통을 겪을 수 없으며 금
화와 은화를 영수증 하나 없이 수없이
바치는 그와 같은 형국으로 그들이 살
아가게 되어 있음이니,
21 이를 여기서 바로잡기 위하여 내가 제
3의 시대를 열었다 하였음이니라.
22 마지막으로 내가 너희들에게 기회를
줌이니라.
23 마지막으로 내가 너희들에게 기회를
줌이니, 지금까지 잘못 믿고 잘못 깨
우친 그 너희들의 믿음을 다 버리며

새로 태어나는 마음으로써 나의 법전을 읽고 정독하는 자, 그자만이 구원을 받을 수 있음을 알라.

## 3,174 번째 하나님 말씀

*2002년 8월 29일 08시 20분*

1 사랑하는 나의 아들아!
2 "네, 아버님! 말씀하옵소서."
3 이 세상 피조물 만백성과, 그리고 종교 지도자라 하여 단상에 서서 교리를 가르치며 설법을 하며 많은 백성들을 구원으로 이끌어 간다는 그들과, 그 밑에 가 나의 아들 예수의 보혈로써 구원받았으며 저희는 선택된 백성이라는 그리 착각 속에 살아가는 그들에게, 또한 너의 제자들과 나의 법전을 읽고 깨우친 백성이요, 자신은 당당한 모습으로써 세상에 살아가며 하나의 부끄러움이 없이 살아간다 하는, 그와 같이 말하는 모든 나의 피조물 백성 너희들에게 나 여호와가 묻노라.
4 너희들은 하늘에 오르는 길이요, 영혼의 구원의 양식인 내가 불로 써 내린 십계명을 과연 믿는가?
5 그리고 십계명만이 내가 정녕 불로써 너희들을 구원하기 위하여 썼다는 것을 너희는 얼마나 믿느냐?
6 그리고 십계명은 구약과 신약의 그 모두를 축약하여, 그 속에 지켜야 되며 행해야 될 일을 내가 너희들에게 전하는 것이니, 이보다 더 소중한 것이 없음을 너희들은 얼마나 믿는가?
7 그렇다면 여기서 내가 너희들에게 몇 가지를 묻고자 하노라.
8 너희들은 정녕 십계명을 얼마나 지키고 행하며 살았으며, 십계명의 내용대로 너희들이 삶에 부끄러운 점은 없었는가 한번 생각해 보아야 될 것이니라.
9 정녕 너희 스스로 혼자 너희 자신을 냉혹히 평가하고 너희 자신의 점수를 매긴다 하면, 과연 너희는 얼마만큼 십계명을 지키며 그대로 행하고 사는 사람이라 너희 자신이 점수를 매길 수 있겠는가?
10 그리고 내가 너희들에게 묻노라.
11 너희들이 지금 죽어 가는 그 입장에서 생수를 나로부터 한 컵을 받아 너희와 다른 사람 중에 그 생수를 마시는 자만이 산다 하면,
12 너희들은 너희가 마시지 않고 그 죽어 가는 다른 사람에게 그 생수를 주고 너희들이 죽음의 길을 선택할 수 있는 그와 같은 희생정신이요, 마음이 과연 얼마나 있으며, 너희들은 그리 행할 수 있는가 내가 너희 자신들에게 물어 보느니라.
13 그러면 너희들이 거기에 무슨 사랑이 있으며 그리고 너희들의 희생하는 마음을 얼마나 가지고 있는가 그 점수를 너 자신이 또 한번 매겨 보라.
14 너희들은 말하느니라.
15 하늘에 바치는 것이요, 십일조요, 나 여호와가 전체를 다 주었음이니, 그중에서 십 분의 일만 나에게 바치며 나머지는 너희들이 관리하고 살면 된다 그리 말함이니, 너희들은 내가 준 모든 재산이 너희 것이라 생각하는가?
16 나 여호와가 너희들에게 주었다 말하는가?

17 내가 너희들에게 주었다 하면 그 모두는 나의 재산이요, 너희들은 관리하는 자이니라.

18 관리하는 능력이 뛰어났기에 너희가 나로부터 재산을 받아 관리하는 것이라 그리 생각하여야 될 것이니라.

19 그러니 그 재산은 항상 나의 것이니라.

20 그러나 너희들은 사랑을 베풀며 나누며 산다는 것이 어찌하여 10퍼센트만을 내놓고 90퍼센트를 너희들이 갖고 사는가?

21 너희들은 이와 같이 행할 수는 없는가?

22 너희 처자식과 너희가 조용히 살아갈 수 있는 그 재산인 10퍼센트만을 너희가 가지고, 그를 제외한 나머지 90퍼센트는 많은 백성들에게 5달란트의 역사를 이루는, 능력 있는 자에게 그가 살아갈 수 있도록 그 사업장을 하나씩 만들어 줄 수 있는 마음은 없는가?

23 너희들이 이와 같이 행하지 못한다면, 너희들은 정녕 사랑을 모르며 남의 재산인 내 재산을 움켜쥐고 살다가, 하나도 가지고 오지 못하는 그 재산 앞에 욕심을 부려 너희들이 죽음의 길을 맞게 될 것이니, 너희들은 과연 그리할 수 있는가?

24 그리하지 못한다면 너희 또한 사랑이 없는 자요, 욕심에 차 있는 자이니, 과연 그러고도 너희들이 나에게 구원을 받을 수 있다 생각하는가?

25 너희들에게 내가 묻노라.

26 너희들은 지금 살아가는 그 형태의 마음이 과연 얼마만큼 스스로 진실되게 살아가고 있는가를 알 수 있겠는가?

27 내가 여기서 너희들에게 다시 한 번 묻노라.

28 너희들은 과연 나의 아들딸로서 너희들이 죽어 나에게 올 수 있는 천국의 그 황홀한 나라에 와서 너희들이 영원히 사는 길을 선택하고자 사는가, 너희들이 지옥 불로 가서 그 벌을 받는 자로서 살아가고자 하는 길을 원하는가?

29 너희들이 나에게 오는 것을 원하는 자, 말로 하지 말라.

30 너희들은 그와 같이 행할 수 있는 용기가 없다면, 나로부터 아무런 사랑도 받을 수 없는 자들이니라.

31 이 몇 가지의 뜻을 과연 너희들이 행할 수 있는가?

32 내가 무어라 말하였느냐?

33 하늘에 올라와 나의 천국에 와 사는 자는 여기에 사는 천사와 같은 자가 되지 아니하면 너희들이 살 수 없다 하였음이니, 너희들은 과연 그와 같은 마음으로 살 수 있는가?

34 너희들은 지금까지 살아왔던 모든 삶에 대하여 반대 방향으로 세상을 보며 살아갈 수 있는 그와 같은 용기는 없는가?

35 그리고 너희 자신이 자만하고 오만하며 너희들이 똑똑하고 잘났다 생각하며, 너희들이 지금 권위가 있고 권력이 있으며 재물이 있다 하여 남에게 군림하는 그와 같은 자세로써 과연 살지 아니하였는가?

36 너희들이 약자 앞에 너그러우며 약자 앞에 용서하며 약자를 사랑하는 그와

같은 마음으로 살아왔는가?
37 강자 앞에 너희들이 과연 강자로서 존
립하였는가, 강자 앞에 약자로서 그
비위를 맞추며 눈치를 보는 그와 같은
마음 자세로 살지는 아니하였는가?
38 너희들의 모두를 하나하나 점검하여
점수를 매겨 보라.
39 그리하여 너희들의 그 점수를 매김에
있어 100점이라는 점수를 맞는 삶을
살지 못했다면, 너희들은 천국에 올
수 없을 것이니라.
40 그리하면 너희들은 나의 아들에게 말
할 것이니라.
41 이 세상에 미친 자요, 정신이상자요,
그와 같은 자가 세상에 와 세상을 혼
란케 한다 말할 것이니라.
42 그러나 그렇지 아니함이니라.
43 너희들은 완벽하게 갈 수 있음이니라.
44 너희들은 판단력이 있고 높은 지혜를
가지고 있기에 완벽한 그와 같은 삶을
살 수 있음이니, 모두를 선하고 아름
다운 쪽으로 생각하며, 너희들 스스로
지금서부터 변해 보라.
45 나의 법전을 우선 너희들이 다 정독하
고 그대로 행하는 마음을 가져 볼 때,
너희들 스스로 놀랄 만큼 완벽한 삶을
살아갈 수 있을 것이니라.
46 이것이 바로 너희들이 하늘에 오르는
길임을 잊어서는 아니 됨이니,
47 내가 너희들에게 명한 몇 가지를 너희
들은 과연 얼마나 지키고 살아가는가
스스로 자신을 다스려 보고 점검하며
스스로 점수를 매기는, 너희들이 오늘
의 자신을 살피는 그와 같은 시간을
갖지 아니하면 너희들은 구원의 길을
볼 수도 없음이니 그리 알라.

## 3,175 번째 하나님 말씀

*2002년 8월 29일 08시 26분*

1 사랑하는 나의 아들아!
2 "네, 아버님! 말씀하옵소서."
3 너희들이 완벽한 삶이요, 남에게 저주
받지 않는 삶이요, 남에게 부끄럽지
않은 삶을 살아간다 하는 것은 너희들
이 부딪치는 모든 것에 있어서 정의롭
고 선한 쪽으로 모두를 행하며 살아가
는 것이 근본임을 알고 있음이니라.
4 그러나 너희들은 여기서 그와 같은 역
사를 이루며 천사와 같은 심성으로 변
하고자 한다면, 너희들의 마음을 다스
려 변하고자 노력하는 것은 좋으나,
그와 같이 너희들이 목표를 세워 놓고
거기에 맞추어 가려 한다면 너무나 어
렵고 힘듦이니라.
5 너희들 스스로 마음을 다스려야 할 것
이며, 모든 것의 살아감에 있어 환경
이요, 여건을 조성하는 것에서부터 너
희들이 금하는 그와 같은 삶을 살아야
하는 것을 알아야 할 것이니라.
6 환경 조성의 깨달음이요, 환경 조성에
서 예방하지 아니하며 너희들의 모두
를 바로잡는다는 것은 너무나도 어렵
고 힘든 길이니라.
7 그러니 너희들이 여건을 조성하는 것
에서부터 너희들이 남에게 유리로 비
추어 보아 한 점의 부끄러움이 없도록
하는 그와 같은 준비의 단계를 거치며
하나하나 쌓아 가야 될 것이니라.
8 그리고 너희들의 마음속에 마음자리

를 굳건히 잡아 그 마음에서 하나하나
너희들이 악을 배척하며 선을 행하며,
진리요, 순리가 아닌 길을 가지 않고
자 하는 마음과 너희들이 예방과 준비
를 철저히 함으로써 그 예방과 철저
한 준비 속에서 너희들이 그 모두를
행하는 역사를 이루며, 천사와 같은
마음으로 살아갈 수 있음을 알아야 될
것이니라.
9 사랑하는 아들아!
10 너희들이 단거리 달리기에서 우승하
는 자, 또 장거리를 달리는 자, 너희들
의 인생의 목표를 세워 놓고 그 목표
를 달성하는 자, 너희들이 이루고자
하는 것을 이루는 그 모두는 남들에게
보이지 않는 피나는 노력의 결과가 아
니더냐?
11 그들은 많은 시간을 노력했으며 많은
시간을 그곳에 투자하였음이니, 그리
하여 그들이 결과를 얻었으며 그 목적
을 이루었음이니,
12 너희들이 나에게 향하는 천사와 같은
마음이요, 나의 심성과 같은 마음을
갖기 위해서는 너희들이 그와 같은 철
저한 준비 단계가 필요함이니라.
13 마음의 준비 단계요, 육신의 준비 단
계요, 너희들이 사전에 그와 같은 환
경을 만들지 말며, 너희들이 그와 같
은 환경 속에 젖어 들어가는 사람이
되어서는 아니 됨이니라.
14 그러니 너희들이 미리 준비하라.
15 너희들이 물가에 놀지 아니하며 물속
에 들어가지 아니하는 것이 내가 너희
들에게 내린 명이라 하나,
16 너희들이 바닷가에 가서 그 시원함을
바라보는 그와 같은 환경의 여건이요,
바닷가를 여행하며 바닷가에 가 놀기
를 즐겨 한다면, 너희들은 스스로 자
신도 모르게 내가 명한 그 물속에 들
어가지 말라는 것을 어기고 바다의 물
에 발을 적시게 되는 것이니 그 환경
과 여건에서 이루어짐이니라.
17 그러나 내가 너희에게 명하여 바닷물
에 네 몸을 적시지 말라 했을 때, 너희
들이 바닷가에 가지 아니하며, 바닷가
에 너희들이 근접하는 행위를 하지 아
니하며, 그 바닷가에서 노는 그와 같
은 행위를 하지 아니한다면, 그 바닷
가에 너희들이 몸을 적실 이유가 없지
아니하더냐?
18 바닷가에 가서 수없이 놀면서 너희들
이 바닷물에 몸을 적시지 않으려 한다
면, 얼마나 너희들이 어렵고 힘든 길
을 가겠느냐?
19 순리를 역행하여 딛고 일어서는 그 고
통이 심함이니라. 그러니 여건을 만들
지 말며 환경을 조성하지 말라.
20 나의 모든 백성들에게 그리 가르치라,
나의 아들아!
21 그리 사전에 예방하며, 사전에 여건을
만들지 아니하며, 사전에 노력하며 마
음을 다스리는 그와 같은 속에서 너희
들이 나의 심성이요, 천사와 같은 심
성으로써 다시 태어나는 역사를 이룰
수 있음이니, 이를 먼저 예방하라 그
리 이르라.
22 예방하지 아니하며 준비되지 아니하
며 노력하지 아니하면 얻어지는 것이
하나도 없음이니, 이를 깊이 깨우쳐
행하라.

23 이 간단한 이치를 알면서 너희들이 행
하지 아니함이니, 그리하여 행하지 않
는 믿음은 죽음의 믿음이요, 지옥으로
가는 믿음이니라.
24 오로지 행함이 소중함을 다시 한 번
일깨워 주라.

## 3,176 번째 하나님 말씀

*2002년 8월 29일 08시 35분*

1 사랑하는 나의 아들아!
2 "네, 아버님! 말씀하옵소서."
3 너희들의 육의 삶에 있어서 너희들은
사업이요, 상업이요, 장사라 하며 살
아가지 아니하는가?
4 너희들은 미래의 사업이요, 너희들의
장사를 위하여, 너희들의 육신의 삶의
유익을 위하여, 또 너희들의 미래의
아름다운 인생의 육의 삶을 위하여 너
희들은 미리 투자하며 또 너희들이 거
기에 희생하지 아니하는가?
5 너희들은 모든 인력이요, 시간과 공간
이요, 재물이요, 금화를 미래의 설계
를 위하여, 너희들의 목적하는 것을
위하여 그 많은 투자를 하며, 그 투자
속에 또 얻어지는 것이 있지 아니하는
가?
6 지금 내가 너에게 만들어 준 하나의
너희들의 사업장을 만들어 놓고 네가
그 이름을 붙이며 그곳에 역사하는 것
때문에 네가 두려워하고 불안해함이
니,
7 어찌 나에게 네가 경배하여 기도하며
나의 뜻을 듣지 아니하고 네가 스스로
노력하려 하는가?
8 너 스스로 그곳에 최선의 답을 찾아
네가 나에게 묻고자 하는 그것도 내가
다 아느니라.
9 그러나 네가 먼저 묵상하여 자신 있게
나에게 그 이름을 받으며 그 명을 받
아 당당하게 행하면 편할 것을, 어찌
하여 네가 그리도 심사숙고하여 고생
을 하는가?
10 네 마음을 내 또한 모르는 것은 아니
니라.
11 네가 인간의 생각으로써, 너의 노력으
로써 모든 답을 찾아 그중에서 나 여
호와가 너에게 내리는 그러한 형국을
취하고자 하는 것도 내가 알고 있음이
니라.
12 사랑하는 아들아!
13 미래를 위하여 투자하는 것은 오늘의
기초요, 근본이 아니던가?
14 그 투자 없이 어찌 모든 것을 얻을 수
있다 생각하느냐?
15 그 간판을 이리 붙이라.
16 '하얀 마음의 쉼터'라 붙이며, 네가 구
상했던 그대로 나가라.
17 그곳에서 얻어짐이 있을 것이며, 그곳
에서 너를 따르는 백성들이 또 있을
것이니, 한 명의 너를 따르는 백성이
요, 나의 법전을 읽고 '이는 진정한 여
호와 하나님 말씀이라' 깨닫는 자가
있다면, 어떠한 투자와 희생을 못 하
겠느냐?
18 육의 생활에 육신에 의한 재물의 투자
로 생각하지 말라.
19 너는 오로지 모든 곳에서 나의 백성들
이요, 나의 피조물 만백성이 나의 법
전을 읽으며 이게 정녕 나 여호와가

마지막으로 너희들을 구하기 위하여
제3의 시대에 역사하는 일이며 나의
성령의 뜻이라 하여 나의 법전을 읽는
사람이 생긴다면, 그는 너희들의 투자
함이 조금도 두려움이 없으며 잘못됨
이 없지 않은가?
20 모든 내가 만들어 주는 그 업주들이,
그것을 운영하는 책임자들이 바로 서
고 깨끗하게 서, 그 종업원들이 그들
을 따르도록 하는 것이 내가 이루는
역사라 하였음이니,
21 한 사람을 구하면 거기에 천금을 얻은
것보다도 더 소중한 것이 있지 않더냐?
22 내가 너에게 말하려 한 그 뜻을 어찌
모르느냐?
23 천사와 같은 심성이요, 나와 같은 심
성으로 깨끗한 모습으로 살아갈 수 있
는 사람 하나를 내가 얻었다 하면, 나
의 이 지상의 그 모두를 다 준다 해도
아깝지 아니하며 그와 바꾸지 아니한
다는 나 여호와요, 창조주의 그 애절
한 마음을 너는 어찌 모르는가?
24 너는 너의 제자들 한 사람을 얻을 수
있다 하면 그 모든 천금을 다 바쳐도
그보다 더 소중하고 위대한 것이 없거
늘,
25 위로는 하나의 생명을 구원하여 나 여
호와에게 기쁨을 네가 바치는 것이며,
또 네가 한 생명을 구원하였음이니,
그보다 더 행복한 것이 어디 있으며
무엇과 바꾸지 못하겠는가?
26 어찌하여 물질의 투자에 두려워하며
물질의 투자에서 물질의 이익을 구하
고자 네가 그리 생각하는가?
27 사랑하는 나의 아들아!
28 네가 나의 물질을 투자함에 있어서 그
물질로써 이익을 구하고자 한다면 이
는 잘못된 것이 아니더냐?
29 만백성이 살아가는 것과 조금도 차별
화가 없으니, 너는 그리 생각하면 아
니 되지 아니하는가?
30 네가 모두에 있어서 마음을 바로잡으
며, 너의 제자들에게 물질의 투자가
아니요, 나의 백성을 낚는 어부로서
너희들이 하나의 물고기를 낚으면 된
다 하며 그와 같은 마음 자세로 살라
하였건만,
31 네가 때로 그와 같이 물질을 투자하여
그 물질을 얻는 것을 계산하여 그 방
식으로써 간다 하면, 이는 곧 네가 나
의 뜻을 거역하는 자요, 만백성에게
네가 기만하는 위선자가 아니더냐?
32 사랑하는 아들아!
33 너는 물질을 투자하여 거기서 물질을
얻는 것이 아니니라.
34 너는 거기에서 사람을 낚는 것이니라.
사람을 구원하는 것이니라.
35 "아버님! 알겠사옵나이다.
36 저 자신이 부끄럽사오며, 저 자신이
설 자리가 없으며, 저 자신이 아버님
께 감히 고개를 들어 기도를 드릴 수
가 없으며, 아버님의 성령을 받아 법
전을 쓸 자격이 없사옵나이다.
37 다만, 제가 가기에 그들에게 그 물질
의 대가를 지불해 주며, 그들에게 또
한 그 영광이 있는 것을 준다는 마음
이요, 또 돌려준다는 마음으로 생각하
면, 그 물질을 투자하여 물질을 얻는
것을 먼저 생각하지 아니할 수 없었음
이니, 그 죄 또한 용서하여 주옵소서.

38 또 투자하는 백성들인 저의 제자들이
저보다 경지가 높으며 깨달음이 높이
있는 것을 보지 못하였사옵나이다.
39 그들이 그를 투자할 때, 그 손에서 떠
날 때, 그들은 그들의 재산이라 생각
지 아니하며, 하나님의 영전에 하나님
의 뜻에 따라 하나님이 관리하는 재산
을 바치며 주는 것이라는 그들의 아름
답고 고운 마음을 감히 보지 못하였기
에,
40 제가 그들과 금화의 투자와 투자로써
계산하였으며, 그 역사에 제가 굴복하
는 그와 같은 생각을 하였음이니, 저
의 죄를 용서하여 주옵소서.
41 그들의 마음을 알겠으며, 그들의 마음
을 하나로 다스리도록 그리하겠사오
며, 그들에게 재물의 투자가 아니요,
사람을 낚는 것에 투자하는 용기를 주
겠사옵나이다.
42 저의 죄를 용서하여 주옵소서.
43 사람을 낚는 것이요, 사람을 구제하는
것이요, 한 사람을 구하여 하나님의
품으로 보내는 것이 얼마나 아버님께
기쁨이요, 이 자식의 행하는 것을 보
고 아버님이 기뻐하실 것이라는 것을
몰랐으니,
44 효자의 길을 모르고 효도의 길이라 생
각하는 것이 부모의 마음을 괴롭히는
것이거늘, 이와 같은 일을 자행하고
있는 저 자신의 부끄러움을 알겠사옵
나이다.
45 저의 죄를 용서하여 주옵소서, 아버
님!"

## 3,177 번째 하나님 말씀

*2002년 8월 29일 09시*

1 사랑하는 나의 아들아!
2 "네, 아버님! 말씀하옵소서."
3 이 세상에 나의 아들이 존재하며, 나
의 성령을 받아 네가 책으로 엮어 내
어 만백성을 구하며 새로운 역사를 이
루는 그 기틀을 다져 간다 하면,
4 지금의 모든 종교 집단들은 너를 향하
여 미친 자라 말할 것이며, 너에게 이
단이요, 사탄이요, 사악한 자라 그리
말할 것이니라.
5 그러나 한두 권의 책으로써 너희들을
깨우치고자 함이 아니요, 단시간이요,
단기간 내에 160권이라는 법전이 세
상에 나오며, 네가 죽을 때까지 끝나
지 아니하고 너희들이 하늘을 두루마
리 삼아 써도 써도 못다 쓰는 나의 성
령의 가르침이 세상에 계속 내려갈 때,
6 그들은 당황할 것이며, 그들은 사탄이
요, 이단이라 감히 말하지 못하는 그
와 같은 형국이 되니,
7 그들이 스스로 나의 법전을 남몰래 읽
어 보며 저희들이 자신의 뼈아픈 잘못
을 알게 될 것이니라.
8 그러나 그들은 그것에 반성과 깨달음
에 의하여 나의 법전을 들고 '이게 진
정 하나님의 뜻이요, 하늘에 오르는
길이요, 참진리의 빛이 여기 있다.' 그
리 저희 신도들에게 가르치지 아니할
것이니라.
9 그들은 '이를 봐서는 아니 되며, 여러
분이 이 내용을 들어서도 안 되며, 이
는 보는 대로 찢어 버리며 태워 버릴

것이며, 벌레를 대하듯 그와 같은 마
음으로 대하라. 그렇지 않은 자들은
지옥으로 간다.' 그리 가르칠 것이니,
10 그리하여 그들은 이 두렵고 무서운 나
의 성령이 세상에 존재하는 것이 저희
들의 멸망이요, 저희들의 패망이라는
것을 알기에, 저희들이 살아남기 위하
여 서로 시시비비하며 분쟁하며 나누
어져 있던 그 모든 종파들이 다 하나
로 뭉쳐,
11 그 뭉쳐진 육의 힘을 가지고 불어오는
회오리바람보다도, 태풍보다도 더 무
서운 바람이 되어, 그보다 더 이 세상
어떠한 것도 감내할 수 없는 강한 그
와 같은 집단이 형성되어, 그 모든 종
교 집단이 하나가 되어 너를 향하여
밀어붙일 것이니라.
12 그리하여 네가 세상에 존재치 못하도
록 할 것이며, 나의 법전이 세상에 존
재치 못하며 이는 사탄이요, 이단이
요, 사악한 자요, 말세에 거짓 선지자
가 와 너희들을 지옥으로 이끌어 가는
길이라며 그들은 그를 막기 위하여 동
분서주할 것이니라.
13 그러나 너는 여기서 두려워하지 말라.
14 그들이 세상을 다 삼킬 것 같은, 회오
리바람보다 더 무서운 바람으로 소용
돌이를 이루며 너를 공격할 것이며 나
의 성전을 향하여 몰려올 것이니라.
15 그러나 너는 걱정하지 말라.
16 그는 참진리요, 나의 뜻이 아니니라.
17 그러니 그들은 그 스스로 나 여호와에
게 달려오니, 나에게 온 자, 사악한 자
를 내가 심판하여 단죄할 것이니라.
18 그리하여 그들은 나에게 심판을 받아
무너지는 그와 같은 형국이 되며, 그
무서운 태풍의 바람은 내 앞에 와 산
산조각이 되어, 그들이 낙엽이 되어
날아가듯이 흩어질 것이며 깨질 것이
니라.
19 그러니 너는 두려워하지 말라.
20 그들이 아무리 강력히 밀어붙여도 나
의 성전을 침해하지 못하며, 너를 해
하지 못하며, 세상에 나간 나의 법전
을 거둬들일 수 없음이니라.
21 그리하여 그들은 너를 공격하며 너를
쓰러트리려고 하나, 내가 심판하는 그
무서운 철퇴 앞에 무너질 것이며 산산
조각이 날 것이니라.
22 그리하여 그때가 되어서야 그들은 저
희들이 지금 잘못 가르쳤으며, 너를
공격하며 나의 법전을 거두어들이려
는 것이 멸망의 길에 저희들이 들어서
는 것을 자초한 것임을 알게 될 것이
며, 저희들이 멸망하여 가고 있음을
그때서야 깨달을 것이며, 저희들의 죄
를 알게 될 것이니라.
23 그리하여 그중에서 깨우쳐 나의 법전
을 들고 단상에 서서 만백성을 깨우치
는 자는 저 자신이 구원을 받을 것이
며, 만백성을 구하는 그 역사의 길로
전환할 것이니라.
24 그렇지 아니한 자는 영원히 제가 멸망
의 길에서 저희 신도들이요, 제가 가
르쳤던 그 제자들로부터 돌팔매를 맞
을 것이며, 갈기갈기 옷이 찢어지는
그와 같은 형국일 것이며, 그가 단상
에 서서 설교하고 교리라 하여 전파했
던 그곳은 거미줄을 칠 것이며 문을
닫는 그 비참한 역사가 이루어질 것이

니,
25 그들이 공격하는 그 순간에 저희들이
패망이요, 멸망이요, 그들이 이 세상
에서 뽑혀 나가는, 그와 같이 버려지
는 시기가 될 것이니 그리 알라.
26 너는 두려워하지 말며 겁먹지 말라.
27 오로지 네가 오늘과 같이 곧은 마음으
로 천사와 같은 심성으로 바뀌어 가
며, 나의 법전을 써서 세상에 전하는
데 모두를 다 바치라.
28 그러면 그 속에 영광과 영화가 있을
것이니라.
29 만백성이 영화요, 영광이요, 나의 기
쁨을 얻을 것이니, 그리 그들에게 전
하도록 하라.

## 3,178 번째 하나님 말씀

*2002년 8월 29일 09시 04분*

1 사랑하는 나의 아들아!
2 "네, 아버님! 말씀하옵소서."
3 사랑하는 너의 제자들과 나의 법전을
깨우치고자 너를 따라오는 자, 나의
성전에 와 너에게 강론을 듣는 백성들
에게 너는 전하라.
4 너희들은 누가 무어라 해도 당당한 모
습으로 살아가는 나의 아들딸로서 삶
을 살라 그리 말하라.
5 자신이 스스로 당당한 모습으로 사는
것이 나에게 오르는 길이요, 나의 아
들과 딸들이 행하는 길이라 그리 말하
라.
6 스스로 자신을 평가하여 너희들이 당
당한 모습으로 살아가는 자, 당당한
모습으로써 서는 자, 그와 같은 자만
이 나의 아들이요, 딸이요, 나의 자식
이요, 이 모든 역사를 이루는 데 참여
할 수 있는 자가 되라 그리 말하라.
7 너희들이 당당한 모습으로 살아갈 수
있을 때 당당한 모습으로 너희들이 모
두를 만나며 행하고 있을 때, 그 속에
서 너희 스스로 천사와 같은 마음으로
변해지는 그 변화를 이룬다는 것을 잊
지 말라.
8 너희들 스스로 혼자 너희 자신을 평가
하고 다스릴 때 너희가 당당한 모습으
로써 설 수 없으며, 당당한 자세로써
남 앞에 설 수 없으며, 당당한 모습으
로써 남들에게 말하지 못하며 가르치
지 못할 때,
9 너희들은 그것이 다 사기극이며, 너희
들이 나의 피조물 만백성을 다 지옥으
로 인도하는 것이며, 너희들 자신이
지옥의 불바다로 가는 것을 잊지 말라.
10 오늘부터 너의 제자들에게 이르라.
11 당당한 모습으로써 당당히 살아가는
너희 자신이 되라 그리 말하라.
12 그렇지 아니한 자는 구원의 빛을 볼
수도 없으며, 너희들의 마음의 변화의
역사도 이룰 수가 없음이니, 나의 법
전을 듣고 깨우칠 자격이 없으며 더
이상 공부할 자격이 없으니,
13 너희들 스스로 마음속에 당당하게 살
아가는 그 뿌리를 내려 당당한 모습으
로써 성장하는, 너희 자신이 변하는
그 개인의 변화의 역사를 이루도록 그
리 전하라.
14 당당한 모습으로 살라.
15 나의 아들과 딸들이 무엇이 부족하여
너희들이 당당하지 못하는가?

16 이 세상의 나의 피조물 만백성 중에
나의 혈통을 받은 자요, 나의 성령으
로 임한 자요, 너희들이 신부가 되어
나의 아들을 통하여 너희들이 내 품에
다 올라옴이니, 너희들이 바로 당당한
자가 되지 아니하면 아니 됨을 잊지
말라.

## 3,179 번째 하나님 말씀

*2002년 8월 29일 09시 53분*

1 사랑하는 나의 아들아!
2 "네, 아버님! 말씀하옵소서."
3 네가 지금 어떠한 마음으로 예수의 상
을 보며 살아가고자 하는가?
4 "네, 아버님! 아버님이 존재하시며, 저
희가 죽어 육은 흙으로 돌아가나 영혼
은 반드시 심판을 받는다는 것을 저는
알고 있사옵나이다.
5 그리고 어찌 살았느냐에 따라서 그 죄
의 대가를 반드시 치르며, 영원히 천
상의 나라에서 살 수 있는 것은 천사
와 같은 형태로 모든 마음 자세가 변
하지 아니한다면 그곳에서 살 수 없다
는 두려움을 느끼고 있사옵나이다."
6 그리하기에 네가 재물을 갖지 아니하
며 모두를 다 네 앞으로 이루고자 하
지 아니하며, 네 앞으로 무엇인가를
쌓아 놓고자 하지 아니함이니,
7 네가 이 세상에서 가장 존귀하고 귀한
것이 나 여호와의 존재며, 네가 나의
아들이라는 그것으로써 세상에 아무
것도 네가 인연을 두지 아니하려 하
며, 귀한 것도 없고 소중한 것도 없고
즐거운 것도 없고 기쁜 것이 없는, 그
와 같이 너 자신이 변하는 그 모습이
바로 무엇이더냐?
8 모든 나의 피조물 만백성을 하늘로 인
도할 수 있는 목자가 갈 수 있는 길이
니라.
9 너희들 인간사에 살면서 나 여호와가
존재하며 나에게 심판을 받는다는 것
을 일반 너희 백성들도 정녕 그를 믿
지 않으며 의식하지 아니하고 사느니
라.
10 그리하여 너희들이 더 많은 것을, 더
높은 것을, 더 좋은 것을 갖고자 하여
수단과 방법을 가리지 아니하고 그를
챙기고자 하며, 그 욕심 앞에서 너희
들은 사랑을 모르며 베푸는 것을 모르
고 살아감이니라.
11 너희들이 정녕 나 여호와가 존재하며
너희들의 삶에 대해서 죽어 와 심판을
받는다는 것을 확실히 인식하고 믿고
간다면, 오늘과 같이 너희들이 살벌한
세상이요, 종말의 시대와 같이 이리
이루어지지 아니하였을 것이니라.
12 재물이 무엇이며 너희들의 명예가 무
엇이기에 너희들은 형제지간에 반목
하며 이웃 간에 반목하는가?
13 그와 같은 너희들의 험악한 삶을 살아
가는 형국이 무엇이던가?
14 그는 곧 나 여호와가 보이지 아니하며
너희들이 들을 수 없고 볼 수 없기에
나 여호와가 존재한다고 믿지 않는 것
이 모든 백성들이 살아가는 형국이니
라.
15 그리하여 너희들은 더 많은 것을 수단
과 방법을 가리지 아니하고 갖고자 하
며, 더 큰 것을 너희 앞에 놓고자 하

며, 어떠한 이해관계에 있어서 너희들
은 순리적이요, 도덕적으로 판단하고
계산하는 것이 아니요, 거짓 하고 사
기 하며 남의 것을 그저 먹으려 하는
그와 같은 험악한 형태가 지금 되어
가고 있음이니,
16 이는 곧 너희들이 나 여호와를 믿지
아니함이니라.
17 창조주인 내가 존재함을 너희들은 인
식하지도 아니하며 기억 속에도 두지
않고 살아가는 것이니, 오늘의 너희들
의 생활이 그러하니라.
18 더군다나 종교 지도자라 하는 자들이
어떠한 자들인가?
19 그들이 지금 나의 아들 너와 같이 내
가 존재함을 확실히 믿고 안다면, 그
들은 그와 같이 아름다운 성전이요,
궁궐 같은 것을 지어 백성들로부터 위
압적인 자세요, 고압적인 자세요, 그
리고 저희들이 제왕적인 자세요, 작은
신과 같은 역할이요, 그 대우를 받으
려 하지 아니할 것이니라.
20 다 그것이 부질없기 때문이니, 그들은
그것을 모르느니라.
21 저희들이 그를 모으기 위해서 남에게
고통과 시련과 어려움을 주고 있다는
것을 그들은 모르느니라.
22 그와 같이 너희들이 성전을 지어서는
아니 되는 것이며, 그와 같은 것이 필
요 없음이니라.
23 그저 비바람 막을 장소에서 나의 피조
물 만백성이 진정 하늘에 오르는 길과
이치요, 진리를 깨우치면 그것으로써
만족한 것이지, 어찌하여 더 큰 성전
이요, 더 많은 궁궐 같은 너희들의 그
성전을 지어야만 되는가?
24 그를 위하여 너희들은 얼마나 거짓을
하며, 그리하기 위해서 너희들은 모든
재물과 금화와 은화를 각종 헌금이라
는 명목으로 거둬들이니,
25 그리하여 너희들의 믿음이 무엇인지
진정한 깨우침을 가르쳐 줄 수 없으
며, 거기에 오는 자, 재물로써 모두를
살 수 있으며 하늘에 오르는 티켓이
요, 그 영광을 사겠다고 발버둥치고
있음이니,
26 그 또한 너희들이 얼마나 허무맹랑하
며 우스운 짓을 하고 있으며 자기 분
수를 모르는 삶을 사는가?
27 그러니 너희들이 성전이라 해서 크게
지은 그곳에서 웅대하게 꾸리는 것 그
자체는 너희들이 나 여호와가 존재함
을 모르고 있는 자들이니, 그리하여
나와 관계가 없다 하였음이니라.
28 나의 아들은 어찌 가는가?
29 하나의 헌금이요, 하나의 지폐의 금화
와 은화도 어떤 방법으로써도 그가 거
둬들이지 아니하니라.
30 그리고 가난하고 불쌍한 자를 위해서
그는 베풀어 주며 도와 가는 삶을 살
아가는 것이니라.
31 그는 나 여호와가 존재하기 때문이요,
그는 심판을 받음을 알기 때문이니라.
32 그러니 너희들이 그와 같이 이루고 남
에게 시련과 고통을 주면서 갖은 수법
으로써 거둬들여 너희들의 성전을 짓
고 그와 같이 웅장한 것을 지어 놓아
그 속에서 백성들을 이끌어 간다 그리
말하는 것은
33 너희들이 하늘의 이치를 모르며 나 여

호와가 존재함을 모르며 나 창조주가
있기에 너희들이 얼마나 행복하며 영
광인가를 모르는 자들이니라.
34 그리하여 너희들은 그리 지어 놓고 그
것을 관리 운영하며 지탱하기 위하여
또 너희들은 영원히 그 건물의 노예가
되어 그리 지금 가고 있음이니라.
35 너희들이 지어 놓은 그 성전의 노예가
바로 종교 지도자 너희들 자신이며,
너희 스스로 조상서부터 고혈을 짜 만
들어 놓은 그 성전에 너희 스스로 노
예가 됨이니,
36 그를 지탱하기 위하여 너희들은 갖은
수단과 방법을 가리지 아니하면 더 이
상 그를 지탱할 수 없는 그와 같은 형
국이 서서히 됨이니라.
37 이것이 너희들이 잘못되었음이니라.
38 나로부터 내가 존재함을 알며 창조주
의 뜻을 알며 내가 있는 것을 진정 믿
는 종교 지도자들은 재물 따위는 아무
것도 아니기에 그 성전 같은 것은 아
무것도 아님을 알아야 될 것이니라.
39 그러하니 그것도 모르는 자들이 어찌
하늘에 오르는 진리를 알며 나의 뜻을
알며 내가 원하는 길을 안다 하느냐?
40 일반 백성들이요, 나의 피조물 만백성
이 더 많이 갖고자, 더 이루고자 하는
것은 내가 존재함을 모르기에 육신의
편안함을 위하여 욕심만을 가지고 사
는 것이 그들의 잘못 살아가는 길이라
내가 깨우쳤거늘, 너희들 종교 지도자
들이 그들과 하나도 다른 것이 없느니
라.
41 그들은 노동의 대가를 받으며 제가 받
으면 지불할 줄 알며 받은 만큼 나누
어 주는 그와 같은 순수한 마음으로
사는 것이 지금 믿음의 길을 가지 않
는 백성들이니라.
42 그러나 종교 지도자들인 너희는 무얼
하느냐?
43 우리 부자의 이름을 팔아먹으며 나의
성령을 팔아먹으면서 너희들은 영수
증 하나 써 주지 아니하며 다시 돌려
줄 계약과 약속도 없이 그저 막 거둬
들이나니, 너희들보다 이 세상에 사악
한 자들이 없음이니라.
44 정녕 하늘에 오르는 길로 그들을 인도
하며 너희들이 정녕 그리 인도하는 목
자라면 우리 부자의 이름을 팔아 그들
을 인도한다 해도 되나,
45 너희들은 나를 보지도 못하며 나의 뜻
과는 전혀 관계도 없으니, 너희들은
나의 계명을 지키지도 아니하며 나의
뜻에 따르지도 아니하며 너희들은 인
간 세속에 사기극을 벌이고 있는 자들
이기 때문에 그들을 지옥으로 인도하
는 것이라 내가 말하였으며, 너희들은
자격이 없는 자라 말하였음이니라.
46 그리하여 너희들을 지금 내가 단죄하
는 것이 지금의 새로운 역사를 이루는
것이 아닌가?
47 인간의 믿지 않는 자, 너희들의 성전
에 가서 기도하지 않는 자들이 살아가
는 순수한 그 마음보다도 더 사악하고
포악한 자들이 종교 지도자 너희들이
니라.
48 그저 거둬들이기만 하며, 주는 것도
없으며, 대가를 지불한 것도 없으며,
그리하여 너희들이 너무나 잘못 가르
치고 잘못 가 스스로 지옥으로 이끌어

가는 그와 같은 지옥의 안내자로서 사
악한 자들이 바로 너희들이니라.
49 그와 같은 궁궐을 짓지 아니하며 그와
같이 호화롭고 제왕적인 행위를 하지
아니하며, 있는 그 형편에서 그저 비
바람만 막을 수 있는 곳에서 나의 성
령이요, 계명을 지키고 사는 자만이
이곳에 올 수 있다 그리 가르치며,
50 그와 같이 변화되지 않는 삶을 살지
않는 자는 너희들이 성전이라 간판 붙
인 그곳에 올 수 있는 자가 못 된다 그
리 가르쳤더라면, 지금과 같은 험악한
시대요, 종말의 시대는 오지 않았을
것이니라.
51 종교 지도자가 재산을 모으고자 하며
대단한 궁궐 같은 성전을 짓고자 하며
더 웅대한 성전을 짓기 위하여 재물을
긁어모은다면 그는 성전이라는 건물
을 짓기 위한 장삿속이요, 그 사업을
벌이는 것이니라.
52 그러한 곳에 신경 쓰지 아니하며 그런
곳에 관여치 아니하며, 재물을 생각하
지 아니하며, 오로지 나 여호와의 뜻
이요, 나의 아들 예수가 전하고자 했
던 것, 지금 나의 아들을 통하여 너희
들에게 내려가는 법전의 이 내용대로
살고 지키는 것, 그것만을 가르치는
데 너희들이 모든 역점을 두고 가르친
다면, 너희들은 나로부터 선택된 백성
임을 알아야 될 것이니라.
53 그렇지 못한 자는 나에게 선택된 백성
이 아님을 알아야 될 것이니라.
54 그러니 종교 지도자 너희들이 얼마나
일반 백성보다도 사악한 자인가?
55 대가도 없이 그저 평생 거둬들여 너희
들의 육의 삶을 위하여 그를 착복하고
있는 자들은 과연 없는가?
56 너희들이 반성하고 뒤돌아보아야 될
것이니 그리 알라.

## 3,180 번째 하나님 말씀

*2002년 8월 29일 11시 30분*

1 사랑하는 나의 아들아!
2 "네, 아버님! 말씀하옵소서."
3 내가 너희들에게 무어라 말했느냐?
4 너희들 제자 중에서 한 사람이라도 천
사와 같이 변하는 자가 있다 하면, 내
가 만든 이 지상의 모두를 다 주어도
그와 바꾸지 아니한다 하였음이니,
5 내가 이 지상의 모두를 다 버리는 것
보다도 천사와 같은 나의 백성이요,
나의 아들딸 중에서 하나를 구원하며
그를 얻는 것이 더 위대하다는 뜻이
아니던가?
6 너희들은 어찌하여 나의 그 뜻을 알면
서도 그리 행하지 아니하는가?
7 너희들이 지금 5달란트라는 그와 같
은 역사를 하기 위하여 많은 사업장을
지금 만들어 갈 것이며, 수없이 그와
같은 사업장이 늘어나며 또 거기에다
투자하는 자 있으며 거기에다 자금을
넣어 주는 자 있으며 그에 활력소를
불어넣어 주는 자들이 있음이니라.
8 그러면서 너희들은 거기서 무엇을 생
각하는가?
9 너희들은 지금 나의 아들이요, 나의
딸이요, 나에게 선택된 백성이요, 너
희들의 이름을 내가 천국에 걸어 놓았
다 하였거늘, 그와 같은 나의 아들딸

들이 어떠한 생각에 젖어 있는가?
10 너희들은 투자한다는 그 인간의 세속
에서 투자한 금액에 대한 이익을 거둬
들이고자 하는 계획을 세우는가?
11 너희들이 남들 인간처럼 너희들이 사
업을 하기 위하여 투자하며, 역사를
이루기 위하여 투자하며, 너희들이 무
엇인가 목표를 달성하기 위해서 투자
함이니,
12 그들이 자금이요, 모든 재산을 투자하
는 것은 더 부를 얻기 위하여 계산적
인 것이며 투자한 만큼 거둬들이고자
하는 욕심에서 모두가 투자함이니,
13 너희들도 과연 그와 같은 마음으로써
투자하고 그와 같은 마음으로써 5달
란트의 역사를 지금 이루고 있는가?
14 너희들이 어찌하여 그와 같은 것을 먼
저 계산을 두는가?
15 내가 너희들에게 말하여 하나의 천사
와 같은 사람을 얻는 것이 이 세상을
다 주고도 얻지 못한다 하였음이니,
16 너희들이 5달란트의 그 역사하는 장
소에서 한 사람의 천사와 같은 백성을
구원한다면, 너희들이 나에게 세상을
다 주고도 바꾸지 못할 기쁨을 주고
있음이니,
17 너희들이 5달란트의 그 역사를 이루
는 것은 재물을 투자한 만큼 거둬들이
고자 하는 거기에 사업의 계획서를 맞
추며 거기에 생각해서 사업을 하고 역
사를 한다면, 그곳은 나와는 아무런
관계가 없는 곳이며, 그 투자한 자의
마음 또한 나와 관계가 없음이니라.
18 너희들이 투자한 금액을 가지고 그 금
액에 대해서 계산하며 그를 맞추어 투
자했다면, 나의 백성을 구하고자 하는
사업이 아니며, 나의 백성을 구원하고
자 하는 너희들의 뜻이 아니지 않던가?
19 너희들이 모든 경제적인 것을 투자하
며 역사하는 것은 나의 재산을 가지고
관리자로서 너희들이 투자함이니,
20 너희들은 거기서 고기를 낚는 어부와
같은 자들로서 하나의 나의 아들이요,
딸을 구원하며 그들을 낚는 곳에 너희
들의 그 모든 계획을 맞추고 행해야
될 것이거늘,
21 어찌하여 너희들이 일반 인간들이 생
각하는 투자 금액에 대한 그 이익의
분배를 생각하며, 이익을 놓고 너희들
이 계산하여 사업의 장을 이루려 하는
가?
22 너희들은 여기에서 깊이 깨우쳐야 될
것이며, 너희들의 마음을 바로잡아야
할 것이니라.
23 너희들이 투자한 만큼 거둬들이고자
하는 생각을 갖고 투자한다면, 너희들
은 나의 성전과는 관계없이 너희들이
세속적인 사업에 투자할 것이며 그러
면 투자한 만큼 금화와 은화를 거둘
것이니라.
24 그러나 너희들이 투자한 것이 값지고
아름다운 것은 너희들이 사람을 낚는
어부로서 사람을 낚기 때문이니라.
25 거기에서 너희들이 그 운영하는 자를
보고 그 종업원이요, 그 주변 사람들
이 나의 법전을 읽고 나의 성전에 찾
아와 나의 성령의 가르침을 듣는다면,
26 그것으로써 너희들은 투자한 몫을 다
했으며, 투자한 가치가 거기에 있느니
라.

27 너희들이 만일 그와 같은 역사를 이루
고 너희들이 또 계속 나의 뜻에 의하
여 사업을 연장할 때, 너희들은 거기
서 재물을 구하는 것으로써 계산을 두
며 주산 알을 튕겨 맞추는 그 사업은
문을 닫게 될 것이니라.
28 너희들의 모든 사업은 사람을 낚는 것
이니라.
29 그리 사람을 낚는 것에 너희들이 계산
을 두며, 사람을 낚는 데 너희들의 모
든 이해관계를 맞추어야 될 것이니라.
30 너희들이 사람을 얼마나 많이 낚을 것
이며 얼마나 진정한 사람을 낚을 수
있는 것이냐 하는 거기에 너희들이 모
든 것을 맞추고 계획하고 투자하고 사
업하는 자가 되어야 할 것이니,
31 이와 같은 마음을 안 가지고 투자하는
자, 그는 나와 관계가 없으며 그 재물
은 나와 관계가 없음이니라.
32 그러한 자는 너희들이 나의 성령이요,
나의 이름을 팔지 말며, 내가 존재하
는 것같이 하지 말며, 인간 세속에서
너희들이 투자하여 재물을 얻어 육의
편안한 삶을 살라.
33 여기서 너희들이 이루는 것은 사람을
낚고자 함이니라.
34 모든 내가 이루는 그 사업장의 지점에
서는 사람을 낚는 것이지, 돈이요, 재
물을 낚는 것이 아님을 알라.
35 그를 경영하는 모든 책임자들에게 너
는 그리 반드시 교육을 시켜, 그들 속
에서 사람을 낚는 자로서 그 주인의
역할을 하도록 그리 깨우쳐야 될 것이
니라.
36 너희들이 돈을 낚고자 하면, 재물을
얻고자 하면 너희들은 그 문을 닫을
것이니라.
37 내가 재물을 얻기 위해서 5달란트의
역사를 너희들에게 이루라 함이 아니
니라.
38 그리하여 내가 너희들은 사람의 마음
을 알며 고통을 알며 괴로움을 알며
즐거움을 아는 자가 모든 사업장의 책
임자가 된다 하였으며 그리 선별하라
하지 않았는가?
39 너희들은 사람을 낚기 위하여 투자하
는 계획으로 세워라.
40 금화를 투자한 만큼 그를 거두고자 한
나면, 너희들은 모두를 다 철수하여야
될 것이며 모두를 다 거두어들이라.
41 그와 같은 것으로써는 나 여호와가 존
재하는 장소가 될 수도 없으며, 나를
빙자하여 너희들이 역사를 이루고자
하는 생각을 하지 말라.
42 너희들은 이 나의 뜻을 깊이 깨우쳐,
너희들이 투자하는 것은 재물을 거둬
들이고자 함이 아니요, 사람을 얻고자
함이니,
43 사람을 얻는 것이 그중에서 천사와 같
은 자를 너희들이 하나만 구원한다 해
도 이 세상을 다 준 것보다 나 여호와
에게 더 기쁨을 너희들이 바침이니,
너희들이 열 명을 낚으면 나에게 얼마
나 큰 기쁨을 주는 것인가?
44 너희들이 나에게 주는 것이 무엇이며,
나에게 바치는 것이 무엇이며, 나를
위하여 너희들이 기쁨을 준 것이 무엇
이 있느냐?
45 너희들은 여기서 지금서부터 사람을
낚아 그 사람들을 천사와 같이 인도하

는 그 역사, 거기서 한 명, 열 명, 백 명
을 거두어들였을 때 내가 너희들에게
무엇을 안 내려 주며 무엇을 안 주겠
는가?
46 너희들은 재물을 계산하고 모두를 시
행하지 말라.
47 사람을 낚는 것으로써 시행하며, 사람
을 구원하는 데 모든 초점을 맞추어
계획하면 내가 줄 것을, 어찌하여 그
리 생각을 못 하는가?
48 너희들이 그와 같은 생각을 하지 못한
다면, 이 지구상의 만백성이 과연 나
를 위해서 행하는 모든 봉사요, 자선
사업이요, 저희들이 나를 위해서 하는
그 역사가 진심으로 하는 자가 어디
있겠느냐?
49 다 계산되어 있으며, 이면에는 저희들
이 이해관계를 따지면서 이루는 것이
니, 그게 너희들이 위선된 자들이며
사악한 자들이니라.
50 너희들 자신이 그와 같이 위선자요,
사악한 자의 길을 간다면 세상사 이를
어찌하겠는가?
51 내가 너희들을 사랑함이니라.
52 너희들은 재물을 투자하며 재물로 계
산하지 말며 재물로써 재물을 얻고자
하는 자는 투자하지 말라 하라.
53 그와 같은 재물은 받지도 말며 거둬들
이지도 말라.
54 모두를 사람을 낚는 데 쓰고자 한다면
그가 낚시꾼이요, 어부가 될 것이니,
그러한 자금을 갖다 쓰도록 그리하라.
55 내가 너에게 사람을 보낼 것이니 그리
시작하라, 사랑하는 나의 아들아!

## 3,181 번째 하나님 말씀

*2002년 8월 29일 16시 23분*

1 사랑하는 나의 아들아!
2 "네, 아버님! 말씀하옵소서."
3 네가 이제 깨우침의 경지요, 그리고
네가 나의 피조물 만백성 앞에 실수하
지 아니하며, 그리고 누가 너를 들추
어 봐도 네가 부끄러운 행위를 하지
아니하며 당당한 모습으로 살아가는
그와 같은 것은 이제 더 나무랄 것이
없음이니라.
4 그리하여 그와 같이 살아가는 그 모습
을 너의 제자들이 보고 배울 것이니,
5 이제 네가 그대로 바르게 나가면 이
지상에 누구도 너를 따를 자가 없음이
니, 이는 내가 너에게 더 이상 말할 것
이 없음이니라.
6 여기서 네가 또 하나 반드시 지켜 가
야 할 것이 있음이니라.
7 재물에 대해 눈독을 들여서는 안 되
며, 재물에 대한 마음을 가져서는 안
된다 말하였느니라.
8 네가 지금 재물에 대한 욕심이 없으
며, 재물에 대한 관심이 없으며, 그리
하여 단돈 몇 푼의 금화로 사는 너는
어려운 가운데 살아간다 하여도 네가
그를 두려워하지 아니하며 그를 더 보
충하려 하지 아니하며,
9 네가 너의 제자들에게 사업장을 만들
어 길을 열어 주는 그와 같은 노력은
네가 그와 같이 남의 소유의 재물을
탐내지 아니하며, 재물에 대한 모든
것을 생각지 아니하며, 네가 편히 살
아가고자 하는 것을 생각지 아니하며,

오로지 너의 제자들이요, 너를 따르는
백성들에게 네가 그와 같이 모두를 다
던져 역사하여 이루도록 하니,
10 그들의 말이 얼마나 무섭게 퍼져 갈
것이며, 그와 같이 너로부터 은혜를
받는 자들이 얼마나 감사함을 느끼겠
는가?
11 네가 남아서 베풀어 줌이 아니요, 네
가 혁대를 조이며 없는 살림을 쪼개어
너의 것보다 더 많은 것을 그들을 위
하여 이루어 주니, 그것이 바로 몸소
실천함이요, 나눔이니라.
12 네가 그와 같이 오늘의 삶을 바로 갈
때 너로부터 많은 사업장을 이룬 너의
제자들이 무어라 말하겠는가?
13 너를 천사라 말할 것이니라.
14 네가 천사 소리를 들어야만 되는 것이
아니라, 그를 듣기 위하여 네가 노력
함이 아니라, 네가 스스로 노력하고
깨우쳐 너의 제자들을 도움으로 인하
여 그들 입으로부터 스스로 부르지 말
라 하여도 천사라 부르는 그와 같은
말이 나올 수 있도록, 그리고 나 여호
와의 아들이라는 말을 네가 들을 수
있고, 너를 그들이 믿을 수 있는 나눔
의 행함을 그리 오늘보다도 더 강하게
네가 행하여야 될 것이니라.
15 네가 지금의 어렵고 힘든 그 고통을
하나하나 네 가슴으로 접어 두며, 너
의 고통을 네가 고통으로 가슴에 받아
두며, 어려운 그 제자들을 위하여 살
아가는 길을 위하여 네가 동분서주 그
와 같이 뛰고 모두를 다 줌이니, 이것
이 바로 나의 아들이 가야 할 길이니
라.
16 네가 남들과 같이 재물을 탐내며 재물
을 모으고자 하며 더 편하고자 하면,
정녕 너는 나의 아들이 아니니라.
17 나의 아들은 무엇이더냐?
18 인간의 세속에 지금 네가 육은 살아
있으나, 정신세계요, 믿음의 그 모두
는 하늘나라에 와 천사와 같은, 그들
과 대적하여 손색이 없는 그와 같은
삶을 살아가야 하는 것이니, 네가 그
길을 지금 가고 있음이니라.
19 그리하여 너는 천사와 같은 천국의 삶
을 살며, 육에서 부딪치는 그 모두는
육을 가진 자로서 네가 모두를 베풀어
야 됨이니, 네가 두 갈래의 길을 가는
것이 얼마나 힘들고 어려운가를 나 여
호와가 알고 있음이니라.
20 그러나 네가 잘 가고 있음이니라.
21 육에 대한 욕심은 그 재물을 다 버려
손을 놓음이며, 네가 믿음에 있어 남
에게 부끄럽지 않은 자세로 서니, 이
게 네가 천사들 못지않은 그와 같은
삶으로써 실천하고 감이니,
22 이는 네가 너무나도 나의 뜻을 잘 실
천하며 나의 아들로서 부족함이 없는
그와 같은 삶을 살아감이니라.
23 더 진한 마음으로 그들을 사랑하며,
더 강한 마음으로써 모두를 그들을 위
하여 던져 줄 수 있도록 그와 같은 너
의 마음의 변함이 없어야 될 것이니,
24 그리하여 그들로 하여금 기업을 이루
며 또 성장하며 그들이 또 씨를 뿌려
나감이니, 그리하여 네가 존재함을 그
들이 알며 너희들의 나라를 이루는 것
이 바로 이와 같은 뜻임을 너는 잊어
서는 안 될 것이니라.

25 잠시도 그 마음을 버리지 말라, 사랑
하는 나의 아들아!

## 3,182 번째 하나님 말씀

*2002년 8월 29일 16시 44분*

1 사랑하는 나의 아들아!
2 지금 나의 피조물 만백성을 구한다는
그 믿음의 종파들이 과연 어찌 가는가?
3 내가 구약 시대에 가르치려 했던 것이
실패했으며 신약 시대 또한 나로부터
문을 닫게 했음이니,
4 그때부터 그들은 나의 진정한 뜻과는
거리가 먼 방법으로써 나의 아들을 죽
게 했으며 나의 아들을 팔게 한 그들
의 후손이 그 믿음을 지탱하여 왔으
니, 처음에 시작할 때서부터 그것이
잘못되었음이니라.
5 그리하여 잘못된 윗물의 가르침에 따
라 수천 년 역사가 흐르고 변화되는
그 속에서 지금의 믿음의 길을 가고
있는 너희들이 나의 본질적인 뜻과는
전혀 관계도 없이 변질되고 또 변질되
어, 악의 뜻에 의하여 악에 충만되어
있는 그와 같은 믿음의 행위를 하고
살아왔음이니, 이를 너희들은 알아야
될 것이니라.
6 너희들이 정녕 악의 행위로써 행하지
아니하며 진정 나의 뜻이요, 하늘에
오르는 빛을 위하여 살아왔다 하면,
너희들이 지금 하고 있는 그 모두를
보라.
7 너희들은 너희들의 재산을 모았으며,
금화와 은화를 긁어모아 너희들의 성
전을 지은 그 자체가 너희들의 잘못된
행위이니라.
8 나의 아들 예수가 그와 같은 역사를
이룬 적이 없음이니라.
9 그리고 너희들 지도자가 스스로 나의
계명을 얼마나 지키고 살며 나의 피조
물 만백성으로 하여금 계명을 지키며
살라 너희들이 그리 가르치며, 너희들
은 정녕 나 여호와와 같은 심성으로
변할 수 있는 마음을 가지고 너희들이
믿음에 정진하는가?
10 '인간이기 때문에 여호와 하나님의 심
성과 천사의 마음과 같이 변할 수 없
으며 그와 같이는 절대 변할 수 없다.'
그리 가르치는 것이 너희 종교 지도자
들이 아닌가?
11 너희들은 한번 깨우쳐 봐야 할 것이니
라.
12 내가 불로 써 내린 십계명대로 너희들
은 지키고 살아야 된다 하며 그들에게
그리 가르치고 너희들이 앞에서 모범
을 보이며 그와 같은 삶으로 살아가는
가, 너희들 자신을 돌아다봐야 될 것
이니라.
13 그와 같은 모두를 다 배척했으며 내가
원하는 것과는 정반대의 믿음을 시작
하였으니, 처음의 악의 씨는 계속 악
의 씨를 낳게 되어 있으며 악을 행하
게 되어 있음이니라.
14 그리하여 선한 천사가 아니요, 악의
뿌리요, 악의 씨앗을 가진 너희들이
선을 행함은 두려워하며 악을 행함에
있어서는 용감하며, 악을 행하는 데는
아무도 따라갈 수 없는 너희들의 지혜
를 동원하여 그와 같이 악의 구렁텅이
에 이어 감이니라.

15 그리고 악의 세상을 이루는 데는 너희
들이 천재적인 재능을 가지고 있으며,
나의 피조물 만백성을 우롱하여 너희
들이 지옥 불로 보내는 그 행위 또한
천재적이요, 감히 누구도 생각할 수
없는 그와 같은 기발한 모든 아이디어
를 제공하여 너희들이 그 악의 씨를
계속 뿌려 가고 있음이니라.
16 악의 행함이요, 악의 삶에 대해서는
너희들이 천재적인 재능과 지능과 지
혜를 발휘하며 그와 같이 용감하게 그
를 행하여 가고 있음이니라.
17 그러나 너희들이 선을 행함에는 어찌
하고 있는가?
18 너희들에게 선을 행하며 선을 가르치
며 선의 길을 인도하며 하늘에 오르는
찬란한 새로운 빛을 비춰 주고자 하나,
19 너희는 선한 일에 대해서는 무지막지
하리만큼 그를 짓밟으며 듣지 않으며,
그 선함에 대해서 너희들이 등을 돌리
며 너희들 자신이 돌아설 때에는 찬바
람이 나는 것보다도 더 싸늘하게 돌아
서는 것이며, 선에 대해서는 너희들이
보지 아니하며 듣지도 않으려 하며,
너희들이 등을 돌려 그를 비방하며,
그들을 사탄이요, 사악한 자라 말하는
것이 지금 너희들의 형국이니,
20 악한 자는 악한 것을 더 강성하게 만
드는 지금의 너희들의 형국이 되어 있
음이니라.
21 너희들의 위에서부터 잘못된 그 씨가
또 씨를 낳아, 종교 지도자들의 가르
침이 잘못되었으며 잘못 인도하는 그
와 같은 악의 뿌리가 세상을 덮었으니,
22 악에 대한 행함이요, 악에 대한 어떠
한 기적을 이루고자 하는 것에는 너희
들의 모두를 다 투자하며 너희들의 모
두를 다 바치며, 그리고 너희들이 지
혜롭고 용감하게 그 악의 행함을 너희
들이 같이 행하나,
23 너희들이 선을 행함에는 인색하며 등
을 돌리며 돌아보지 않는, 무지막지하
리만큼 잔인한 그와 같은 행동으로써
너희들이 변하여졌으며 그와 같이 살
아가는 형국이니,
24 이것을 보고도 너희들이 무엇이 잘못
되고 무엇이 잘되었으며, 어떠한 길이
진정한 하늘에 오르는 길이며 어떠한
길이 잘못된 길인가 너희 스스로 깨우
쳐야 할 때가 되었음을 알라.

## 3,183 번째 하나님 말씀

*2002년 8월 29일 16시 52분*

1 사랑하는 나의 아들아!
2 "네, 아버님! 말씀하옵소서."
3 지금의 종파들이 처음에 출발할 때서
부터 잘못되었으며 그들의 뿌리가 잘
못되어, 악한 자의 그 가르침이 세상
에 흘러 지금까지 악한 자가 악한 자
를 낳아 이와 같이 지금 세상이 말세
의 단계에 이르렀으며,
4 너희들이 지금 인간의 생명조차도 무
자비하게 그저 금화와 은화에 팔고 사
는 이와 같은 형국이 되었음이니라.
5 이들이 어찌하여 이와 같은 결과를 이
루었는가, 너는 다시 너의 제자들에게
가르쳐야 될 것이니라.
6 그들은 인본주의가 아니요, 신본주의
요, 저희들을 낳아 준 부모요, 형제요,

이웃의 사랑마저도 저버리며,
7 그저 저희들이 만든 성전에 와 기도하
며 십일조라는 것을 갖다 바치며 감사
헌금을 바치며, 그저 갖다 바치며 그
리하여 저희들이 구원을 받는다 그리
가르쳤음이니, 그들이 잘못 가르치고
잘못 인도하였음이니라.
8 그것뿐이었던가?
9 그들은 무어라 말하였는가?
10 아무리 잘못 살고 인간의 육에서는 어
떠한 행동을 해도 저희들이 지은 성전
에 오는 그 순간에 나의 아들 예수의
보혈로써 은혜를 받았음이니,
11 저희들은 다 구원을 받는다 하여, 육
신의 행함을 저희들이 소중히 생각하
지 아니하며, 육신의 생활이 영혼을
받쳐 주는 삶이라는 그 자체도 모르고
깨닫지도 못하는 그 어리석은 백성들
이, 육의 행함은 아무것도 아니요, 영
혼이요, 믿음의 행하는 것만이 위대하
다 그리 말함이니, 그들이 얼마나 어
리석고 사악한 자인가?
12 믿음의 길을 가면서 육으로써 행하는
행위까지 정녕 같이 가는 자가 있다
면, 너희들은 그 사람들을 무어라 해
야 될 것인가?
13 너희들의 성전이라는 곳에 가 기도하
고 경배하는 것은 그곳에서 악의 씨앗
을 뿌리는 것이며, 그곳에서 지옥으로
가는 자들이 길을 안내하는 것이라는
것을 알아야 될 것이니라.
14 그들은 행함이 없기 때문에 죽은 믿음
이니라.
15 육으로써 자비를 베풀며 사랑을 베풀
며, 성서에 무어라 말하였느냐?
16 형제간에 자비롭지 않은 자 지옥으로
가며, 너희들이 사랑을 베풀며 나누라
하였음이니라.
17 너희들이 베풀고 살라 하는 그 사랑의
베풂이 과연 육이 아닌 죽어서 영혼에
서 그리 이룬다는 말이더냐?
18 너희들은 나누며 살며 사랑을 베풀며
'이웃을 네 몸과 같이 사랑하라.' 했으
며, 너희들이 남을 위해서 모두를 바
칠 수 있는 그와 같은 사랑을 실천하
고 살라 나의 성서에 기록되어 있느니
라.
19 사랑을 베푸는 것이 너희들이 죽어서
영혼이 되어 사랑을 베푼다는 말이더
냐?
20 너희들이 지금 살아 있는 육의 형태에
서 사랑을 베풀며 이웃과 더불어 나누
어 살며 너희 자신을 희생하며 그와
같이 살라 성서에 기록되었으며,
21 내가 구구절절이 가르쳐 너희들이 남
을 위하여 사는 것과 사랑을 베풀며
사는 것과 형제와 부모에게 공경하며
사는 그 모두를 내가 다 명시하였으니,
22 그것이 바로 천국이요, 나에게 오는
길이라 그리 말하였으며 기본이요, 근
본이라 말하였느니라.
23 그러나 너희들은 그 모두를 다 뒤엎으
며, 그것은 다 필요 없는 것이다, 그저
되는 대로 살며 정을 베풀지 아니하고
그저 형제지간에 반목하든 말든, 부모
를 공경하든 말든,
24 인간이라는 것은 그저 대충대충 살며,
악의 씨에 젖든, 악의 행위를 하든, 질
서를 파괴하는 행위를 하든 그는 별로
문제가 되지 아니하는 것이다, 그리하

여 저희들이 만든 성전에 와 금화와 은화를 바치며 그 순간에 나의 아들 예수의 보혈로써 은혜를 받았다 그리 말하며, 저희들에게 금화와 은화를 바치면 그 죄는 다 용서를 받는다, 육의 행함을 용서를 받는다 그리 가르침이니, 이를 어찌해야 되겠는가?

25 그리하여 지금 악이 악의 씨를 낳았으며, 너희들이 나와는 아무런 관계도 없는 백성이라 내가 너희들에게 말하였느니라.

26 육은 영혼을 구원하는 근본이니라.

27 육이 바로 서지 못하면 그 영혼은 구원할 수 없음이니라.

28 너희들의 행함은 육에서 행함이요, 영혼에서는 행함이 없음을 알아야 될 것이니라.

29 내가 너희들에게 무어라 가르쳤던가?

30 너희들은 육의 삶이 아니면 영혼을 구원할 수 없다 내가 말하였음이니라.

31 오로지 육의 행함만이 그 영혼을 받쳐주는 것이며 영혼이 구원을 받는다 말하였음이니라.

32 내가 너희들에게 수십 번 말하여 가르쳤느니라.

33 너희들이 하늘에 오르고자 할 때, 너희들이 나에게 기도하며 나에게 용서를 받으며, 행동으로써 나에게 보이며, 행함으로써 나에게 순종하며, 행함으로써 사랑을 베풀고 사는 그와 같은 행위를 하는 것은 너희들의 육이 존재하는 그 순간에만 통하며,

34 너희들이 육으로 되어 있을 때 나에게 아버지라 하며 나에게 구원을 바랄 수 있으며 용서를 바랄 수 있으며 회개를 바랄 수 있으며, 그와 같이 이루어진다 내가 하였음이니라.

35 그리하여 죽어 나의 나라에 와 영혼의 세계에 들어오면 너희들이 나에게 용서를 빌 수 없으며 아버지라 부를 수도 없다 내가 말하였으니, 그때는 부를 필요가 없다 하였음이니라.

36 그렇게 내가 너희들에게 가르쳤거늘, 지금 너희들이 뭐라 하느냐?

37 육의 행함이 소중하지 아니하다 그리 가르치고 있음이니, 이게 얼마나 왜곡된 것이며, 나의 백성을 지옥으로 끌고 가는 것이냐?

38 사랑하는 나의 아들아!

39 너는 들어야 될 것이며, 너의 제자들에게 가르치라.

40 너희들은 행함이 중요함이니라.

41 너희들이 정녕 행하지 아니하며 말로써 모든 것을 다 이룬다면, 너희들은 나의 자식이 아님을 알아야 될 것이니라.

42 너희들은 법전대로 살아야 될 것이며, 나의 십계명대로 살아야 될 것이며, 그와 같이 너희들이 지키고 사는 것만이 너희들이 하늘에 오르는 길임을 알아야 될 것이니라.

43 사랑하는 나의 아들아!

44 "네, 아버님! 말씀하옵소서."

45 너희들이 먼저 행함을 보여야 될 것이니라.

46 네가 바로 서는 것을 보여야 될 것이며, 네가 십계명대로 사는 모습을 보여야 될 것이며, 네가 나의 법전대로 살아가는 모습을 보이지 아니한다면, 너희들은 지금과 같은 종파들의 가르

침과 사악한 자들의 무리로서 변하는
것이 당연한 것이니라.
47 지금은 네가 나의 법전을 들고 가르치
며 너의 제자들에게 가르치나, 그들은
지금이 시작이니 그 물은 맑을 수도
있음이니라.
48 그러나 너희들이 행함을 하지 아니하
며, 법전대로 살지 아니하며, 나의 계
명대로 살지 아니하며, 너희들이 행동
은 일절 하지 아니하며 말로써만 가
르치고 말로써 행하라 그리 가르친다
면,
49 결국 세월이 지나면 지금의 너희들의
물은 맑으나 그 흘러가는 세월에 따라
너희 후손들은 혼탁함 속에 빠지니,
지금 나의 백성들을 지옥으로 인도하
는 종교 지도자들의 그 형태와 같이
그대로 변하게 되며, 조금도 다름이
없게 됨이니라.
50 그저 세월이 흘러가면 너희들도 지금
의 종파들과 똑같이 지옥으로 이끌어
가는 그와 같은 사악한 자들로서 그
임무를 담당하게 되며 그와 같이 변질
될 것이니라.
51 그러니 너희들은 행함을 먼저 하라.
52 너희들의 행함과 실천함으로 인해서
나의 피조물 만백성이 너희들을 근본
으로 삼을 것이며, 너희들의 본을 따
라 그들이 구원의 길로 가는 데 흔들
리지 아니하며 갈 수 있음을 알라.
53 너희들의 행함이 바르지 못하며, 말과
행동이 일치하지 아니하며, 십계명대
로 살지 아니하며, 법전대로 살지 않
는 그와 같은 행위를 한다면 너희들은
용서받을 수 없음을 알라.
54 행함에서 모범을 보이라.
55 너희가 정녕 모든 백성들에게 한 점의
부끄러움 없는 그와 같은 행함으로써
바로 설 때, 나의 피조물 만백성이 너
희를 보고 구원을 얻을 것이니라.

# 부 록

**【하나님께서 가르쳐 주신 운동】**

천재지변이 일어날 때, 동물이나 미물들은 미리 알고 대피하지만, 인간은 알지 못하고 큰 화를 당합니다. 하나님께서 인간에게 가장 높은 지혜를 주시고 완벽하게 창조해 주셨기에 동물들보다 더 잘 알 수 있지만, 욕심으로 마음이 혼탁해져서 한 치 앞을 보지 못하는 것입니다.

마찬가지로, 인간은 누구나 스스로 필요한 운동을 해서 건강을 지킬 수 있도록 하나님께서 만들어 주셨습니다. 우리의 머리에서 우리 몸에 필요한 동작을 해 달라고 끊임없이 신호를 보내지만, 인간이 혼탁하게 살아서 그 신호를 알아채지 못합니다. 그러니 자연스럽게 자기 몸이 원하는 그 신호를 따라서 운동하는 것이 하나님께서 가르쳐 주신 운동 방법입니다. 바로, 우리의 영이 육을 이끄는 운동입니다.

▶ 하나님 운동법

1. 눈을 감고, 발을 어깨너비로 벌리고 바르게 선다.
2. 몸에 힘을 풀고, 허리를 숙이면서 손과 머리를 아래로 내린다.
3. 허리를 펴고 싶을 때, 천천히 펴면서 하고 싶은 동작을 하면 운동이 시작된다. (사람마다 다르다.)
4. 멈추지 말고, 어떤 동작이든지 자기 몸의 느낌대로 계속 이어서 한다.

▶ 참고 사항

① 눈을 감은 상태로 아무 생각 하지 않고, 자기 몸의 느낌대로 움직입니다.

② 마음을 비우고, 욕심을 버리고, 지난날의 잘못을 반성하면서 몇 차례 시도하다 보면, 자기도 모르게 하고 싶은 동작이 끊임없이 생깁니다.

③ 운동 장소는 방 안이든 운동장이든 관계없으며, 걷거나 달리고 싶을 때는 눈을 떠도 됩니다.

④ 매일 40분 이상, 주 4회 이상, 3개월 이상 하면 음식 조절에 들어갑니다.
- 음식으로 생긴 병은 음식으로 치료하게 되며, 어떤 음식을 먹어야 하는지 스스로 알게 됩니다.
(자기 몸에 필요한 음식만 먹고 싶어집니다.)

⑤ 사랑하는 사람과 함께 운동하면 서로 치료해 주기도 합니다.

⑥ 운동을 하다가 몸의 어느 한 부분을 계속 손으로 자극한다면 그쪽에 이상이 있는 것이니, 의사에게 상담을 받고 적절한 치료를 받으면 됩니다.

⑦ 다이어트 및 기타 건강관리에 효과적입니다.

⑧ 꾸준히 운동하여 영이 맑아지면, 자신의 과거와 미래를 스스로 보게 됩니다.

누구나 스스로 하실 수 있습니다.

# 간 행 사

### 《새로운 성경》은:

· 새로운 성경은, 하나님께서 선량하고 선한 자를 선택하여 십계명을 암송하도록 하시고, 십계명을 암송한 다음에 음성으로써 들려주시는 말씀을 듣고 그대로 카세트테이프에 녹음해서 받아쓴 책입니다.

· 90분짜리 녹음테이프 700여 개에 달하는 말씀으로, 1999년 8월부터 2004년 7월까지 총 160권(권당 288쪽)을 완성하였으며, 그 이후에도 현재까지 계속 말씀을 내려 주고 계십니다.

· 새로운 성경은 "하늘을 두루마리 삼고 바닷물을 먹물 삼아 쓰고 써도 다 못 쓴다"는, 끝없이 방대한 하나님의 말씀이 두루마리로 직접 내려오는 것입니다. 이러한 새로운 성경은 구약과 신약을 폐하려는 것이 아니라 "인봉된 성서의 비유의 뜻"을 상세히 설명하여 완성하고자 하나님께서 직접 내려 주신 말씀입니다.

### 《새로운 성경》의 구성:

· 제 목: 2013년, 160권 모음집을 발간하면서, 본 도서의 제목을 "하나님! 말씀하옵소서"에서 《새로운 성경》으로 명해 주셨습니다.

· 단행본: 각 권당 288쪽(신국판) 책이 160권까지 시리즈로 출판됩니다.
(모음집은 단행본을 16권씩 묶어서, 총 10부로 구성됩니다.)

### 《새로운 성경》의 성경적 근거:

· 신약 성경 [요한복음] 16장 13절에 "진리의 성령이 오시면 그가 너희를 모든 진리 가운데로 인도하시리니 그가 자의로 말하지 않고, 오직 듣는 것만을 말하며" 하신 말씀처럼 하나님의 음성을 들은 것만 기록하였으며,

· "장래 일을 너희에게 알리시리라" 하신 말씀과 같이 개인, 나라, 인류의 "장래"일을 하나님께서 알려 주시는 것만 기록하여 책으로 만들었습니다.

## 《새로운 성경》의 기록 방법:

- 1999년 8월부터 하나님께서 저에게 들려주시는 음성을 기록하였습니다. 처음에는 제가 들은 말씀을 불러 주면 저의 아내가 기록하여, 2000년 1월 29일에 1권 초판이 세상에 나왔습니다. 2000년 4월부터는 주시는 말씀을 받아 녹음기에 기록하여 시리즈로 출간하기 시작하였습니다.

- 녹음을 시작하면서 하나님의 말씀을 받는 데 가속도가 붙었고, 2001년 5월 3일에 1부(1~16권까지)를 인쇄하여 출판하였으며, 2004년 7월까지 총160권 분량의 말씀을 받아 기록하였습니다.

## 하나님께서 저에게 주신 것은:

- 첫째, 만백성을 상대로 내려 주시는 "기도", 둘째, 수시로 내려 주시는 "묵상", 셋째, 개인의 과거, 현재, 미래를 알려 주시는 "개인 기도", 넷째, 개인의 건강을 위해서 내려 주시는 "음식 처방", 다섯째, 하나님께서 가르쳐 주신 "운동"등이 있습니다. 이 중에 첫 번째, "기도"를 책으로 편찬하였습니다. 사람의 생사, 개인의 미래에 관한 천기는 수록하지 말라 하셨습니다.

## 강론 안내:

- 하나님께서는 지금도 매일 저에게 새로운 하늘의 비밀의 말씀을 내려 주고 계십니다. 수시로 내려 주시는 말씀을 정리해서 제자를 육성하라는 말씀에 따라 매주 강론을 하고 있습니다. 누구나 무료로 들으실 수 있습니다. (book160.com)

## 《새로운 성경》을 읽는 분들에게 드리는 선물:

- 개인 기도: 개인의 과거, 현재, 미래에 관하여 말씀을 내려 주십니다.

- 음식 처방: 사람은 음식을 먹고살다가 건강을 잃으니, 음식과 운동으로 건강을 되찾는 방법을 알려 드립니다. 단, 하나님이 계심을 믿고, 십계명을 지키겠다고 진실로 서약하는 분들께 알려드립니다.

## 《새로운 성경》의 은혜와 기적:

- 새로운 성경 전160권은 16권씩 묶어서 총 10부의 모음집으로 구성됩니다. 모음집 한 부를 읽고 깨우치는 자에게 하나님께서 다음과 같은 기적이 있다고 하셨습니다.

· "첫째, 그가 죽어 하늘에 갔을 때 그의 죄를 묻지 아니하며, 구원을 받는 위대한 은혜가 있으며, 둘째, 그의 소원과 소망이 이루어지고, 셋째, 죽은 자(부모, 형제, 자식, 사랑하고 은혜 입은 분)의 이름으로 구입한 책을 읽고 누군가 한 사람이 깨우칠 때, 그 죽은 자가 지옥에서 천국으로 구원을 받게 되며, 넷째, 유산, 중절 수술 등으로 태어나지 못한 아이를 위하여 구입한 책을 보고 한 명이 깨우쳤을 때, 그 아이가 사람으로 다시 한 번 태어나는 은혜를 받는다."

· "새로운 성경"을 3회 이상 정성을 다해 정독하는 자, 성서의 비밀을 알게 되고, 세상의 이치를 알게 되며, 세상을 지배하고 통제할 수 있는 지혜를 다 얻게 된다고 하셨습니다. 이 책은 만백성이 정독하고 이웃에게 전하여, 평생 가슴에 묻은 슬픔과 고통의 짐을 벗고 미래를 위한 힘찬 삶을 살아가도록 하는 책입니다.

## 끝으로

· 하나님께서는 흰 눈이 세상을 덮듯이 새로운 성경을 온 세상에 전하라고 하셨습니다. 《새로운 성경》을 각국어로 번역해서 온 인류에게 구원의 길을 깨우쳐 주고, 그 수익으로 가난하고 어려운 백성을 구제하여, 만백성의 영과 육을 함께 구원하는 선지자의 임무를 수행하라고 저에게 명하셨습니다.

· 하늘에서 내려 주신 말씀의 보화를 만백성에게 나누어 주는 것이 선지자의 임무라고 하셨습니다. 새로운 성경을 통해서 얻는 재물을 사용할 곳도 하나님께서 일일이 명해 주십니다. 모든 재물은 저의 자의로 쓸 수 없고, 하나님께서 명하시는 대로만 쓰여집니다.

· 어떤 명분으로든 십일조나 각종 헌금을 거두어들이지 말라 하셨으며, 국내뿐 아니라 각국에 성전과 단독 서점을 운영하며, 한국의 많은 젊은이들을 전 세계에 지도자로 내보내라고 하셨습니다.

· 우리는 세계적으로 새로운 성경을 보급하며 어려운 이들을 돕는 역사를 해 나갈 것입니다. 지금까지 비록 몇 명 안 되는 제자들과 함께 이러한 일을 역사했지만, 앞으로도 계속 하나님께서 기뻐하시는 일들을 해 나갈 것입니다. 부족한 저희에게 여러분들의 지혜와 성원을 보내 주시기를 바랍니다. 많은 분들의 참여와 도움을 간절히 기다립니다. 감사합니다.

한국어로 내려온 《새로운 성경》 단행본을 출간하며
2016년 4월 10일

발행인 **김 용 철**

한국어로 내려온

# 새로운 **성 경** · 3부 · 제43권


지은이 하나님 말씀
대역자 김용철





초판인쇄 1쇄 2009년 11월 21일
재판인쇄 1쇄 2017년 4월 3일

펴낸 곳 도서출판 하얀마음
등록번호 제 10-2107호 (2001년 2월 14일)
주소 서울시 노원구 덕릉로86길5, 2층
전화번호 02) 313-1114
팩스 02) 393-5554
전자우편 book160@hanmail.net
편집위원 조나영 김미향 이석교
제작지원 김철종 조현숙 김영환 이계숙

도서상담 1600-7527
ISBN 978-89-5875-143-4 (04230)
978-89-5875-100-7 (세 트)

값 10,000원
잘못된 책은 구입하신 곳에서 바꾸어 드립니다.


※이 책은 10부로 제작되며, 각 부 16권씩 총160권으로 구성됩니다.※

| 1부 | 2부 | **3부** | 4부 | 5부 | 6부 | 7부 | 8부 | 9부 | 10부 |
|---|---|---|---|---|---|---|---|---|---|
| 1권 | 17권 | 33권 | 49권 | 65권 | 81권 | 97권 | 113권 | 129권 | 145권 |
| 2권 | 18권 | 34권 | 50권 | 66권 | 82권 | 98권 | 114권 | 130권 | 146권 |
| 3권 | 19권 | 35권 | 51권 | 67권 | 83권 | 99권 | 115권 | 131권 | 147권 |
| 4권 | 20권 | 36권 | 52권 | 68권 | 84권 | 100권 | 116권 | 132권 | 148권 |
| 5권 | 21권 | 37권 | 53권 | 69권 | 85권 | 101권 | 117권 | 133권 | 149권 |
| 6권 | 22권 | 38권 | 54권 | 70권 | 86권 | 102권 | 118권 | 134권 | 150권 |
| 7권 | 23권 | 39권 | 55권 | 71권 | 87권 | 103권 | 119권 | 135권 | 151권 |
| 8권 | 24권 | 40권 | 56권 | 72권 | 88권 | 104권 | 120권 | 136권 | 152권 |
| 9권 | 25권 | 41권 | 57권 | 73권 | 89권 | 105권 | 121권 | 137권 | 153권 |
| 10권 | 26권 | 42권 | 58권 | 74권 | 90권 | 106권 | 122권 | 138권 | 154권 |
| 11권 | 27권 | 43권 | 59권 | 75권 | 91권 | 107권 | 123권 | 139권 | 155권 |
| 12권 | 28권 | 44권 | 60권 | 76권 | 92권 | 108권 | 124권 | 140권 | 156권 |
| 13권 | 29권 | 45권 | 61권 | 77권 | 93권 | 109권 | 125권 | 141권 | 157권 |
| 14권 | 30권 | 46권 | 62권 | 78권 | 94권 | 110권 | 126권 | 142권 | 158권 |
| 15권 | 31권 | 47권 | 63권 | 79권 | 95권 | 111권 | 127권 | 143권 | 159권 |
| 16권 | 32권 | 48권 | 64권 | 80권 | 96권 | 112권 | 128권 | 144권 | 160권 |